삼국지
그 안의 국제 정치

삼국지

그 안의 국제정치

임용순 지음

나무와 숲

삼국지, 그 안의 국제 정치

초판 1쇄 펴낸날 : 2004년 8월 31일

지은이 임용순
펴낸이 최윤정
펴낸곳 도서출판 나무와숲

등록 22-1277
주소 서울특별시 송파구 방이동 22 대우유토피아 1305호
전화 02)3474-1114
팩스 02)3474-1113
e-mail : namusup@chol.com

값 12,000원
ISBN 89-88138-52-X 03900

이 책을 내면서

민족 해방과 6·25 전쟁을 거친 우리 세대는 "우리 나라는 지리적으로 강대국 사이에 묘하게 위치해 있어 침략을 당한다"는 어른들의 말을 자주 들으며 자랐다. 어린 시절에 나는 초등학교도 제대로 못 마친 아버지와 아버지의 친구들이 한반도의 지정학적 위치를 이야기할 때마다 우리 민족의 분열과 무기력함을 슬퍼하며 개탄하던 모습을 보고 했다. "빨갱이", "반동분자"라면서 친척들끼리 서로 총부리를 겨누던 광경도 목격했다. 그럴 때마다 나는 비록 어린 나이였지만 '왜 우리 나라는 분단되었으며, 골육상잔의 전쟁을 해야 하는가' 하고 의문을 품었다. 희미하게나마 국제정치에 관심을 갖게 된 것이다.

그러나 국제정치라는 말을 처음으로 의식하게 된 것은 대학에 입학하고 나서였다. 이때 처음으로 한스 모겐소라는 학자의 이름을 듣게 되었는데, 그가 쓴 『국제정치』라는 교재는 마치 성경처럼 느껴졌다.

국제정치학은 19세기 말 미국 컬럼비아 대학에서 정식 교과과정으로 채택되면서 독립된 학문으로 자리를 잡았다. 그전까지는 국제정치나 국가 간의 관계가 서양 문명의 발전과 함께 더러 논의되기는 했으나 독자적인 학문 영역으로 자리잡지는 못했다. 그러나 세

계가 복잡하게 발전하고 유럽에서 민족 국가가 확립되면서, 국제정
치학은 미국에서 독자적인 학문으로 확립되기에 이르렀다.

이 같은 발전 과정에 동참하여 미국의 유수한 학교에서 국제정
치학을 공부하고 강의할 수 있었던 것은 정말 행운이었다. 투키디
데스 · 키케로 · 마키아벨리 · 홉스 · 그로티우스 · 마르크스 등 서
양 국제정치의 고전 사상가들뿐만 아니라, 윌슨 · 마리땡 · 슈발젠
버그 · 카 · 슈만 · 니버 · 아롱 · 모겐소에서부터 로스너 · 월츠 · 월
러스틴 · 길핀에 이르기까지 수많은 20세기 학자들의 이론을 접할
수 있었고, 그들의 논리에 익숙해졌다.

내가 접했던 국제정치 이론가들은 주로 서양 사회를 설명하기
위해 이론을 전개했다. 서양 이론들은 서양의 요구에 의해 그들의
인식론을 바탕으로 개발되었다. 그들은 그들의 사고에 의거하여
세계를 설명하려 했고, 그들의 사고에서 빗나가지 않도록 세계를
변화시키려고 노력했다.

서양을 지배한 사상은 유대인의 도덕, 그리스의 철학, 그리고 로
마의 법 사상이었다. 서양인들은 이들 사상에 근거한 윤리관을 따
라 행동한다. 이에 반해 동양인들은 인도의 종교관과 중국 철학이
접합된 윤리관에 근거해 행동한다. 수천 년 동안 계속된 인간의 행
동은 동양과 서양 사람들의 행태나 사고방식을 차별화시켰다. 우리
민족 역시 사고나 행동에서 같은 형태로 오랫동안 지속되어 왔다.

국제정치도 인간 행태의 예외일 수는 없다. 국제관계를 결정하
는 정책 입안자나 정책을 이행하는 외교관 · 군인들도 사회에서 오
랫동안 지속되어 온 규범에 따라 행동하게 마련이다. 따라서 국제
정치 행태도 동양과 서양이 같을 수 없다. 그렇기 때문에 서양 이

론을 그대로 받아들여 우리 사회나 국제정치를 설명하다 보면 어려움과 실패를 겪게 되는 것이다.

오래전에 읽은 책에 다음과 같은 구절이 있었다. "장개석은 현대 중국이 낳은 가장 영리하고 서양 교육을 잘 받은 군사 지도자였다. 그러나 그는 중국인이 되는 것을 잊어버렸기에 막대한 힘을 갖고도 중국을 통일하는 데 실패했다. 반면 모택동은 외국 유학도 못했고 훌륭한 교육도 받지 못했다. 그러나 그는 훌륭한 중국인이었기에 중국을 통일하는 데 성공했다." 각 나라의 특수한 상황에 맞는 해법이 중요함을 일깨워 주는 내용이 아닐 수 없다.

군사학도 동서양이 나름의 환경에 맞게 발전했다. 서양에 투키디데스 · 트라이취케트 · 클라우제비츠가 있었다면, 중국에는 2천 년 전에 손무(孫武) · 손빈(孫賓) · 오자(吳子) 등의 군사학자들이 있었다. 서양의 군사 전략이 체스라고 한다면, 동양의 군사 전략은 바둑이라고 할 수 있다. 양쪽의 군사학은 룰 자체가 전혀 다르다. 바둑판에서 체스를 할 수 없듯이 체스판에서 바둑을 할 수는 없다. 바둑을 제대로 두려면 바둑판에서 바둑 룰에 따라 바둑돌을 옮겨야 한다.

20세기 들어 동서양의 군사학과 군사 문화가 크게 충돌한 대표적인 예가 바로 베트남 전쟁이다. 월맹과 미국은 룰이 전혀 다른 게임을 전개했기 때문에 전쟁이 그처럼 오랫동안 지속되었고, 마침내 세계에서 가장 막강한 군사력을 가진 미국이 베트남에서 철수할 수밖에 없었다. 동양을 이해하지 못한 미국의 일방적 인식론이 현실을 제대로 분석하는 데 실패했던 것이다.

이러한 역사적 사실에도 불구하고 현대의 국제정치 이론은 서양이 독점하다시피 하고 있고, 서양의 눈으로 동양의 국제정치를 분석하려는 경향이 있다. 그러나 동양에는 동양 나름의 국제정치가 이어져 오고 있다는 사실을 분명히 알아야 한다.

우리 한반도의 역사를 간단히 살펴보자. 신라는 당나라의 도움을 받아 백제와 고구려를 무너뜨린 후 한반도를 통일했다. 소련과 중국을 등에 업은 북한의 김일성은 한반도를 통일하기 위해 남침을 시도했고, 남한은 미국과 유엔 연합군의 힘을 빌려 통일을 이루려고 했다. 조선은 침략한 왜군을 물리치기 위해 명나라에 파병을 요청했고, 남한은 미국에 한반도의 안전 보장을 요청했다.

이것이 모두 복잡한 국제정치의 일환이다. 하물며 중국이나 다른 아시아 국가들의 국제관계는 더욱 복잡하다. 이렇게 특수하게 진행되고 형성되어 온 아시아의 국제정치를 일반화와 보편화를 추구하는 서양 이론으로 설명하는 것은 한계가 있다.

그런 점에서 필자는 『삼국지』를 통해 동양인의 국제정치를 살펴볼 수 있다는 생각을 하게 되었다. 동양의 시각으로 동양의 국제정치를 살펴보는 것이다. 1백여 년에 걸친 중국의 삼국 시대는 분열된 여러 국가들이 수많은 전쟁과 다양한 외교 행위 끝에 위(魏)·촉(蜀)·오(吳) 삼국으로 정립된 후, 다시 서진(西晉)으로 통일되기까지의 난세의 역사이다. 삼국 시대의 중국은 여러 국가로 분열되어 있었을 뿐만 아니라 각 지역의 언어도 상이했다. 이러한 난세에 각 나라의 대외 정책은 동양 국제정치의 면모를 훌륭하게 보여 주었다.

따라서 필자는 『삼국지』를 통해 동양의 국제정치 행태와 서양의 국제정치 행태의 차이점과 유사점을 살펴볼 것이다. 이를 통해 국제정치 행태의 특징도 가늠해 볼 수 있을 것이라고 생각한다.

　필자는 삼국 시대의 국제정치를 설명하기 위해 이문열씨가 편역한 『삼국지』를 교본으로 썼다. 이유인즉 첫째로 그의 작품이 우리 나라에서 가장 많이 팔렸고 보편적으로 읽혔기 때문이다. 물론 많은 작가들이 『삼국지연의』를 우리말로 번역했다. 모든 번역판들이 나름대로 장점이 있다. 그럼에도 그의 작품을 택한 이유는 그의 작품이 우리 나라에서는 가장 많이 읽혔기 때문이다.

　둘째로, 이문열씨의 작품은 진수(陣壽)의 정사 『삼국지』를 이용해 나관중의 작품 속에 드러난 역사적 오류를 지적함으로써 독자들이 역사적 사실을 공정하게 판단할 수 있도록 했기 때문이다. 그런 점에서 그의 작품은 흥미도 있지만 역사적 사실을 밝혀 줌으로써 삼국 시대의 정치 현상을 객관적으로 이해하는 데 도움을 준다. 이문열씨가 번역한 『삼국지』 다음으로 이 책에 인용한 원문들은 진수의 원래 『삼국지』인 「위서」·「오서」·「촉서」를 김원중씨가 우리말로 번역하고 신원문화사가 출판한 책에서 가져왔다. 이 책을 쓰면서 김원중씨의 번역문을 인용하기도 했다. 중국과 일본에서는 『삼국지』에 관한 연구가 활발하게 이루어졌고, 그 일부는 우리말로 번역되기도 했다. 필자는 이 책을 쓰면서 이들 연구서를 참고로 했다. 그러나 독자들의 혼란을 피하기 위해 그것들을 일일이 열거하는 것은 피했다.

　마지막으로 이 책이 나오기까지 원고 검토에서 보완에 이르기까지 여러 가지로 수고해 준 성균관대학교 국가경영전략연구소의 채재병 박사에게 고마운 마음을 전한다. 아울러 어려운 시기에 이 책의 출판을 맡아 준 나무와숲 최헌걸 사장에게도 감사드린다.

차 례

차 례

8장 삼국 시대의 전투 전술 이야기

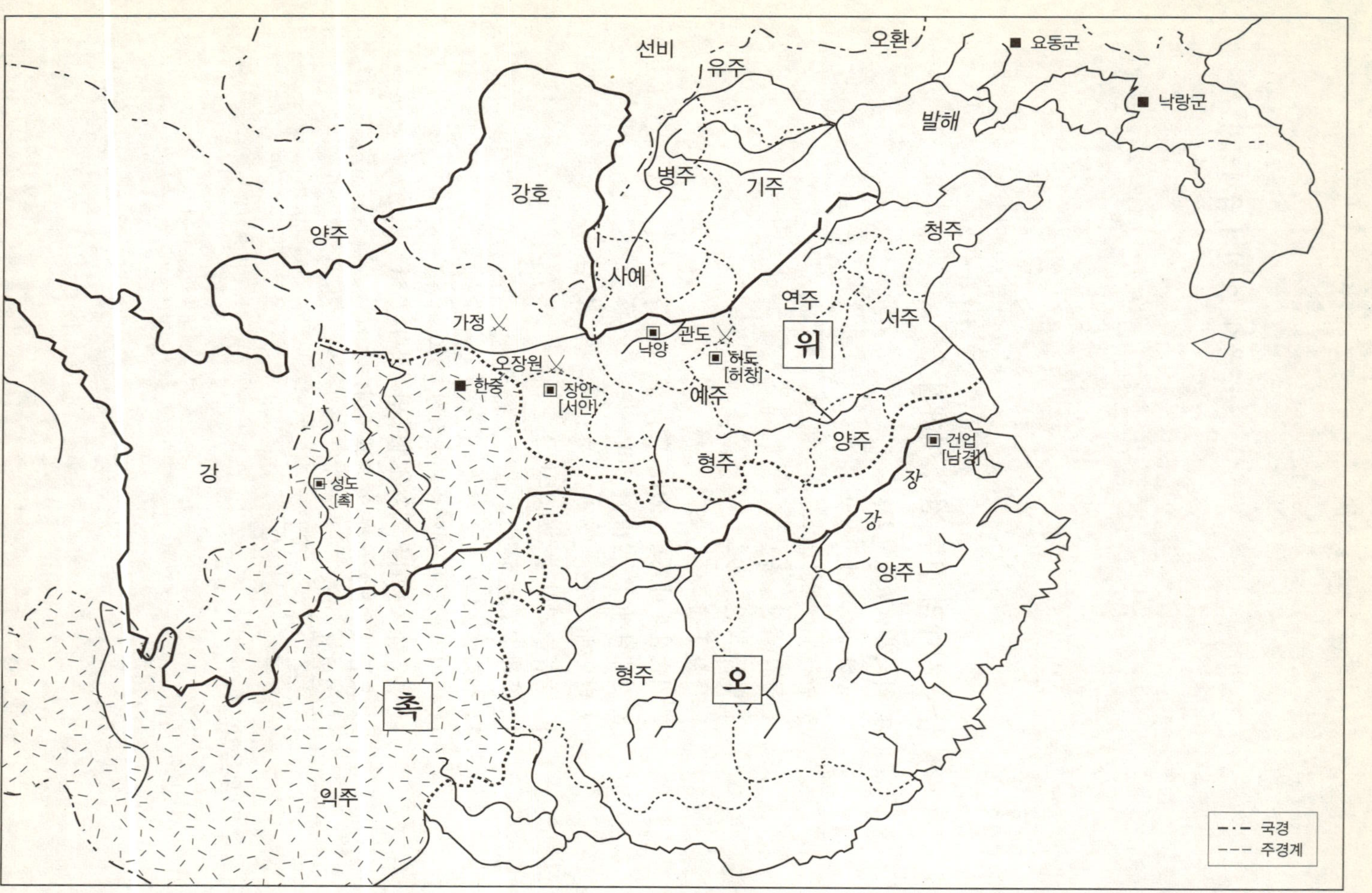
선비
오환
요동군
낙랑군
발해
유주
병주
기주
강호
청주
양주
사예
연주
서주
위
가정
관도
낙양
허도
[허창]
오장원
한중
장안
[서안]
예주
양주
건업
[남경]
강
성도
[촉]
형주
장
강
양주
촉
오
형주
익주
국경
주경계

1장

삼국 시대에도
국제정치는 있었다

　인간이 추구하는 가치는 권력·부·복지·애정·존경·지식·자유·안전 등 실로 다양하다. 이스턴은 정치를 "인간이 추구하는 가치의 권위적인 분배 과정"이라고 정의한다. 한편, 라스웰은 정치란 "누가 무엇을 언제 어떻게 차지하느냐"의 과정이라고 정의한다. 정치가 분배의 과정이든 획득의 과정이든 간에, 인간은 가치 추구를 위해 투쟁 관계에 들어선다. 정치는 가치 추구를 위한 투쟁의 관계이지만 어디까지나 객관적인 가치 추구를 위한 투쟁의 관계이다.

　국제정치와 국내정치는 가치 추구를 위한 투쟁의 관계라는 본질적인 면에서는 같은 성격을 지니고 있다. 그러나 국제정치와 국내정치가 추구하는 가치는 영역마다 서로 다르다.

　국제정치는 국가 간의 투쟁 관계이기 때문에 국가의 부나 국민의 복지라는 가치보다는 국가의 안전, 정치적 독립, 자유와 같은 가치를 우선적으로 추구한다. 권력의 투쟁 관계인 국제정치는 "누가 무엇을 언제 어떻게 차지하느냐"의 과정이다. 또한 국가 간의 희소 가치 획득을 위한 투쟁 관계이기도 하다. 그러므로 국제정치의 주된 투쟁 이유는 국가의 안전과 독립이다.

　국제정치가 국내정치와 다른 점은 희소 가치를 권위적으로 분배

할 수 있는 효과적인 제도나 기구가 없다는 사실이다. 이 때문에 한스 모겐소는 "국제정치는 권력을 획득하기 위한 국가 간의 투쟁"이라고 정의했다.

이러한 투쟁 관계는 언제나 전쟁으로 이어진다. 그래서 레이몽드 아롱은 "국제정치의 영원한 과제는 전쟁과 평화와의 관계를 정립하는 것"이라고 말한다. 그러나 아놀드 울프가 지적했듯이, "불화와 협력"이 계속될수록 국제사회에는 극단적인 평화도 아니고 극단적인 전쟁 상태도 아닌 긴장 상태가 유지되는 기간이 훨씬 길어진다. 따라서 존 스퇴신거는 국제관계를 "권력을 위한 투쟁과 질서를 위한 투쟁 간의 긴장이 병존하는 관계"로 정의한다.

오늘날 국제정치 행태는 무척 복잡하다. 국가와 국가 간의 갈등과 협력이 존재하는가 하면 국가와 비국가적인 조직체 간의 관계도 복잡하기 짝이 없다. 또한 한 국가의 국적을 가진 사람이 국경을 쉽게 넘나들 수 있게 되면서 국가와 국민의 관계도 복잡하게 얽혀 있다. 그리고 국제연합·국제적십자사 같은 초국가적 조직체와 로마교황청·기독교 단체·이슬람교 단체 등의 종교 조직체가 국가와 복잡한 관계를 맺고 있다. 그러나 이러한 초국가적 조직체는 국가 하나도 마음대로 통제하지 못한다.

이같이 국제사회는 아주 복잡하고 다양해서 많은 사람들은 국제정치라는 말보다 국제관계라는 말을 더 선호한다. 즉 국가와 여타 조직의 관계가 정치적인 경우보다 문화적이거나 경제적인 경우가 많기 때문에 정치라는 말을 꺼리는 것이다.

교통과 통신이 발달하면서 세계는 정말로 좁아졌다. 일부 학자들은 지구촌이 하나의 정치체제로 발전할 것이라고 가정하면서

국제정치라는 말을 글로벌 또는 세계정치라는 용어로 대체하기도
한다. 어쨌든 국제정치·국제관계·세계정치와 같은 다양한 용어
는 결국 국가와 다른 조직체의 관계를 설명하기 위한 것이다.

국제정치란 말은 인류의 오랜 역사 속에서 민족 국가와 시민 국
가가 19세기 유럽에서 완성되면서 만들어진 용어이기 때문에, 다
른 말로 변할 수도 있고 변하는 것이 이상하지도 않다. 무엇이라고
부르더라도 국가 간의 관계에는 전쟁·평화·긴장이 공존하고, 경
제적이고 문화적인 측면도 있게 마련이다. 편의상 필자는 국제정
치라는 용어로 국가 간의 관계를 기술하려 한다.

삼국 시대는 군사력이 지배하던 무정부 상태

진(秦)나라 이전의 중국에서는 일곱 나라가 서로 각축을 벌이다
가 진시황제에 의해 한 나라로 통일되었다. 그러나 진나라는 시황
제가 죽자 곧 멸망하고 말았다. 제후들이 다시 갈라져 다투었으나
초나라의 항우(項羽)와 한나라의 유방(劉邦)이 결국 천하를 다투다
가, 유방이 항우군을 절멸시킴으로써 한(漢) 왕조가 성립되었다.
그러나 이후 환관과 외척이 중앙 정계의 실권을 잡으면서 조정은
급속히 부패하였다. 이때를 틈타 왕망(王莽)이 황제의 자리에 올라
나라 이름을 신(新)으로 바꿈으로써 전한(前漢) 왕조는 막을 내리게
되었다.

왕망의 신이 15년 만에 멸망하자, 한의 후손인 유현(劉玄)이 다시
한 왕조를 복구하여 광무제(光武帝)가 되면서 후한(後漢) 왕조가 시
작되었다. 그러나 후한 역시 환관과 외척의 정치적 갈등이 되풀이
되면서 황제의 힘이 약화되었다. 결국 서기 184년에 일어난 황건적

의 난에 이은 동탁의 집권과 폭정으로 인해 후한이 사실상 멸망하면서 천하는 군웅할거 시대로 접어들게 되었다.

인류 역사를 보면 여러 국가가 통합되어 제국이 되었다가 다시 무수한 국가들로 분열하여 경쟁을 하고, 다시 강력한 국가에 의해 재통합되는 과정이 되풀이되었다. 중국도 예외는 아니었다.

후한 멸망 이후 중국은 열 개의 나라로 나누어졌다가 조조·유비·손권이 다스리는 위·촉·오 삼국으로 정립되었다. 삼국 시대는 한동안 지속되었지만, 서기 280년 사마염(司馬炎)이 오나라의 항복을 받음으로써 중국 대륙은 다시 통일되었다.

삼국 시대를 전후한 중국의 상황은 여러 가지 면에서 오늘날의 국제정치를 방불케 한다. 당시 존재했던 제후들의 국가는 실제로 독립적인 국가였다. 원소·원술·공손찬·조조·손견·손권·유비·유표·유장·장로 등은 누구의 영향력도 미치지 않는 독자적인 세력권을 형성했다.

이들 세력은 다스릴 영토가 있었을 뿐만 아니라 관제(官制)를 확립했고, 군사력과 경찰력을 보유하고 있었으며, 정통성도 확보하고 있었다. 또한 끊임없이 전쟁을 치르고, 동맹을 맺었으며, 외교적 관계를 수립했다.

흔히 국제사회에는 희소한 가치를 공정하게 배분할 수 있는 권위를 가진 조직이 없다고 말한다. 국가들은 서로 대립하거나 협력하면서 질서를 유지하려고 하지만, 자국의 이익을 극대화하기 위해서는 다른 나라와의 투쟁을 불사할 수밖에 없다. 따라서 국가 간에는 극심한 불신이 생기게 마련이고, 이러한 불신은 결국 갈등으로 나타나게 된다. 홉스는 이러한 국제사회를 "만인의 만인에 대한 투쟁 상태"로 정의했다. 국제사회는 강제력 있는 중앙 정부가 없는 무정부 상태라는 것이다. 마피아의 세계를 그린 『대부』의 작가 마리오 푸조가 "정치와 범죄는 같다"고 말했던 것처럼, 국제사회는 힘이 지배하는 범죄의 세계와 닮은 점이 많다.

삼국 시대의 국제질서는 군사력이 지배하던 무정부 상태였다. 한 왕조는 상징적으로만 존재했고 아무런 힘이 없었다. 중앙 정부는 동탁·이각·곽사·조조 등이 지배했지만, 그들 역시 중국 전체를 통솔할 수는 없었다. 결국 그들이 통치했던 중앙 정부도 삼국의 국제질서 하에서는 하나의 국가에 지나지 않았다.

원소·조조·손견·손책·손권·원술·여포·장로·유표·공손찬·도겸·유장 등은 자기 영토를 보존하고 확대하기 위해 끊임없이 전쟁을 치렀다. 원소는 공손찬의 영토를 탈취했고, 여포는 조조와 유비의 영토를 빼앗았으며, 유비는 유장의 영토를 탈취했다. 조조는 장로를 정복했을 뿐만 아니라 마초가 갖고 있던 서량(西凉) 지역을 빼앗았다.

한편 유비와 손권은 한때 동맹을 맺었고, 유표는 원소와 연합한 적이 있었다. 원술과 여포도 동맹을 맺으려 했다. 조비는 손권과 동맹을 맺어 놓고도 유비가 오나라를 공격했을 때 강 너머 불구경 하듯 하면서, 어느 한쪽이 지기만을 기다리며 공격 태세를 갖췄었다.

이처럼 삼국 시대의 국제정치에서 우리는 오늘날의 국제정치에서 볼 수 있는 행태를 엿볼 수 있다. 오늘날의 국제정치에서는 자국의 정당성을 국제연합의 헌장이나 의결에 의존하는 것이 상례이다. 그렇다고 해서 국제연합의 결의가 특정 국가를 구속할 수는 없

다. 그러나 상징적으로는 매우 중요한 의미를 갖고 있는 것은 분명
하다. 삼국 시대에 천자에게는 아무런 힘이 없었다. 그러나 유가
(儒家)의 사상이 천하를 지배했던 시대였기 때문에 조조는 모든 행
동을 천자의 조칙으로 정당화했다. 뿐만 아니라 손권·유비·원소
등 당대의 실력자들도 모두 한 황제에게 충성을 맹세했다.

물론 제후들은 마음만 먹으면 천자의 허락 없이도 이웃 나라를
정복했다. 그것은 오늘날도 마찬가지다. 미국과 영국은 국제연합
의 동의 없이 후세인이 지배하는 이라크를 침공해 점령하고 있다.
국제연맹이 존재했을 때에도 일본은 만주를 침략했다. 또 이탈리
아가 리비아를 정복했을 때도 국제연맹은 이를 저지하지 못했다.

이처럼 과거 국제연맹 하에서나 지금의 국제연합 하에서나 강대
국이 마음먹고 다른 나라를 침범하면 국제기구는 이를 제지할 수
가 없다. 물론 작은 사안들은 국제사법재판소나 국제 규약에 따라
해결하기도 하지만, 국가의 근본적 이해가 걸려 있을 때는 국제적
행위가 별로 효력을 발휘하지 못한다.

삼국 시대에도 마찬가지였다. 작은 사안이나 비정치적 사안들은
유가의 도덕적 규범의 규제를 받거나 제후들의 협조를 받아 해결
되었고, 천자의 조칙으로 정당화되기도 했다.

그러나 막강한 힘을 지닌 제후가 강한 의지를 갖고 일방적으로
행동했을 때에는 당사자 간의 전쟁 말고는 제재할 수단이 거의 없
었다. 전쟁은 국가 간의 이해 관계를 해결하는 마지막 해결책이었
던 것이다. 손자병법에서 이르기를 "싸우지 않고 이기는 전법이
최상"이라고 했지만, 삼국 시대나 오늘날이나 국익을 위해서라면
국가는 전쟁을 마다하지 않는다.

그런 점에서 삼국 시대의 국제정치는 오늘날에도 시사하는 바가 크다고 생각한다. 우리는 역사를 통해 현실을 배워야 한다.

2장

삼국 시대의
국제체제

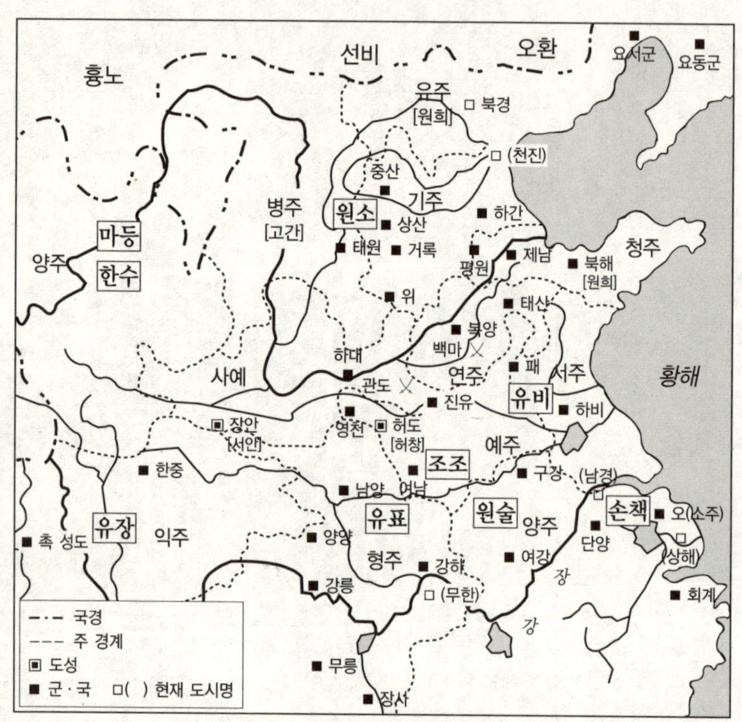

200년(건안 5년) 당시의 세력도

국제정치를 이야기하다 보면 국제체제를 언급하지 않을 수 없다. 국제체제란 다양한 집단들이 상호 작용하면서 형성되는 세계 질서를 말한다. 어떤 학자들은 국제사회를 집단들 간에 지배적인 도덕적·법적 합의가 결여되어 국제질서의 룰이 없는 무정부적 사회로 정의하고 있다. 즉 국제질서를 운영할 수 있는 권위적인 제도가 없기 때문에 무정부적 성격을 띠고 있다는 것이다.

반면에 국제사회가 완전한 무정부 상태라는 논리에 반대하면서, 국제사회는 질서와 무질서의 성격을 동시에 갖고 있다고 주장하는 학자들도 있다. 즉 국제사회의 단체들 사이에는 갈등과 전쟁도 있지만 동시에 협력과 평화 구축을 위한 노력도 공존한다는 것이다. 이 때문에 국제사회는 각 국가의 주권을 인정하면서도 힘에 의한 불균형도 내포하는 이중 구조를 가지고 있기 때문에 홉스식의 완전한 무정부 상태는 아니라는 주장이다.

국제체제라는 개념을 가지고 국제정치를 논한 대표적인 학자는 미국의 모튼 카플란이다. 카플란은 1967년의 저술에서 국제체제 모델을 여섯 가지로 제시했다.

첫 번째 모델은 '세력균형 체제'로서 18세기에서 20세기 초까지 실제로 존재했던 체제이다. 세력균형 체제는 다음과 같은 조건에서 성립된다. 첫째, 국제체제 하에서는 최소한 독립적인 행위자가 몇 개 존재하며, 행위자 상호간에는 밀접한 이해 관계가 있다. 둘째, 국가들 간의 세력 억제는 힘에 의해서만 가능하다. 셋째, 각 행위자인 국가는 비교적 동등한 지위에 있으며, 행위자들을 통제할 수 있는 초국가적인 제도가 존재하지 않는다. 넷째, 어느 한 국가가 권력을 무제한으로 팽창하려고 하면 국제체제는 파멸하고 만다. 그러므로 체제의 안전을 위해서는 국가들 사이에 힘의 균형이 필요하다. 다섯째, 각 국가는 세력균형 체제 자체를 지지하고 세력균형 체제를 유지하는 데 필요한 규칙을 지켜야 한다.

이 체제 하에서 각 국가들은 서로 대결하고 경쟁하기도 하고, 제3자로서 개입을 하기도 한다. 또한 빈번히 동맹을 맺는가 하면, 동맹을 쉽게 파기하기도 한다. 각 국가들은 때로는 군비 감축을 위해 노력하기도 하지만, 언제나 군비 증강을 위해 노력한다. 여기서 중요한 것은 체제 유지의 핵심이 각 국가의 동맹 외교와 군사력이라는 것이다.

카플란이 제시한 두 번째 모델은 '공고한 양극 체제'의 국제질서이다. 이 모델 역시 실제로 국제사회에 존재했던 체제로, 세계가 1947년부터 대략 10년 동안 미·소 초강대국이 지배하는 양대 진영으로 분열되었던 시기이다.

양 진영의 조직 및 특성은 다음과 같다. 첫째, 국제체제가 미국을 주축으로 하는 서방 진영과 옛 소련을 주축으로 하는 공산 진영으로 철저하게 갈라졌다. 이 극단적인 양극 체제에서는 독자적인 노선을 걷는 국가의 수가 비교적 적었다. 대부분의 국가가 어느 한쪽 진영에 속했다.

둘째, 이 체제 하에서 서방 진영은 자유 무역을 중심으로 하는 자본주의 이념으로 무장되어 있었던 반면, 공산 진영은 사회주의 이념으로 무장되어 있었다. 즉 정치적 이데올로기가 양 진영의 정통성을 확립해 주었다.

셋째, 공고한 양극 체제 하에서 독립 국가나 초국가적인 국제 조직체는 큰 영향력을 발휘하지 못했고, 양극의 지도 국가는 새로운 무기를 꾸준히 발전시키며 자기 진영의 국가들을 보호하려고 노력했다.

공고한 양극 체제는 동서 분쟁으로 인해 형성된 체제로서 각 진영이 군사적 또는 경제적으로 통합된 조직이나 기구를 만들어서 경쟁국에 대항했다.

카플란의 세 번째 모델은 '이완된 양극 체제'이다. 약간 수정된 이 양극 체제는 양 진영 내부의 변화로 생성된 국제체제이다. 공산 진영은 1956년 흐루시초프가 개인 전제 체제를 비난하면서 스탈린 격하 운동을 벌였다. 그런데 스탈린 격하 운동으로 인해 중국의 모택동이 소련에 등을 돌리면서 공산 세계는 두 진영으로 분할되었다. 또한 군사력으로 제압되긴 했지만 폴란드와 헝가리에서 소련으로부터 독립하려는 움직임이 있었다. 알바니아가 소련권에서 벗어났고, 유고슬라비아가 중국과 소련의 알력에서 벗어나 중립을 선언하였다. 이리하여 공산 진영의 단순한 일극 체제가 무너지게 되었다.

이 시기에 서방 세계에서도 분열이 시작되었다. 1958년에 재집권한 프랑스의 드골 대통령이 미국의 지도력에 도전하기 시작했고, 다른 국가들도 미국 일변도의 외교 관계에서 벗어나려고 노력했다.

　중요한 것은 아시아·아프리카 국가가 급격히 증가하면서 동서 분쟁에 중립을 지키려는 제3세력이 형성되기 시작했다는 것이다. 1955년 반둥 회의, 1961년 베오그라드 회의를 거치면서 형성된 이른바 비동맹 세력은 서구 민주주의와 공산주의를 동시에 배제하면서 민족주의와 사회주의를 제창했다. 이들은 서구 민주주의 국가 및 동구 공산주의 국가와 아시아·아프리카 국가 사이의 빈부 격차가 격심함을 지적하면서 이의 시정을 촉구했다. 이렇게 해서 부유한 북구 세력과 빈곤한 남구 세력이 갈등을 빚는 남북 갈등의 시대로 접어들게 되었다.

　이완된 양극 체제의 특징을 간단히 말하면, 첫째 정치 판도가 공고한 양극 체제와 비교했을 때 크게 변했다. 즉 동서 양 진영 내에 주축국 미·소에 도전하는 민족주의 경향이 확산되고, 양 진영 밖에는 비동맹 세력이 등장했다. 둘째, 양대 이데올로기에 대한 도전이 야기되었다. 셋째, 핵무기를 가진 국가가 확산되었다. 넷째, 경제 질서가 다양화되었다. 다섯째, 이 국제질서 속에서 새로운 행위자들이 속속 등장하게 되었다.

　지금까지 말한 카플란의 세 가지 국제체제 모델은 역사적으로 실제로 존재했던 체제이나, 다음에 소개하는 세 가지 모델은 카플란의 머리 속에서 나온 것들이다. 카플란의 네 번째 국제체제 모델은 '보편적 국제체제'이다. 초국가적 체제가 발전하여 세계가 하나의 정부가 되는 국제체제를 말한다. 즉 세계 정부가 하나의 사법부·입법부·행정부를 갖는 것이다. 각 국가는 지리적으로만 구별되고, 지방 정부로 존재하게 된다. 이를테면 세계 연방 국가 형태라 하겠다. 이는 실로 인류의 오랜 꿈이었으나 현재로는 실현 가능성이 전혀 없는 체제이다.

카플란의 다섯 번째 모델은 '위계적 국제체제'로서, 이는 민주주의 체제가 될 수도 있고 권위주의 체제가 될 수도 있다. 핵심은 세계가 하나의 통합된 정부 체제가 되는 것이다. 과거 로마 제국이나 중국의 천하 지배 체제가 이에 해당한다고 하겠다.

카플란의 여섯 번째 모델은 '전단위 거부권 국제체제(Unit veto system)'로 모든 국가가 자국의 이익만 추구하지만, 이를 규제할 수 있는 정치적 장치가 없는 체제이다. 이 체제 하에서는 모든 국가가 핵무기 개발에 빠져들어 핵무기가 전세계적으로 확산된다. 모든 국가가 핵무기를 보유하고 있기 때문에 약소국이 강대국의 위협이나 요구에 거부권을 행사할 수 있는 체제이다.

리처드 로즈클랜스는 국제체제를 '일극 체제', '양극 체제', '다극 체제'로 나누면서 각 체제가 평화를 유지하는 데 어떤 장점이 있는지를 논하기도 했다. 특히 그는 현대 체제가 정치 판도의 변화, 새로운 사상의 도전, 새로운 군사 균형, 그리고 경제 질서 변화와 국제 행위자의 변화로 인하여 원시적이고 초기적인 다극 체제로 변하고 있다고 주장했다.

삼국 시대의 국제체제를 살펴보면 위에 열거한 모델들과 상당히 닮은 점이 많다는 것을 알 수 있다. 삼국 시대의 국제질서도 다양하게 변화했다. 나관중의 『삼국지연의』를 보면 첫 장에 "예로부터 이르기를 천하 대세란 나누어진 지 오래면 반드시 합쳐지고, 합쳐진 지 오래면 또 반드시 나누어지는 법이라 했으니"라고 쓰여 있다. 이 말은 진리라 하지 않을 수 없다. 여기에서 볼 수 있듯이, 중국인들은 흔히 국제질서를 천하라는 말로 표현했다.

　인류 역사는 통합과 분열의 역사이다. 유럽의 역사를 보자. 로마 공화국은 제국이 되었으나 결국 몰락하고, 그 뒤를 이어 수많은 군소 국가들이 유럽을 지배했다. 스페인·영국·프랑스 등도 제국이 되었으나 해체되고 다시 많은 국가들이 생겨났다. 오늘날 우리가 알고 있는 유럽 국가들은 19세기에 민족 통일을 이루고 시민 국가와 민족 국가로 완성되면서 지금의 모습을 갖춘 것이다.

　우리 민족의 역사를 보더라도 고조선 때 통일 국가를 형성했으나 이후 고구려·백제·신라 삼국으로 나뉘었다. 그 후 삼국은 신라로 통일되었다가 다시 후삼국으로 분열되었다. 하지만 고려로 통일된 한반도는 이후 조선과 일본의 통치를 거쳐 다시 남북한으로 분단되어 오늘에 이르고 있다. 인류 역사와 『삼국지연의』가 말해 주듯이, 분열이 되면 다시 통일되게 되어 있다.

1. 양극 체제
─동탁 vs 반동탁 연합군

삼국 시대의 중국도 나누어졌다가 합쳐지면서 많은 변동을 겪었고 나름대로 변화하는 국제질서를 맞이했다. 한 왕조로 통일되어 있던 중국은 184년 황건적의 난을 겪으면서 급격하게 변화했다.

"푸른 하늘은 이미 죽었다. 누런 하늘이 온다. 갑자년이 되면 천하는 대길이다!"라고 외치며 황건적이 들고일어났다. 이들을 이끄는 장각(張角)은 스스로를 천공장군(天公將軍)이라고 부르면서 각 지의 관아를 불사르고 관리들을 죽였다.

당황한 한 왕조는 하진(何進)을 대장군에 임명하고 토벌군을 편성했다. 하태후의 오빠인 하진은 무능한 인물이었으나, 황보숭(皇甫嵩)·노식(盧植)·주전(朱儁) 등을 중심으로 삼군을 편성하고 황건적 토벌에 나섰다.

혜성처럼 떠오른 황건적은 전국을 뒤흔들었지만 이들에게는 큰 약점이 있었다. 수적으로만 많았을 뿐, 오합지졸에 지나지 않았던 것이다. 훌륭한 지도자가 없으면 어떤 집단이라도 약해지고 흩어지게 마련이다. 불행히도 황건적에게는 대군을 통솔할 수 있는 지휘관이 없었고, 전략·전술에 뛰어난 참모도 없었다.

황건적의 난은 평정될 수밖에 없었지만, 중요한 것은 이 난리로 인해 후일 삼국 시대의 문을 연 많은 영웅들이 황건적 토벌 작전에 참여했고 자신의 힘을 키우는 계기로 삼았다는 것이다. 조조·손견·원소·여포·마등·유비·공손찬·도겸·원술 등 난세를 풍미한 영웅들이 모두 황건적 토벌에 참가했다.

황건적의 난이 평정된 뒤로도, 부패한 한 왕조의 환관과 외척의 권력 투쟁은 계속되었다. 환관 세력을 제거하기 위해 하진은 원소의 의견을 받아들여 각지의 무장들에게 격문을 돌리며 궐기할 것을 촉구했다. 그러나 하진은 실행에 옮기기도 전에 환관들에게 암살되고 말았다. 이에 분노한 원소는 환관들을 대량 학살하고 도망쳤다.

하진이 격문을 돌렸을 때, 서량에 20만 대군을 거느리고 있던 동탁(董卓)도 격문을 받았다. 하진의 격문을 받은 즉시 동탁은 자신의 병사 3천 명을 이끌고 즉시 낙양으로 진군했다. 낙양으로 진군하던 도중에 원소의 환관 모살의 난을 피해 도망치던 소제(昭帝)와 왕자 유협(劉協)을 만난 동탁은 이들을 호송하여 환도하게 되었다.

황제를 반강제로 옹위하여 낙양에 입성한 동탁은 하진이 살해당한 것을 보자 욕심이 생겼다. 그래서 서량에 있는 자신의 주력 부대가 황도에 도착하기 전에 권력을 잡기 위한 꾀를 냈다. 즉, 3천 명의 군사 중 5백 명을 밤중에 성밖으로 몰래 내보냈다가 다음날 아침에 입성시켰던 것이다. 이 같은 행위를 매일 계속함으로써 백성들의 눈에는 서량에서 많은 군대가 도착한 것처럼 보이게 했다. 이른바 '의병계'를 사용한 것이다. 동시에 매일 아침 "서량에서 동탁군이 또 도착했다"는 소문을 퍼뜨리게 했다. 낙양 주민들은 동탁의 계교를 전혀 눈치채지 못하고 동탁군이 재빠르게 증원되는 것에 경탄을 금치 못했다.

한편 동탁은 여포(呂布)를 매수해서 정원(丁原)을 죽이고 권력을 잡았다. 동탁의 위협에 겁을 먹은 원소는 낙양에서 도망쳐 하북으로 갔다. 반대 세력을 모두 제거한 동탁은 소제를 폐위시키고 어린 진류왕(陳留王) 유협을 황제로 옹립했다. 바로 그가 한의 마지막 황제인 헌제(獻帝)이다. 이로써 낙양은 동탁의 완벽한 독재 정치의 무대로 변했다.

정권을 잡은 동탁은 스스로 상국(相國)의 자리에 오른 후 공포 정치를 시작했다. 이 때문에 동탁을 암살하려는 시도가 낙양에서 여러 차례 있었지만 모두 실패로 돌아갔다. 오히려 동탁의 안전에 대한 경각심만 높였을 뿐이다. 결국 동탁의 학정에 대항해 전국의 제후들이 봉기하게 되었다. 당시 중국의 국제질서는 공고한 양극 체제로 되어 있었다. 즉 중앙 정권을 쥔 동탁의 세력이 한쪽 극이라면, 서로 단결한 제후 세력이 다른 한 극이었다.

이때 조조의 호소문에 호응하여 진류에 모인 17로 제후는 다음과 같다. 제1진은 후장군(後將軍) 남양태수(南陽太守) 원술(袁術), 제2진은 기주자사(冀州刺史) 한복(韓馥), 제3진은 예주(豫州)자사 공주, 제4진은 연주자사 유대(劉岱), 제5진은 하내(河內)태수 왕광(王匡), 제6진은 진류(陳留)태수 장막(張邈), 제7진은 동군(東郡)태수 교모(喬瑁), 제8진은 산양(山陽)태수 유유(劉遺), 제9진은 제북상(濟北相) 포신(鮑信), 제10진은 북해(北海)태수 공융(孔融), 제11진은 광릉(廣陵)태수 장초(張超), 제12진은 서주(徐州)자사 도겸(陶謙), 제13진은 서량태수 마등(馬騰), 제14진은 북평(北平)태수 공손찬(公孫瓚), 제15진은 상당(上黨)태수 장양(張楊), 제16진은 장사(長沙)태수 손견(孫堅), 제17진은 발해(渤海)태수 원소(袁紹)였다.

이들은 발해태수 원소를 맹주로 추대하고 동탁을 칠 계획을 세웠다. 진류 지방에 몰려든 17로 제후들은 부근 3백여 리를 그들의 군사들로 뒤덮다시피 했다. 지방의 모든 제후들이 동탁에게 반기를 든 셈이었다. 그러나 문제는 그들이 질서가 없고 제대로 조직되지 않았으며 의기만 충천했다는 점이다. 물론 『삼국지연의』의 주역인 유비 · 관우 · 장비도 이때 반동탁군에 합류했다.

양극화된 중국 천하에 결전의 시간이 다가왔다. 17로 제후의 반동탁군은 낙양 방어선의 요충지인 사수관에 진을 쳤다. 군사는 모두 20여만 명에 진영은 2백 리나 되었다. 동탁도 가만히 있을 수가 없었다. 동탁은 화웅을 대장으로 삼아 반동탁군과 맞서게 했다.

맹주가 된 원소가 맹약의 글을 읽었다. "한실(漢室)이 불행하여 황실의 기강과 법통을 잃으니 역적 동탁이 그 틈을 타 지존을 해하고 백성을 학대한 지 이미 오래다. 이에 원소 등은 나라까지 잃게 됨을 두려워하며 널리 의병을 모아 국난에 대처하려 한다. 우리 동맹군은 마음을 합치고 힘을 다하여 신하 된 자의 절의를 지키고 결코 두 가지 뜻을 품지 않을 것이다. 만약 이 맹세를 어기는 자가 있으면 그 목숨을 떨어뜨리고 남겨 기름이 없으리니 황천(皇天) 후토(后土)와 조종(祖宗)의 밝은 영령이시여, 이 뜻을 굽어 살피소서."

맹약을 읽은 후 원소는 손견을 선봉장으로 세우고 사수관으로 진격시켰다. 손견은 명성에 걸맞게 선전했다. 손견의 장수 정보는 화웅의 부관 호진 장군의 목을 베었다. 그러나 손견의 피해도 상당했기 때문에 결국 후퇴할 수밖에 없었다. 손견은 진영을 재정비하고 전투 태세를 갖추려고 했지만, 군량 보급을 맡은 원술이 군량을 제때에 보내지 않아 화웅의 군대에게 참패하고 말았다.

손견이 패주한 후, 반동탁군은 밀어닥치는 화웅의 군대를 맞아 여러 이름 있는 장수들을 내보냈지만 모두 화웅의 칼에 목숨을 잃고 말았다. 이때 이름없던 관우가 나서서 화웅의 목을 단칼에 베었다. 궁지에 몰렸던 반동탁군은 사기가 올라 다시 진군하기 시작했다. 『삼국지연의』에는 관우가 이처럼 화웅의 목을 베었다고 씌어 있으나, 실제로는 전투 중에 화웅의 목을 벤 장수는 손견이라고 정사 『삼국지』의 저자 진수는 쓰고 있다. 손견의 용맹에 놀란 동탁이 이각을 손견에게 보내 자신과 사돈을 맺고 화의할 것을 제안했을 정도였다. 그러나 손견은 "동탁은 역적이다. 역적과 어떻게 손을 잡을 수 있는가!"라고 호통을 치면서 동탁의 제안을 거절했다.

동탁은 20만 대병을 일으켜 제후들의 근왕병과 맞섰다. 이각과 곽사에게 5만을 주어 사수관으로 가게 하고, 자신은 여포를 비롯한 모든 장수들을 앞세우고 15만 병사와 함께 호로관으로 갔다.

이에 맞서 원소는 8로의 제후를 따로 빼내 호로관을 치게 하고, 나머지 9로의 제후들에게는 사수관을 계속 공격하게 했다. 결국 반동탁군은 사수관을 점령한 뒤 여포가 지키는 호로관으로 진격했다. 그러나 여포는 맹장이었다. 여포는 반동탁군을 가볍게 물리쳤다. 각 지역의 영웅호걸들이 모두 모였음에도 불구하고 반동탁군 가운데 여포를 당할 장수가 없었다.

더욱이 반동탁군의 총사령관인 원소는 전국 각지에서 모인 17로 제후의 군사들을 통솔하는 능력이 부족했다. 또한 제후들은 질투와 의심 때문에 대의명분은 좋았지만 상호 신뢰감이 부족했다. 그로 인해 반동탁 연합군은 효율적으로 전쟁을 치르지 못해 호로관을 여러 차례 공격했지만 번번이 실패했다.

그런데 공손찬이 여포와 맞서 싸우다가 거의 죽을 지경에 이르렀을 때, 이를 지켜보던 장비가 나서서 공손찬 대신 여포와 싸웠다. 두 사람은 50여 합을 겨뤄도 승부가 나지 않았다. 그때 장비의 말이 서서히 지치자 장비가 위험하다고 판단한 관우가 장비를 도와 여포 공격에 나섰다. 이를 뒤에서 보고 있던 유비도 합세하여 여포를 공격했다. 세 사람의 공격을 견디지 못하고 여포는 결국 말머리를 돌려 호로관으로 달아났다. 이에 힘을 얻은 반동탁 연합군은 일제히 호로관을 공격했다.

여포가 패퇴하는 장면을 먼 곳에서 지켜보고 있던 동탁은 연합군의 공격을 두려워해 낙양에서 장안으로 수도를 옮기기로 결심했다. 낙양으로 돌아온 동탁은 문무백관을 모아 놓고 말했다.

"동도 낙양은 제실(帝室)이 옮겨온 지 2백여 년, 이미 그 기운과 천수가 쇠했다. 내가 보기에 이제 왕기(王氣)는 서쪽 장안에 있으니 어가를 모시고 서쪽으로 돌아가려 한다. 그대들은 각기 떠날 채비를 서두르라."

동탁의 말을 들은 대신들은 수도를 옮기는 것은 옳지 않다며 반대했으나, 동탁은 반대하는 대신들을 삭탈관직하여 내쫓고 일부는 처형하면서까지 천도를 단행했다. 더욱이 낙양을 떠나면서 성안의 부호들을 죽이고 재산을 빼앗았을 뿐만 아니라, 황제와 황후들의 묘를 파헤쳐 금은보화를 꺼내 부를 축적했다. 그리고는 사방에 불을 질러 낙양성은 졸지에 폐허가 되고 말았다. 또한 천도를 원치 않던 헌제를 위협하여 장안으로 향하게 했다. 황제인 헌제를 옹위한 이동이었기에 형식상으로는 천도였다.

반동탁 연합군은 동탁군을 뒤쫓았다. 선봉장이었던 손견이 불타버린 낙양성에 제일 먼저 입성했다. 낙양에 입성한 손견은 우연히 우물 속에서 건져 올린 궁녀의 시신에서 '전국옥새(傳國玉璽)'를 발견했다. 견물생심(見物生心)이라던가! 전국옥새를 수중에 넣은 손견은 마음이 바뀌어 동탁군 토벌을 포기했다. 손견은 옥새의 발견이 머지않아 자신이 천자가 되리라는 것을 암시하는 하늘의 계시가 아닐까 생각하면서 병을 핑계로 고향으로 돌아가야겠다고 결심했다. 이때부터 손견은 천하를 손안에 넣고야 말겠다는 야심을 불태웠다. 그는 전국옥새가 자신의 명을 재촉하리라고는 꿈에도 생각지 못했다.

이 소식을 전해 들은 연합군의 맹주인 원소가 손견에게 전국옥새를 자신에게 넘기라고 했다. 하지만 손견은 끝까지 시치미를 떼고 모르는 척하면서 은밀히 귀국을 서둘렀다.

손견의 태도에 화가 난 원소는 형주자사 유표에게 밀서를 보내 손견을 공격하여 귀국을 막으라는 지시를 내렸다. 이에 유표가 손견을 공격함으로써 유표와 손견은 이후 원수지간이 되었다. 이 싸움으로 손견은 많은 군사를 잃고 가까스로 귀국할 수 있었다.

동탁을 친다는 명분 아래 집결했던 연합군은 손견이 고향으로 돌아가면서 내분이 일기 시작해, 마침내 뿔뿔이 흩어지게 되었다. 결국 동탁 정권은 스스로 지킨 것이 아니라 연합군의 분열로 인해 유지된 셈이다.

동탁이 헌제를 옹립하고 정권을 잡자 이에 맞서 제후들이 연합했을 때, 중국의 국제질서는 공고한 양극 체제의 양상을 띠고 있었다. 이때 동탁이나 연합군은 나름대로 이념적인 명분이 있었다. 동탁은 천자를 모시고 있었으므로 그의 모든 행위는 천자의 이름으로 정당화되었다. 동탁은 한나라의 승상이었고 또한 상국이었다. 결국 동탁은 자신에게 도전하는 것은 한 왕조에 도전하는 것이라고 강변할 수 있었다.

　반면 17로 제후들은 당시로서는 중국 각지를 대표했던 세력들의 집합체였으며, 이념적 정당성을 공유하고 있었다. 동탁은 마음대로 천자를 폐위시킨 불충한 도적이었고, 헌제는 동탁이 일방적으로 내세운 가짜 천자에 불과했다. 결국 동탁은 한나라의 이념인 유가의 도덕을 완전히 파괴한 인물이었다. 이런 인물을 제거하고 천자를 구원하는 것은 한나라 신하로서 당연히 해야 할 도리이자 의무였다. 이러한 이념을 바탕으로 반동탁 연합군은 현대적 의미에서 집단안전보장 체제를 형성했던 것이다. 연합군은 부도덕한 동탁이 통치하는 나라를 무너뜨리기 위한 집단안전군이었다.

　이처럼 당시 양 진영은 결코 타협할 수 없는 공고한 양극 체제를 형성하고 있었다. 동탁이 이각을 손견에게 보내 유인하려 했지만 일언지하에 거절당했을 정도로 적과 아군이 분명했던 시기였다.

　그러나 반동탁 연합군은 집단안전군을 동원했음에도 내분으로 인해 아무 결실 없이 실패하고 말았다. 국제연합이 집단안전군을 동원한 것은 한국전쟁과 1991년 걸프 전쟁 때다. 그러나 한국전쟁 때 연합군은 어물어물 휴전협정을 맺고 한반도에 전쟁의 상흔만 남긴 채 별다른 성과 없이 전쟁을 끝냈다. 안전과 평화 유지를 위해 국가들이 연합한 군대란 삼국 시대나 지금이나 국가 간의 복잡한 이해 관계로 인해 운영하기가 힘들다.

2. 이완된 양극 체제
―원소 vs 조조

　동탁 정권은 반동탁 연합군에 의해서가 아니라 왕윤(王允)과 여
포가 모의해 동탁을 살해함으로써 무너졌다. 그러나 동탁의 부하
였던 이각과 곽사가 왕윤을 죽이고 여포를 쫓아낸 다음, 다시 정권
을 잡았다.

　그 무렵 황건적 잔당이 군사를 일으켰다. 봉기한 황건적 잔당의
수가 백만이나 된다는 소문이 떠돌았지만, 중앙 정부는 반란 진압
군을 파견할 처지가 못 되었다. 그런데 조조가 황건적 잔당을 소탕
하기 위해 나섰다. 조조가 천하를 얻을 수 있는 기회를 잡게 된 것
이다.

　이때 산동 지방에서 봉기한 황건적을 토벌하기 위해 연주태수
유대가 군사를 일으켰다가 황건적의 반격을 받아 전사했다. 연주
태수의 자리가 비자, 조조는 지략을 써서 연주태수 자리에 올랐다.
그리하여 제후의 반열에 오른 조조는 압도적인 숫자를 뽐내던 황
건적을 손쉽게 항복시켰다. 거기에는 그럴 만한 이유가 있었다. 진
수에 따르면, 조조는 초기 황건적의 난을 평정하면서 청주의 제남
(濟南)에서 중앙 관리의 부패와 황폐한 농촌을 직접 목격하고는 분
개했다고 한다. 당시 조조는 관리의 80% 가량을 파면했을 정도로
부패하고 권력을 남용하던 관리들을 철저히 처벌했다. 뿐만 아니
라 관리들이 백성들을 효과적으로 지배하기 위해 이용하던 귀신을
받드는 제사를 폐지했다. 그리하여 조조는 부패하고 무능한 한실
개혁파의 선구자로 백성들로부터 존경을 받았다.

조조가 황건적 잔당을 토벌할 때, 썩은 정부의 개혁을 바라던 청주(靑州) 백성들과 황건적 잔당들은 예전에 조조가 한 일을 잊지 않고 있었다. 그래서 조조를 나라를 개혁하고 민생을 안정시킬 수 있는 인물로 보았던 것이다. 그들은 조조에게 항복하면서 "장군은 지난날 제남에서 음사(淫祠)의 신단을 혁파한 적이 있다. 그것은 우리가 믿는 중황태을도와 일치하는 것이다"라고 했다. 진압군의 총수가 단순한 관군이 아니고 조조였기 때문에 그들은 쉽게 항복했던 것이다.

반란을 진압한 조조는 항복한 황건적 잔당을 흡수하여 청주병을 편성하고는 하후돈에게 지휘를 맡겼다. 이후 청주병은 언제나 조조를 따랐으며, 조조군 최강의 정예 부대로 많은 공을 세웠다. 또한 조조는 둔전제(屯田制)를 실시하여 경제적 기반을 마련했다. 이렇게 군사력과 경제력을 갖춘 조조는 세력을 넓혀 나갔고, 이를 기반으로 서기 196년 이각과 곽사에게 쫓기던 헌제를 옹위하는 데 성공할 수 있었다. 황도를 허도(許都)로 옮긴 조조는 마침내 천자의 이름으로 천하를 호령하는 지위를 얻게 되었다.

조조는 기회를 잘 포착하는 인물로, 당시와 같이 어지러운 세상에서 하늘의 도움을 받았던 사람이 분명하다. 또한 그는 개혁적인 이미지를 가지고 있었고, 황건적이라도 필요하면 이용하는 냉철한 합리주의자인 동시에 현실주의자였다.

이 무렵 조조에게 많은 모사와 장군들이 모여들었다. 정욱·순욱·순유·곽가·유엽·여건·만총·모개 등은 대표적인 문사들이었다. 또한 우금·전위·허저 등 많은 무인들이 조조 진영에 합류했다. 뿐만 아니라 다스리는 영토와 인구도 엄청나게 늘어났다.

어찌 보면 조조는 천시(天時)도 얻었지만 다가온 천시를 포착하는데 탁월했다고 할 수 있다.

조조가 이같이 세력을 키우는 동안 원소도 급속히 세력을 키워나갔다. 서기 190년에 반동탁 연합군의 맹주가 된 원소는 그 이듬해 동탁에 대항하기 위하여 유주목(幽州牧)이었던 유우(劉虞)를 황제로 옹립하려고 했다. 그러나 유우가 이를 받아들이지 않음으로써 결국 동탁과 자웅을 가리지는 못했다. 앞서 말했듯이 연합군의 동맹은 내분으로 인해 와해되고 말았다.

한편 당시 세력을 확대하던 공손찬이 한복에게 기주를 양보하라고 했다. 이때 원소는 공손찬과 한복을 이간질시키고 한복을 협박하여 기주목이 되었다. 기주목이 된 원소가 태도를 바꿔 한복을 핍박하자, 한복은 기주에서 도망쳤다. 원소는 말로써 거대한 영토를 얻은 셈이다. 원소는 이처럼 힘들이지 않고 기주를 빼앗은 후 황하 북방에서 세력을 떨치게 되었다.

하지만 기주 정복을 계기로 원소와 공손찬의 싸움이 시작되었다. 장기간에 걸친 전투 초기에는 원소가 밀렸으나 다음해 원소는 계교(界橋)에서 공손찬을 격파했다. 그러나 후방에 있던 원소의 본진이 약해진 틈을 타서 도망가던 공손찬의 부하 기병들이 원소를 포위했다. 포위당한 원소를 향해 공손찬의 군대가 화살을 퍼부었다. 이때 원소의 참모인 전풍이 원소를 구해 피난시키려고 했다. 그러자 원소는 "대장부는 적에게 돌진하여 전사하는 것이 마땅하다"면서 정면 돌파를 택했다. 원소군의 수를 제대로 파악하지 못했던 공손찬의 군사들이 퇴각함에 따라 원소는 궁지에서 간신히 벗어날 수 있었다.

서기 192년 동탁이 여포와 왕윤에게 살해되고, 동탁의 부하인 이각과 곽사가 장안을 공략하면서 한나라 조정은 대혼란에 빠지게 되었다. 이때 원소의 참모인 곽도가 "황제를 영입하여 우리 세력권 내에 있는 업으로 천도를 강행해야 한다"고 진언했다.

하지만 원소에게는 문제가 있었다. 즉 결정적인 때에 주저하는 경향이 그것이다. 또한 명문가의 자손이었던 원소는 자존심이 아주 강해서 함부로 나서지 않는 경향이 있었다. 게다가 황제를 옹립함으로써 얻는 이득도 있지만 아직도 안정되어 있지 않은 천하에서 다른 제후들의 공동의 적이 되는 것을 꺼렸다.

결국 그가 머뭇거리는 동안 헌제는 조조의 보호를 받는 처지가 되었다. 조조가 천자의 이름으로 천하를 종횡하는 동안 원소는 199년 공손찬을 멸망시키고 마침내 그의 영토를 병합했다. 이제 원소의 세력은 기주 · 유주 · 병주 · 청주 등 4주에 미치게 되었다. 이때를 전후해 원소에게는 영토와 인구가 많이 늘어났을 뿐 아니라 당대의 모사와 장수들이 구름처럼 모여들었다. 문사로는 전풍 · 곽도 · 허유 · 저수 · 봉기 · 순심 · 심배 · 왕수 등이 있었고, 장수로는 안량 · 문추 · 순우경 · 장합 · 고람 등 당대의 명장들이 원소 진영에 합류했다.

이때 중국의 국제질서 체제는 이완된 양극 체제를 방불케 했다. 물론 당시 중국에는 많은 실력자들이 있었다. 강동에는 손책, 형주에는 유표, 회남에는 원술, 서주에는 여포, 한중에는 장로, 익주에는 유장, 서량에는 마등과 한수 등이 있었던 것이다. 그러나 이들의 힘은 원소나 조조의 세력에 비하면 아주 미약했다. 손책(孫策)이 강동을 장악했으나 강동은 당시로서는 오지에 속했고 정권도 안정되지 않았다. 또한 손책이 자객에게 살해되고 나이 어린 손권(孫權)이 집권하였기에 천하를 쟁패할 실력을 갖추지 못했다. 한편 유비는 아직까지도 여기저기 떠돌아다니면서 남의 식객 신세를 면치 못하고 있었다.

이완된 양극 체제의 특징 중 하나는 양극의 축을 이루는 세력의 힘이 강하지 못하다는 것이다. 또한 양극 세력 내에서도 반기를 드는 세력이 생기고, 또한 신흥 세력이 형성되어 간다는 특징이 있다. 당시 삼국 시대의 국제 체제에서는 감히 홀로 원소나 조조에게 대항할 수 있는 세력이 없었다. 그러나 몇 명의 제후가 힘을 합하면 원소나 조조에게 도전을 할 수가 있었다.

이때에도 물론 작은 전쟁은 끊이지 않았다. 여포의 공격으로 유비 · 관우 · 장비는 허도로 도주해 조조에게 몸을 의탁하게 된다. 조조는 한중의 장로를 공격한 데 이어 여포를 죽여 없앰으로써 서주를 차지한다. 또한 원술이 회남에서 천자를 칭하자, 그를 격파한다. 한편 유비는 원술을 치러 가다가 조조를 배반하고 서주를 다시 접수하지만, 조조에게 패하여 도원결의를 맺은 3형제가 전부 흩어지게 된다. 유비는 원소에게, 관우는 조조에게 항복하게 되는 것이다. 장비는 이곳저곳 떠돌다가 여남(汝南)의 고성(古城)에서 작은 군대를 모으게 된다. 후일 이곳에서 유비 · 관우 · 장비가 다시 모여 여남을 차지하고 조조에게 대항하나 패배하고 형주의 유표에게 몸을 의탁하게 된다.

이같이 당시에 여러 가지 사건들이 전개되었으나, 이들 사건이 조조와 원소의 근본 세력에 큰 영향을 주지는 못했다. 그러나 형주의 유표, 강동의 손책 등이 나름대로 독자적인 세력을 키우려고 부단히 노력함으로써 이 시기의 국제질서는 이완된 양극 체제와 유사한 양상의 천하였다고 할 수 있다.

이완된 양극 체제를 형성했던 조조와 원소가 마침내 마지막 대결을 하기에 이르렀다. 원소와 조조가 중국 역사상 대전으로 기록된 관도대전(官度大戰)을 치르기 전에 이미 양극 사이에서는 소규모 전투가 벌어졌다. 첫 번째는 백마성 전투였다. 원소는 장군 안량을 선봉으로 삼아 먼저 백마성으로 군을 진주시켰다. 급보를 전해 들은 조조는 5만의 군사를 이끌고 백마성으로 진군했다. 안량이 이끈 선봉대는 10여만 명으로 들판을 가득 메운 상태였다.

접전이 시작되었으나 조조의 장수들은 원소의 장수 안량을 당할수가 없었다. 심지어 서황 같은 명장도 안량에게 패퇴하고 말았다. 조조는 할 수 없이 관우를 내보냈다. 물론 공을 세운 뒤에 조조를 떠나겠다는 관우의 약속이 마음에 걸렸지만 워낙 상황이 다급했던 터라 관우를 내세울 수밖에 없었던 것이다. 관우는 역시 조조를 실망시키지 않았다. 관우는 성난 기세로 하북 군사의 중심부를 공격하면서 곧바로 안량에게 덤볐다. 놀란 안량이 급히 칼을 휘두르며 관우에게 맞섰으나 그는 관우의 적수가 되지 못했다. 관우는 단칼에 안량의 목을 베어 가지고 돌아왔다.

관우의 기세에 놀란 원소의 군사들은 제대로 싸워 보지도 않고 저절로 무너졌다. 이때 조조의 군사들이 승세를 타고 덮치니 싸움은 그대로 결판나고 말았다. 이렇게 해서 백마성의 싸움은 조조군의 승리로 끝났다.

두 번째 양 세력 간의 전투는 연진(延津)에서 이루어졌다. 원소는 안량이 죽었다는 소식을 듣자 진노하여 문추에게 군사 10만을 주어 연진으로 진군시켰다. 조조는 이때 원소군에게 양초(糧草 : 군량과 말꼴)를 일부러 빼앗겨 적을 안심시킨 후 공격하는 수법으로 원소군을 무찔렀다. 이번 전투에서도 관우는 적장인 문추의 목을 베는 성과를 올림으로써 연진의 전투 역시 조조군의 승리로 끝났다.

　마침내 양극을 대표하는 주력 부대가 정면으로 충돌하게 되었다. 조조군은 관도에 진을 쳤고, 원소군은 관도 북방의 양무(陽武)라는 곳에 포진했다. 이것이 바로 중국 역사상 유명한 관도대전의 시작이다. 양 진영을 객관적으로 평가할 때 원소군이 모든 면에서 앞섰다. 병력도 원소군이 훨씬 많았고, 물자도 원소군이 풍부했다. 이때 원소군은 70만, 조조군은 7만으로 정면으로 맞붙어서는 싸움이 되지 않을 정도로 병력의 차이가 컸다. 물론 당시의 병력이 무척 과장되었다는 사실을 감안한다고 하더라도 분명 원소군과 조조군 간의 병력 차이는 엄청났을 것이다.

　이러한 병력 차이에도 불구하고 원소의 모사 전풍은 "아직은 싸울 때가 아닙니다. 때가 익기를 기다려야 합니다"라고 원소에게 진언했다. 전풍뿐만 아니라 저수도 "우리가 수적으로는 우세하지만 적은 정예군입니다. 한동안 지키기만 하여 조조군의 군량이 떨어지기를 기다리는 것이 상책이라고 생각합니다"라고 의견을 같이하였다.

　이 작전은 물자가 풍족한 원소군에게 분명 유리한 작전이었음에도 원소는 이를 받아들이지 않고 곧바로 전투를 시작했다. 양군의 장수들이 얽혀서 싸웠으나 승부가 쉽사리 나지 않았다. 이때 조조가 하후돈과 조홍에게 군사 3천을 주어 적진을 기습하게 했다. 그러나 심배의 석궁 부대가 불화살을 쏘아 붓는 바람에 조조군은 거의 섬멸되기에 이르렀다. 조조군은 할 수 없이 관도로 후퇴했다.

싸움이 장기화하면서 조조군은 군량 부족에 시달리게 되었다. 조조는 좌절감에 싸여 허도로 돌아갈 생각에서 순욱에게 편지를 보냈다. 그러나 순욱은 철군에 반대하면서 다음과 같은 글을 보내 왔다.

"원소는 전군을 총동원하여 일거에 결말을 내려 하고 있습니다. 우리가 지약으로 지강과 맞서고 있음은 사실입니다. 그러나 여기서 물러나면 상대방을 도와주는 결과밖에 안 됩니다. 지금이야말로 천하를 잡을 수 있느냐 없느냐 하는 갈림길에 서 있음을 명심하시기 바랍니다."

이에 조조가 철군을 단념하고 싸울 결심을 하는데, 마침 호기가 찾아왔다. 원소의 모사로 있던 허유가 자신의 책략이 번번이 받아들여지지 않은 데 앙심을 먹고 조조에게 귀순해 온 것이다. 허유는 원소 진영의 비밀을 조조에게 알려 주어 원소의 군량 창고를 불태우게 했다. 허유의 계책으로 원소의 군량 창고가 기습당해 모조리 불타게 되자, 원소 군영은 일대 혼란에 빠지면서 궤멸되고 말았다. 이로써 관도대전은 마침내 끝이 났다. 전투에서 패배한 원소는 겨우 목숨만 건져서는 고향으로 도망쳤다.

관도대전으로 조조가 가장 막강한 경쟁자의 힘을 꺾게 되면서 삼국 시대의 국제 체제는 변화하게 된다. 원소의 패배로 당시 이완된 양극 체제가 사라지게 된 것이다.

3. 세력균형 체제

이완된 양극 체제가 소멸되면서 중국에 등장한 국제체제는 '세력균형 체제'이다. 당시 가장 세력이 컸던 원소의 세력이 꺾임으로써 이완된 양극 체제는 소멸되었다. 그러나 이는 어디까지나 원소의 침략군을 조조가 섬멸한 것이지 원소의 세력을 완전히 종식시킨 것은 아니었다. 원소가 죽은 뒤로도 원소의 자식들이 아직도 하북 지역을 다스리고 있었다.

물론 당시에는 조조가 천자를 옹립하고 있었고 세력도 가장 큰 편이었으나 아직까지 압도적인 세력을 갖고 있지는 못했다. 하북에는 여전히 원소의 세력이 버티고 있었고, 강동에는 손권이 힘을 키우고 있었다. 형주에는 유표가 있었고, 서량에는 마등과 한수가 있었다. 또한 익주에는 유장이 있었고, 한중 지방에는 장로가 다시 세력을 확장하고 있었다.

이러한 국제체제를 전형적인 세력균형 체제로 정의할 수 있다. 이미 언급했듯이 세력균형 체제 아래서는 최소한 행위자나 국가가 몇 개 이상 존재한다. 또한 모든 행위자는 동등하거나 비슷한 지위와 능력을 갖고 있다. 각 국가나 행위자는 권력에 의해서만 억제되게 되어 있으며, 한 행위자가 무제한적으로 권력을 행사하려고 할 때는 전체 체계가 파괴될 수 있다. 그러므로 각 행위자는 세력의 균형을 이루려고 한다.

관도대전 이후 삼국 시대에는 적어도 여덟 개의 행위 세력이 건재했다. 손권 · 원씨 형제 · 유표 · 조조 · 유장 · 장로 · 마등 · 한수

등이 바로 그들 세력으로, 이들은 각기 독자적인 능력을 가진 국가를 유지하고 있었다. 조조가 힘이 있다고는 하나 모든 제후들과 한 꺼번에 전쟁할 능력은 없었다. 당시 이들 세력은 조조를 경계하여 늘 다른 나라와 동맹 관계를 맺고 있었다.

그러므로 하북의 원씨 형제들을 토벌하면서도 조조는 언제나 손권이나 유표를 걱정해야 했다. 또 적벽에서 손권·유비의 연합군과 전쟁을 치르면서도 서량의 마초와 한수 세력을 걱정하지 않을 수 없었다.

당시 짧은 기간이지만 평화를 유지할 수 있었던 것은 세력균형 상태를 유지하려는 각 제후들의 의지 때문이었다. 그러나 평화가 오래 지속되지는 못했다. 크고 작은 전쟁이 각 세력들 간에 자주 일어났던 것이다.

조조에게 패한 유비는 형주 유표의 식객이 되어 7년을 비교적 평화스럽게 보냈다. 그러나 땅 쪼가리 하나 없던 유비에게도 기회가 찾아오기 시작했다. 늙어 가는 유표가 후사를 정하지 못하고 주저하는 동안 제갈량이라는 걸출한 참모를 얻었고, 가는 곳마다 백성의 신망을 받았던 것이다. 유비는 신야(新野 : 지금의 하남성 신야현 남쪽)에서 관우·장비·조운·제갈량 등과 함께 군사를 키우고 있었다.

반면 조조는 하북을 정벌하는 일에 몰두하고 있었다. 마침 원소가 병으로 세상을 뜨자, 원씨 형제들은 골육상쟁에 빠져들었다. 원소가 죽을 때 그와 그의 부인이 셋째 아들 원상(袁尙)을 후계자로 임명하자 장남인 원담(遠潭)이 원한을 품고 원상과 일전을 벌인 것이다. 원상에게 패한 원담은 조조에게 항복하여 원수를 갚으려고 했다. 그러나 후일 재기를 꾀하다가 조홍에게 발각되어 결국 참수당하고 만다. 원상도 조조에게 패하고 공손강에게 갔으나 그 역시 참수당한다. 이렇게 해서 조조는 하북의 방대한 영토와 백성들을 자신의 세력권에 편입시킬 수 있었다.

조조가 하북을 정벌하면서 삼국의 세력균형 체제는 서서히 변질되어 가고 있었다. 조조는 하북을 평정하자 남정(南征)을 시작했다. 목표는 형주와 강동이었다. 당시 형주는 유표의 우유부단한 태도로 인해 후계자가 불투명했다. 장자인 유기(劉琦) 대신 차자인 어린 유종(劉琮)이 형주의 주인 자리를 물려받았으나 곧 조조에게 항복하고 형주를 조조에게 바쳤다.

유비는 작은 신야에서는 조조를 막을 길이 없어 하구(夏口)로 후퇴했다. 이때 손권과 유비 간에 동맹이 맺어져 손·유 연합군은 조조와 '적벽대전'을 치르게 된다. 즉 조조의 압도적인 힘을 막기 위해 동오와 형주 지역의 군이 동맹을 맺게 된 것이다. 조조군은 수가 압도적으로 많았음에도 손권과 유비군의 화공전에 말려들어 참패를 하고 말았다. 만약 이때 조조가 승리했더라면 세력균형 체제는 아마 소멸되었을 것이다. 그러나 조조의 패배로 삼국 시대의 세력균형 체제는 당분간 지속되었다.

조조가 적벽에서 대패하고 물러난 후, 유비는 강남의 4군을 차지함으로써 후대 기업(基業)의 기초를 마련할 수 있게 되었다. 나아가 유표의 아들 유기가 죽자 형주목이 되기에 이른다. 이처럼 유비 세력이 커지자 이를 염려한 손권이 유비를 통제하기 위한 방법으로 자신의 누이를 유비에게 시집 보냈다. 유비와 손권의 결혼 동맹으로 조조는 강남에 대한 욕심을 접을 수밖에 없었다.

　한편 손권이 합비(合肥)를 포위하고 주유(周瑜)가 강릉에서 조인
(曹仁)을 격파함으로써 손권은 남군태수가 되었다. 『삼국지연의』에
서는 당시 주유와 조인이 싸우는 동안 유비가 남군을 비롯한 고을
여러 개를 어부지리로 차지하게 된다고 쓰고 있다. 그러나 실제로
는 손권의 누이와 결혼한 유비가 남군을 손권에게 빌린 것이다. 당
시 주유는 이를 반대했으나 손권이 일방적으로 유비에게 남군 지
역을 빌려 준 것이다.

　허도로 돌아온 조조는 장남을 오군중랑장(五軍中郎將)과 부승상
(副丞相)에 임명함으로써 후계 계승 작업을 시작했다. 그런데 이때
마초·한수·양추 등이 조조를 배반하고 반란을 일으켰다. 『삼국
지연의』에는 조조가 마초의 아버지 마등을 허도로 관직을 주겠다
고 불러들인 후 참수하자, 이에 격분한 마초가 아버지의 복수를 위
해서 조조를 쳤다고 기술하고 있으나 실제의 역사는 이와 다르다.
조조는 관서 지방으로 나아가 마초와 한수의 군대를 무찔렀다. 마
초와 한수가 패해 양주로 달아남으로써 관서 지방은 조조에 의해
다시 평온을 되찾았다. 이때 장로와 조조의 침공을 염려한 익주목
인 유장이 유비에게 구원을 청했다. 이에 응해 유비는 제갈량에게
형주를 지키게 하고는 방통과 황충을 대동하고 익주로 갔다.

　그때 다시 조조가 손권을 치기 위해 유수로 진군했다. 유비는 손
권을 돕는다는 핑계로 군을 움직여 성도로 진군하여 유장을 격파
하고 익주목이 되었다. 이때 방통이 전사하는데, 혹자는 방통이 전
략에 능하고 인물을 잘 고를 줄 알았으나 일찍 전사했기 때문에 제
갈량이 혼자 모든 일을 처리하다가 수명이 단축되었다고 말한다.
방통의 때이른 서거는 어쨌든 촉한으로서는 커다란 불행이었다.

그즈음 마초와 한수가 다시 반란을 일으키지만 하후연이 물리친다. 마초는 한중의 장로에게 도망갔다가 후일 다시 유비에게 투항한다. 이 와중에 조조는 한중을 쳐서 그 지역을 완전히 장악한다. 한편 유비는 손권과 화해하고 상수(湘水)를 경계로 형주를 분할 지배하게 된다. 조조는 위왕이 되고 장자인 조비(曹조)를 태자로 봉한다. 오랜 싸움 끝에 조조는 손권과 화해를 하고는 앞날을 대비해 대군을 합비에 주둔시킨다.

한편 유비는 장비·마초·황충 등을 이끌고 한중을 공격한다. 황충은 정군산(定軍山) 전투에서 위나라 장수이며 조조의 가신인 하후연을 죽이고 큰 공을 세운다. 이에 조조가 한중으로 진군하지만 유비에게 패함으로써 한중에서 철군하게 된다. 여기서 유명한 '계륵(닭의 갈비)' 이라는 먹자니 먹을 것이 없고, 버리자니 아까운 것이라는 고사가 생기게 되었다.

지금까지 살펴보았듯이, 이때의 국제체제는 세력균형 체제의 전형적인 모델이라 하겠다. 조조·유비·손권·마초·장로·유장 등 제후들은 서로 견제하면서 때로는 전쟁을, 때로는 동맹을, 때로는 적과 급작스런 화해를 하기도 했다. 조조에게 패했지만 조조에게 재기용되어 한중을 다스렸던 장로의 예에서 보듯, 패배한 행위자도 다시 국제질서에 참여하도록 허용되었던 것이다. 이는 18·19세기 유럽의 세력균형 체제와 유사하다.

4. 다극 체제
─위·촉·오 삼국 정립

유비가 219년 한중왕(漢中王)이 되면서 삼국 시대의 세력균형 체제가 무너지고 새로운 국제질서가 태동하기 시작했다. 이때 형주의 관우가 번성의 조인을 포위하고 위나라 원정군의 우금을 생포하고 위의 대장 방덕을 참했다.

그러자 다급해진 조조와 손권이 연합하여 관우의 군사들을 섬멸하고 관우를 죽였다. 반면 새롭게 복종을 약속한 손권에게 조조는 형주목을 제수하고 남창후(南昌侯)로 봉했다.

220년에 조조가 병사한 후 조비가 헌제로부터 선양을 받아 천자에 오르니, 그가 위 문제(文帝)이다. 문제는 연호를 황초(黃初)라 하고 조조에게 태조(太祖) 무황제(武皇帝)라는 시호를 올렸다.

한편 유비는 다음해인 221년 성도(成都)에서 즉위하여 촉한의 황제가 되었다. 연호는 장무(章武)라 하고, 제갈공명을 승상에 임명했다. 유비는 가진 것이라고는 아무 것도 없었지만 특유의 인화력으로 사람을 끌어들여 나라를 창건할 수 있었다. 유비는 형주를 되찾고 관우의 복수를 하기 위하여 60만 대군을 이끌고 형주로 출병했다. 이때 출병 준비를 하던 장비가 부하인 범강과 장달에게 살해당하는 사건이 일어났다.

오나라 장수인 육손(陸遜)은 화공법(火功法)을 써서 촉한의 유비군을 대파했다. 유비는 패주하여 백제성에서 병을 얻어 쓰러진다. 222년 손권은 오왕에 오르고 연호를 황무로 정한다. 이에 노한 조비가 군사를 이끌고 오를 공격하나 실패하고 돌아간다.

유비는 끝내 병사하고 아들 유선이 촉한의 제위를 물려받고 연호를 건흥으로 정한다. 그 후 오와 촉의 동맹이 다시 부활하게 되고, 제갈공명은 무향후(武鄕侯)로 봉해져 익주목이 된다. 이로써 중국 천하는 삼국으로 완전히 정립되기에 이른다.

결국 이 같은 과정을 거쳐 삼국 시대의 국제 체제는 세력균형 체제에서 일종의 다극 체제로 바뀐 것이다.

리처드 로즈클랜스·케네스 월츠·칼 도이치 등은 세계 정치를 일극 체제·양극 체제·다극 체제로 나누면서 각 체제가 나름대로 평화 유지에 기여하고 있으나, 양극 체제와 다극 체제를 절충한 국제 체제가 전쟁을 방지하는 데 가장 효율적이라는 결론을 이끌어 냈다.

우연인지 몰라도 삼국 시대에 다극 체제(즉 삼국의 정립)는 60여 년이나 지속되었다. 물론 각 진영 내에 문제가 없었던 것은 아니었다. 오나라는 6주를 통솔했으나 가끔 지방 호족들이 반란을 일으켰다. 그러나 이들 반란은 쉽게 저지되어 오 왕조에는 큰 타격을 주지 못했다. 촉한도 남방에서 옹개와 맹획이 중앙 정부에 반란을 일으켰으나 제갈공명의 남정으로 평정되었으며, 그 뒤로는 반란이 일어나지 않았다. 위나라에서도 관구검·문흠·제갈탄 등이 중앙 정부에 반기를 들었으나 전부 중앙 정부군에 의해 괴멸되었다. 관구검은 고구려를 두 번이나 정벌한 위나라 용장이었으나 사마씨가 위의 정권을 전횡하자, 이에 반항해 반란을 일으켰던 것이다.

또한 삼국 간에 때로 전쟁도 일어나고, 때로 동맹 관계도 형성되었지만 비교적 안정된 질서가 오랫동안 지속되었다. 물론 삼국 중 위나라가 가장 강력했기에 오와 촉한은 늘 동맹 관계를 유지하고 있었다. 초기에는 두 나라가 맞서 싸우기도 했으나 이것도 유비가 죽은 후에는 끝이 났다.

제갈공명은 오와 동맹을 맺은 후 위를 여섯 번이나 침공했으나 모두 실패했다. 오도 가끔 위를 침공하고 위도 오를 침공했으나 전부 실패로 돌아갔다. 당시 오와 촉한은 '순망치한(脣亡齒寒 : 잇몸이 없으면 이가 시리다)'의 관계였으므로 동맹을 맺을 수밖에 없었다.

이때의 국제 체제는 근본적으로 3극으로 형성된 다극 체제라고 할 수 있으나 정치적으로는 세력균형을 이루려고 노력했다고 하겠다. 그런 점에서 다극 체제와 세력균형의 룰이 공존하던 국제 체제였다고 할 수 있다.

3장

삼국 시대의 국제정치

1. 국제정치의 주역, 국가

현대 국제정치의 행위자는 아주 다양하다. 실로 국제정치는 거미줄과 같이 여러 겹으로 연결되어 있어 때로는 누가 주역인지 분간하기 어려울 때가 있다.

녹색평화운동은 비정부기구로 세계적인 연결망을 가지고 활동하고 있다. 국제적십자사 · 로마교황청 등도 세계적인 기구이다. 뿐만 아니라 20세기 초부터 급성장한 다국적기업들도 여러 측면에서 국제정치의 행위자로서 참여하고 있다. 다국적기업은 막강한 경제력과 고도로 훈련된 인력 구조를 지니고 있는 데다 거주 이전의 자유가 있으며, 동시에 국방이나 복지 비용이 들지 않기 때문에 능률적으로 운영할 수 있는 엘리트 조직체이다. 한 나라의 정부조차 이런 다국적기업에 대해 때로는 무기력할 때가 있다. 그런가 하면 팔레스타인 해방기구는 비록 영토는 없지만 오랫동안 국가와 같은 기능을 수행하고 있다.

이처럼 복잡한 국제관계에도 불구하고 국제정치의 가장 중요한 행위자는 국가이다. 물론 국제연합이나 유럽연합 같은 초국가적 기구가 있긴 하지만, 아직까지 국제정치에서 제일 중요한 단위는 국가라는 것이다. 이들 국가에는 공통점이 몇 가지 있다.

국가는 최고 주권자다

첫째로, 국가가 최고 주권자라는 것이다. 국가 내에 있는 모든 집단은 국가에 종속된다. 국가와 동등한 권력을 가진 자는 아무도 없다. 또한 국가에 대한 충성이 국가 내 모든 조직보다 선행한다. 국가는 대외적으로 독립적이기에 국가 외부의 어느 단체나 개인도 국가 내의 단체나 개인에게 복종을 요구할 수가 없다. 이처럼 국가는 외부로부터 비침투적 성격을 가지고 있다. 국가가 과연 완전한 독립 국가냐 아니냐의 문제는 비침투성 정도에 달려 있다. 그 때문에 국제정치에서 주권 및 영토의 보존, 내정 불간섭이 종종 중요한 문제로 제기된다.

둘째로, 국가는 가치의 공정한 분배를 담당하는 최고 책임자이다. 그러므로 국가 내의 모든 개인과 단체는 국가가 가치를 공정하게 배분하기를 기대한다. 국민이나 단체가 국가에 충성을 바치는 이유는 이러한 가치 배분의 공정성 때문이다. 결국 국민의 충성심이 국가의 정통성을 세워 주는 것이다.

셋째, 국가는 자기 영토 내에서 최고의 폭력 수단을 갖고 있다. 경찰력과 군대가 바로 그것이다. 국가는 경찰력으로 사회 질서를 유지하고, 군대로 외부의 무력 침공을 막아서 국가의 정체성을 유지한다. 이 같은 이유로 국가의 대외 정책 중 가장 중요한 것이 안보 정책이다. 국제사회에서 국가보다 더 강력한 폭력 수단을 갖고 있는 집단은 없다.

이 같은 역할을 담당하는 국가는 여러 가지 형태로 존재해 왔다. 인류 역사상 최초로 등장한 국가는 부족 국가였다. 부족 국가는 혈연을 단위로 한 부족 국가나 부족들의 연합으로 이루어진 국가를 말한다. 부족 국가는 중앙집권적일 수도 있고 지방분권적일 수도 있다. 그러나 핵심은 이들 국가가 혈연으로 조직된 집단이라는 사실이다. 오늘날에도 스와질란드·레소토와 같은 부족 국가가 존재한다.

두 번째는 봉건 국가이다. 봉건 국가는 중세 유럽에서 성행했으나 중국에서는 이미 춘추전국 시대에 확립되었다. 봉건 국가의 특징은 한 군주 밑에 여러 봉건 영주가 있으며, 이들은 군주로부터 일정한 영토를 하사받는 대신 군주를 옹호할 의무를 가졌다는 것이다. 이들은 군대를 동원하고 국가가 필요로 하는 물자를 공급해야만 한다. 하지만 현대에는 이런 형태의 국가가 거의 존재하지 않는다.

세 번째는 좀더 단위가 확장된 국가인 제국이다. 인류 역사상 많은 제국이 융성했다가 소멸했다. 중동 지역에는 이집트·아시리아·페르시아·오스만투르크 등의 제국이 있었고, 아시아에는 몽골로 대표되는 원 제국과 일본 제국 등이 있었다. 서양에서도 많은 제국이 흥망성쇠를 거듭했다. 마케도니아·로마·스페인·영국·프랑스 등이 한때 제국을 운영했다. 제국은 한 강대국이 다른 독립국들을 강제로 자기 통치 하에 두는 것을 말한다. 다른 국가와 달리 제국의 특성은 강제성에 있다. 만일 두 나라나 다수 국가들의 합의에 의해 단일 국가를 형성할 때는 연방국가 또는 국가연합이라고 칭한다. 미국과 스위스가 대표적인 연방국가이며, 유럽연합은 국가연합체라고 할 수 있다.

네 번째는 종교 국가이다. 종교 국가는 한마디로 같은 종교를 믿는 사람들이 모여서 세운 국가이다. 이 경우 국민의 국가에 대한 충성심은 종교를 매개로 이루어진다. 이 종교 국가에서는 통치권자의 정당성도 전적으로 종교에서 나온다. 오늘날에도 종교 국가의 특성을 유지하고 있는 나라가 여럿 있다.

다섯 번째는 가장 근대적인 국가로 민족 국가이다. 민족 국가는 대개 언어와 문화가 같고 비슷한 윤리관을 기초로 세워진다. 때로 종족적 색채를 띠는 국가가 있기도 하지만, 이는 어디까지나 예외적인 경우이다. 현재 대부분의 국가는 민족 국가이거나 민족 국가를 지향하고 있다. 특히 현대에는 문화 공동체와 민족 공동체를 동일시하고 있다.

삼국 시대는 봉건 국가

이와 같은 국가의 유형에 비추어 볼 때, 삼국 시대의 국가들은 봉건 국가의 성격을 지녔음을 알 수 있다. 위·촉·오는 국가의 공로자를 열후에 봉했고 이에 상응하는 식읍을 가구의 호수에 따라 각자에게 부여했다. 반면에 이들 영주나 열후들은 중앙 정부가 필요로 하는 세금과 물자, 군병력 등을 공급했다.

한편 위·촉·오는 앞서 말한 국가의 기능을 전부 갖고 있었다. 즉 최고 권위를 보유하고 있었고, 국가 내부의 분배를 규제하는 능력을 갖추었으며, 또한 국가의 질서를 유지하기 위한 경찰력과 군사력을 독점하고 있었다.

물론 삼국 이외에 한때 존재했던 유표의 형주, 원소의 하북, 원

술의 회남, 도겸의 서주, 유장의 익주, 마등·한수의 서량 등도 국
토나 인구의 규모는 비록 작았으나 하나의 국가로서 충분히 기능
을 발휘했다.

춘추전국 시대에는 서주(西周)·동주(東周)라 불리는 천하의 정
권이라는 개념이 존재했으나 실제로는 일곱 개의 제후국으로 분열
되어 경쟁하고 있었다. 이때 중국에 존재했던 진(晉)·제(齊)·송
(宋) 등은 주로 중북부에 위치했고, 초(楚)·오(吳)·월(越) 등은 중
남부에 위치했다. 삼국이 정립되었을 때 위나라는 과거의 진·제
나라의 영토를 보유하게 되었고, 오와 촉한은 초·송·오·월나라
의 영토를 분할 통치하게 되었다.

이 일곱 개의 제후국들은 기원전 221년 진시황에 의해 통일되었
으나 오래가지 못하고 분열되었다가, 훗날 다시 유방에 의해 한
(漢)으로 통일되었다. 그러므로 삼국 시대에 중국 대륙이 여러 나
라로 나뉜 것은 중국에서는 별로 이상한 현상이 아니었다.

공자가 "수신제가 치국평천하(修身齊家治國平天下)"라고 한 것을
돌이켜보면, 중국인들이 천하가 하나로 통일되어 사는 것을 크게
기대하지 못한 데서 나온 말임을 짐작할 수 있다. 개인의 수양이 있
은 후에 가족이 있고, 가족을 잘 다스리는 사람만이 윗사람을 공경
하고 반역하지 않으며 나라를 다스릴 수가 있다고 했다. 치국이라
함은 나라를 다스리는 것으로, 당시에 존재했던 제후의 나라를 평
안하게 다스리는 것을 말한다. 당시 국제사회란 일곱 개의 국가들
사이에 존재하는 관계를 말한다. "평천하", 즉 세상을 편하게 한다
는 것은 반드시 중국을 한 명의 통치자가 다스리는 것을 전제한 것
이 아니다. "평천하"라 함은 어찌 보면 지금의 국제정치와 같이 나

라와 나라들이 평화롭게 살 수 있는 상태를 의미한다고 하겠다.

삼국 시대 초기에는 중앙에 이름뿐인 한 헌제가 존재했지만 실질적으로 여러 국가가 존재했던 춘추전국 시대나 마찬가지였다. 그러나 치열한 경쟁 끝에 위·촉·오만 남게 되었으니, 이것이 바로 삼국의 정립이다. 삼국은 독립 국가로서 독자적인 관제와 병제를 유지했지만, 이는 모두 한나라가 유지했던 제도를 모방한 것이다.

예를 들어 한나라의 구품중정제(九品中正制)와 위나라의 구품관인법(九品官人法)은 무척 유사하다. 한나라에서는 천자 밑에 왕, 삼공, 대장군, 구향, 주목·태수, 대현령, 현령·차현령, 현장· 소부황문, 작은 현의 장, 태사승 등 아홉 품계로 나누고, 품에 따라 녹봉을 1만 석, 2천 석 이상, 2천 석, 1천 석, 6백 석, 4백 석, 3백 석, 2백 석 등으로 나눠 주었다. 이에 비해 위나라의 9품제는 일품 삼공, 이품 대장군, 삼품 구향, 사품 자사, 오품 태수, 육품 현령· 현장, 칠품 현장, 팔품 현장·현의 각 부서장, 구품 현의 승 등으로 나누고 녹봉은 1만 석에서 2백 석으로 등급을 나누어 지급했다.

관직 제도도 삼국이 전부 승상, 상서령, 사례교위, 대도독, 태부, 동조연, 대장군, 표기장군, 거기장군, 사정장군, 사방장군 등으로 되어 있었다. 이 같은 제도는 모두 한나라의 제도를 본뜬 것이다.

물론 삼국이 정립되기 전에 존재했던 형주·하북·익주 등의 작은 나라들은 이러한 제도들을 갖추지 못했다. 봉건 국가의 특징을 지니고 있었던 이들 국가의 군주들은 선대로부터 제후의 자리를 물려받았다. 다른 나라의 공격을 받아 점령당하는 경우를 제외하고는 이처럼 제후의 자리를 물려받아 지도자가 되었다. 유비가 서주자사 도겸의 요청으로 서주를 인수하고, 주위의 추대를 받아 형

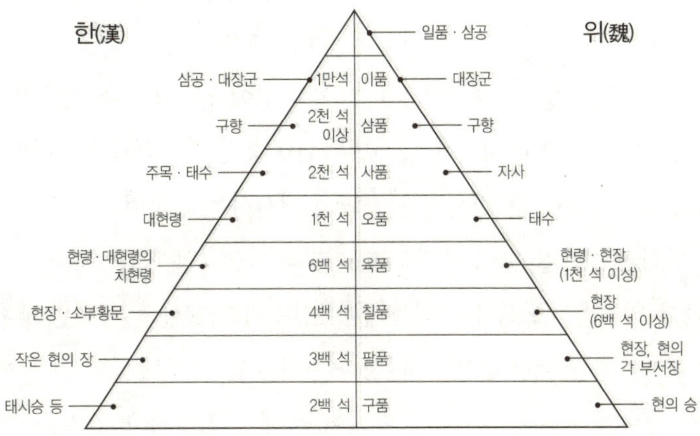

구품중정제(구품관인법)

주목이 된 경우는 예외에 속한다. 그런가 하면 당시 황제의 제위를 선양받은 경우도 있었다. 위의 조비가 한 헌제로부터 제위를 선양받았고, 진의 사마염은 위의 조환으로부터 제위를 선양받았다. 반면 유비와 손권은 추대를 받아 제위에 올랐다.

당시 대부분의 국가가 봉건 국가였으나 장로가 다스리던 한중 지역만은 예외였다. 한중 지방은 오두미도(五斗米道) 교도들이 지배했고, 행정 제도도 교도의 방식으로 이루어졌기 때문에 종교 국가라 할 수 있었다. 그러나 조조가 정복한 뒤로는 세속적인 제도를 채용했다. 후일 한중은 유비에게 다시 정복당해 촉한에 편입되었다.

앞서 여러 차례에 걸쳐 설명했지만, 삼국 시대의 국제정치 역시 국가를 중심으로 전개되었다. 위·촉·오는 현대적인 입장에서 보아도 분명 독립된 국가였다. 이들 국가는 모두 행정부와 사법부를 갖고 있었으며, 법적으로도 최고 주권을 갖고 있었다. 물론 위·

촉·오가 한실에 충성을 맹세하기도 했고, 오나라가 위나라를 상국으로 모신 적도 있었다. 그러나 이는 어디까지나 형식적인 외교 절차에 불과했을 뿐, 위나라가 오나라의 내정에 간섭할 수는 없었다.

현대와 달리 삼국 시대에는 시민단체도 없었고, 거상들은 있었으나 오늘날과 같이 큰 정치적 영향력을 행사하는 다국적기업도 없었다. 따라서 국가들 간의 경쟁과 협조가 국제정치의 핵심이었다.

물론 위·촉·오의 삼국이 완전히 정립되기 전에 존재했던 제후들의 지역을 완전한 국가로 인정하는 데 이의가 있을 수 있다. 여포가 서주를 차지했을 때, 공손찬이 북해를 점령하고 있었을 때, 공손연이 북방의 일부를 점령하고 연왕을 칭할 때, 한복이 기주를 차지하고 있을 때를 과연 국가가 성립한 것으로 볼 수 있느냐는 의문이 제기될 수 있는 것은 사실이다. 그러나 이들도 난세의 국제정치에서 중요한 역할을 했던 것만은 사실이다.

하지만 다른 제후들, 특히 하북의 원소나 형주의 유표, 익주의 유장, 회남의 원술 등은 삼국 시대 국제정치에서 상당한 역할을 했을 뿐만 아니라, 나라의 편제나 국력의 측면에서 보아도 이들 제후국을 국가로 취급하는 데 문제가 없다고 생각한다.

난세에는 군사력이 국력을 좌우

당시의 국력을 오늘날 평가하기는 힘들다. 국제정치를 논할 때, 흔히 국제정치의 주된 행위자인 국가의 능력을 여러 가지 면에서 측정한다. 국력을 측정할 때 가장 중요한 요소 중 하나가 국가 영토의 규모이다. 영토와 더불어 중요한 것은 영토 내에 존재하는 지하자원이다. 지하자원 다음으로 중요한 것은 국가가 보유한 인구수이다. 이와 같은 원시적이고 기초적인 요소 외에 국민의 교육 수준, 국민성, 사기 등 눈으로 볼 수 있는 요소도 국력의 중요한 요소이다.

그러나 좀더 구체적인 국력의 요소는 군사력이라 하겠다. 특히 삼국 시대와 같이 난세에서는 군사력이 국력을 좌우하는 대표적인 요소라 할 수 있다. 이밖에도 정부 형태, 외교 능력, 지도 이념, 국가를 통치하는 지도자의 능력, 다른 나라와의 동맹 관계 등이 국력을 좌우한다.

역사적으로 볼 때 방대한 영토와 많은 인구를 갖고 있는 국가는 대체로 강대국이 되었다. 중국이나 러시아, 미국 등이 대표적인 예라 할 수 있다. 중국은 산업 기술이 뒤떨어지고 여러 문제가 있지만 인구도 많고 영토가 넓어 강대국으로 생각하게 되는 것이다. 미국 역시 영토가 넓고 인구도 적당하기에 강대국으로 생각한다. 인도와 같은 나라도 영토가 크고 인구가 많기에 국력이 강한 나라로 간주한다. 반면에 사우디아라비아·캐나다 같은 나라는 영토는 넓지만 인구가 많지 않기에 강대국이 될 수가 없다.

반면 나라가 작고 인구도 적지만, 국민의 교육 수준과 산업 능력, 국민의 사기가 높은 국가는 강대국이 될 수 있다. 현재 이스라엘의 인구는 불과 6백만 명에 불과하고 영토도 작고 토지도 비옥하지 못하지만, 인구가 많고 영토가 넓은 중동의 다른 국가들보다 강력하다. 또한 스위스와 같은 작은 나라도 교육·기술·경영 능력으로 강력한 나라의 대열에 낀다.

한편 지정학자들은 국가가 어디에 위치하고 있느냐가 국력을 증진하는 데 도움이 된다고 말한다. 너무 춥거나 너무 더우면 국력에 영향을 미치게 된다는 것이다. 추운 지방이 많은 러시아나 너무 더운 아프리카나 남미는 아무래도 지역 개발 등 경제 활동이 부진할 수밖에 없다.

정부 형태도 국력에 영향을 준다. 미국·영국·프랑스 등이 인구나 영토에 상관없이 오늘날 강대국이 될 수 있었던 것도 정치 체제가 안정적으로 발전했기 때문이다. 열린 체제나 민주주의 정치 체제는 국민의 지지를 강력히 받기 때문에 강대국이 될 수 있는 가능성이 높다. 반면 전제주의 체제는 겉으로는 강력해 보이지만 국민의 지원이 약하고 국민의 사기가 저하되어 있어 환경이 조금만 달라져도 무너지기가 쉽다. 옛 소련의 공산주의 체제가 대표적인 예라 할 수 있다. 소련은 한때 미국과 더불어 세계 최대 강국이었으나 너무나 쉽게 무너졌다. 동유럽의 공산주의 체제도 소련의 강제력이 없어지면서 곧 무너지고 말았다.

탁월한 지도자도 국력 신장에 크게 도움이 된다. 2차 세계대전 당시 영국의 윈스턴 처칠이나 독일의 아돌프 히틀러, 미국의 프랭클린 루스벨트 대통령 등은 국력 신장에 크게 기여했다. 영국의 마거릿 대처 수상도 영국의 국력을 신장하는 데 크게 기여했다.

한편 현대 국제정치에서는 국가 간의 동맹 관계를 크게 이용한다. 우리는 '자주 국방'이라는 말을 많이 한다. 하지만 '자주 국방'과 '홀로 국방'의 의미는 구별해야 한다. 지구상의 모든 국가들이 자주 국방 정책을 택하고 있다. 자주 국방이란 말을 하지만 현대 국가들은 복잡한 동맹 관계를 유지하고 있어, 어찌 보면 국가의 안보를 상호 의존한다고 할 수 있다. 그런 점에서 국가에 대한 외국의 지지 역시 국력 신장에 도움을 준다고 하겠다.

이처럼 국력을 좌우하는 변수들이 많아 국력을 정확히 측정하기란 어렵다. 그 때문에 막연히 "미국이 세계 최강국이다"라거나 "중국은 미래의 강국이다"라는 결론을 내리곤 한다. 대체로 미국·중국·러시아·일본·영국·프랑스·독일 등을 세계적 강국이라 하고, 인도·브라질·오스트레일리아·캐나다·한국 등을 장래성 있는 강국으로 결론짓고 있다. 이는 우리가 이들 국가를 정확히 판단해서가 아니라, 국가의 영토·인구·군사력·산업 능력·국민 수준 등을 대충 감안해서 내리는 결론이다.

위·촉·오의 국력 비교

이러한 측면에서 볼 때, 삼국 시대 각 국가의 국력을 측정하기란 어렵다. 아주 옛날인 데다 정확한 통계 자료도 없기 때문이다. 위·오·촉에 관한 자료는 그나마 남아 있지만, 원소의 하북이나 공손연의 연, 원술의 회남 등은 역사도 짧고 자료도 충분치 못하다.

이 같은 제약을 감안해 위·촉·오의 국력을 간단히 살펴보기로 하자. 먼저 영토를 보면 위나라가 9개 주와 형주 일부까지 지배하여 가장 광대하였다. 오나라는 양주와 형주의 6군, 교주 등 3개 주에 세력을 뻗치고 있었다. 촉한은 익주 한 개 주와 한중 땅을 지배했다. 위나라가 제일 넓었고 그 다음이 오나라이고, 촉한이 제일 작은 영토를 보유하고 있었음을 알 수 있다.

인구 역시 영토의 크기와 비슷했다. 위는 64만 가구에 인구가 434만 명이었고, 오는 52만 3천 가구에 인구는 230만 명이었다. 촉한은 가장 작아서 28만 가구에 인구가 약 94만 명이었다(이는 263년 위와 촉의 통계이고, 오는 280년의 통계이다).

당시 중국의 인구가 이처럼 적었던 것은 180년 황건적의 난 이후 숱한 전쟁과 질병으로 인구가 엄청나게 줄어들었기 때문이다. 방대한 영토에 비해 인구가 너무 적자 오나라의 손권은 노동력을 구하기 위해 오늘날의 대만을 정벌하기까지 했다. 중국의 엄청난 인구 감소는 삼국 시대의 전쟁이 얼마나 처절했는가를 입증해 주고 있다.

이로 미루어 위나라가 동원할 수 있는 병력은 대개 20만 명 정도였고, 오나라가 동원할 수 있는 병력은 15만 명 정도였다고 추정할 수 있다. 이에 비해 촉이 동원할 수 있는 병력은 약 10만 명, 최대로 잡는다 하더라도 12만 명 정도라고 할 수 있다.

따라서 『삼국지연의』에서 그리고 있는 많은 전투에 나오는 군대의 숫자는 상당히 과장된 것임을 알 수 있다. 관도대전에서 원소의 군대가 70만이라고 한 것이나, 적벽대전에서 조조의 병력이 100만이라고 한 것 모두 상당히 과장된 숫자라 할 것이다. 물론 관도대전과 적벽대전 당시의 중국 인구가 삼국이 정립되었을 때보다는 훨씬 많았다고 생각할 수 있다. 그렇다 하더라도 『삼국지연의』에 나오는 군대의 숫자는 과장이 심하다고 하겠다.

혹자는 적벽대전에서 조조의 군대가 30만, 손권의 군대가 5만, 유비의 군대는 2만이었다고 추정하기도 한다. 이처럼 인구수가 엄청나게 줄어들긴 했지만 당시 백제 인구가 25만 정도로 추정된다고 할 때, 위·오·촉은 당시로서는 꽤 큰 국가들이라고 할 수 있다.

삼국 시대의 군대 편성을 간단히 살펴보면, 위나라는 중앙 군제를 중군(中軍)과 외군(外軍)으로 나누었다. 중군은 군의 핵심으로 무위영·중루영·중견영·효기영·유격영·중령군 친령·중로군 친령 등으로 나누었으며, 북군은 둔기영·월기영·보병영·장수영·사성영 등 5개의 영으로 나누었다. 그리고 외군으로는 각 관할구의 주둔군이 있었다.

오나라는 중앙군을 중군, 전·후군, 좌·우군 3군으로 나누었다. 중군은 호군·영군·전군·군자군으로 다시 나누었고, 전·후군은 호군·영군·전군·군사군으로 나누었다. 그리고 좌·우군은 호군·영군·전군·군사군으로 나누었다. 또한 지방에는 지방군·수사·둔전병 등이 있었다.

촉의 군 체제는 오와 비슷해서 3군으로 나누고, 중군은 다시 호군·감군·군사·영군·도호·전군으로 나누었다. 전·후군은 호군·감군·군사·영군·전군으로 나누고, 좌·우군은 호군·감군·도호로 나누었다.

삼국 시대의 간단한 통계로 보면 위나라의 국력이 오나 촉에 비해 엄청나게 커서 곧 통일할 수 있을 것 같았지만, 삼국이 36년 이상 지속된 것을 보면 국력에 대한 평가가 그다지 과학적이지 못했음을 알 수 있다.

인재나 인력 면에서도 위나라에는 많은 문사와 장군들이 있었다. 제갈량이 한때 동문수학한 친구가 위나라에서 아직도 높은 자리에 앉지 못한 것을 보고 "위나라에는 그렇게도 인재가 많더란 말인가?" 하고 탄식할 정도였다. 교육이나 문화 수준도 위나라가 다른 나라에 비해 월등히 높았다. 정부 조직이나 법률 체제도 위나라가 훨씬 잘 정비되어 있었다.

그럼에도 촉과 같이 약한 나라가 오랫동안 버틸 수 있었던 것은 촉의 외교력과 우방국의 지원이 있었기 때문이다. 즉, 오와의 강력한 동맹이 촉의 국력에 보탬이 되었던 것이다. 또한 촉이 오랫동안 존속할 수 있었던 것은 제갈량과 같이 탁월한 정치 지도자가 있었기 때문이다. 앞서 말했듯이 탁월한 지도자는 국력에 큰 보탬이 된다. 제갈량은 탁월한 통치자였기에 국민이 따르고 단결했으며, 국민들의 사기도 높았다. 제갈량은 행정과 법 체계를 정비했을 뿐만 아니라 철·소금·곡식 생산에도 주력하여 국력을 키워 나갔다. 또한 탁월한 군사 작전으로 위나라를 괴롭히곤 했다.

그러나 이러한 촉도 제갈량이 죽은 후로 그 공백을 일부 메워 주던 장완·비위와 같은 현사(賢師)마저 죽은 뒤, 황제 유선이 환관 황호를 비호하면서 나라가 피폐해져 결국 망하고 말았다. 이를 보더라도 제갈량과 같은 탁월한 지도자는 눈에 보이지 않는 힘으로 국력을 좌우한다는 것을 알 수 있다.

2. 삼국 시대의 국제질서

현대 국제정치에서 중요한 역할을 하는 기구를 들라면 단연 국제연합이라 할 것이다. 그리고 국제정치를 규제하는 법이나 규율을 국제법이라고 하는데, 인류에게는 국가 간의 가장 큰 문제인 전쟁을 어떻게 막는가가 늘 고심거리였다. 서양인들은 전쟁을 관리하기 위하여 웨스트팔리아 강화조약으로 국가 간의 균형을 이루는 세력균형 체제를 수립하기도 했으나 전쟁을 막지는 못했다.

20세기 들어 인류는 처음으로 세계대전을 치르게 되었다. 세계대전에서 인류가 치른 희생은 너무나 엄청났다. 그래서 국제연맹이라는 집단안전보장 체제를 수립하게 되었다. 국제연맹이나 2차 세계대전 후 창설된 국제연합은 모두 전쟁을 막기 위해 만들어진 국제 조직인 셈이다.

과거에도 전쟁을 막기 위하여 인간은 여러 체제를 만들었다. 어찌 보면 팍스 로마나(Pax Romana)는 로마 제국주의를 실현하기 위하여 수립되었으나, 하나의 로마와 단일한 법을 통하여 세계 질서를 유지하면서 인류의 평화를 꾀하려는 의도도 깔려 있었다. 웨스트팔리아 강화조약 후 서양인들은 각 국가들 사이에 세력균형을 이룸으로써 평화를 유지하려고 하였으나 이 또한 실패로 돌아갔다. 그 후 등장한 이론이 이른바 '대국협조론' 또는 '대국동맹론'이었다. 이 이론은 대국 또는 강대국이 서로 협조하고 단결한다면 전쟁을 막을 수 있다는 가정 아래 세워졌다. 그러나 문제는 강대국의 이해가 합치되기 어렵다는 데에 있다. 그 후 인류가 고안한 것이 바로 집단안전보장 체제이다.

전쟁은 국가의 이해를 관철시키는 최후의 수단.

집단안전보장 체제는 기본적으로 모든 국가는 주권을 가지고 있으므로 각 국가는 정치적 독립과 영토적 안전을 보장받는다는 가정 아래 세워져 있다. 독립 국가를 다른 국가가 침략하거나 침범할 수 없다는 것이다. 여기에는 만일 한 국가가 다른 국가를 침략한다면 모든 국가가 집단적으로 그 침략국을 응징한다는 전제가 깔려 있다. 국제사회에서 작은 사건들이 큰 전쟁으로 비화되는 예가 종종 있었기에 전쟁의 불씨를 미리 제거해야 한다는 논리인 셈이다. 이러한 논리 아래 국제연맹은 총회에서 침략자를 응징하자는 의결이 이루어지면 각 국가의 병력을 동원하여 집단안전보장군을 조직, 침략자를 응징하기로 되어 있었다.

그러나 국제연맹은 처음부터 무력하기 짝이 없었다. 미국은 국제연맹을 제창했음에도 상원의 의결을 받지 못해 국제연맹에 가입하지 못했다. 또한 독일·일본 등이 침략 전쟁을 일으켰을 때 국제연맹이 고작 할 수 있었던 일은 그들 국가를 공동으로 비난하는 의결을 총회에서 결의하는 정도였다. 최악의 경우에도 연맹에서 해당 국가를 축출하는 것밖에 없었다. 국제연맹은 국제 분쟁에서 단 한 번도 집단안전보장군을 동원해 본 일이 없다. 결국 2차 세계대전이 일어났다. 국가들의 이해 관계를 전쟁이라는 수단으로 해결을 본 셈이다.

인류는 다시 전쟁을 막기 위한 수단으로 1945년 국제연합을 창설했다. 이때 집단안전보장 체제를 골자로 총회에서 집단안전군을 동원할 수 있는 결의를 할 수 있게 만들었다. 또한 국제법이나 국제 관계의 규제는 국제연맹의 관례대로 이행하도록 규약에 채택했다.

국제연합은 총회의 결의를 중시했지만, 국제연맹의 실패를 거울삼아 안전보장이사회에 국제 평화의 의무를 부여하는 한편, 안전보장이사회 상임 이사국 5개국에게 거부권을 주었다. 과거 강대국의 이해 관계가 얽혔을 때 국제연맹이 아무 것도 할 수 없었던 사실을 거울로 삼아 상임 이사국에 거부권을 부여한 것이다. 국제연합은 집단안전보장 체제의 골격을 살리는 동시에 대국 협조 또는 대국 강화의 의도를 다시 부활시킨 셈이다.

그러나 국제연합이 창설된 뒤에도 인류는 여전히 크고 작은 전쟁에 시달렸다. 20세기에 일어났던 숱한 전쟁 중에서 국제연합의 결의에 따라 집단안전보장군을 동원한 경우는 1950년 한국전쟁과 1991년의 걸프전쟁 단 두 번뿐이다. 아르헨티나와 영국이 전쟁을 했을 때나 2003년 미국이 이라크를 침공했을 때나 국제연합은 무기력하기 짝이 없었다. 이처럼 국제연합이 있고, 국제법이 있고, 헤이그에 국제사법재판소가 있다고 할지라도 국가의 이해 관계가 상치될 때에는 결국 전쟁으로 문제를 해결했던 것이다. 1950년대 수에즈 운하 사건, 1966년 이스라엘-아랍 전쟁, 1972년 이스라엘-아랍 전쟁, 포클랜드 전쟁 등 수많은 전쟁이 국가의 일방적 행위로 야기되었다.

1980년대에 이라크가 핵무기를 개발할 가능성이 있다며 이스라엘 공군이 이라크의 발전소를 일방적으로 폭격하는 사건이 일어났다. 2003년 이라크 전쟁에서 미 · 영 연합군은 이라크가 대량살상 무기를 보유하고 있다는 가정 아래, 국제연합의 반대에도 불구하고 이라크를 공격하여 후세인을 제거했다. 북한에서 핵무기를 개발하겠다고 공언했을 때, 국제연합은 이 문제를 해결하려고 하지 않았다. 미국이 북한에게 핵무기 개발을 포기하라고 협박하면서 주위의 강대국을 동원, 다자회담을 성사시켰다.

이처럼 오늘날 21세기의 국제정치도 본질적으로 국가의 중요한 이해 관계가 걸려 있을 때에는 국력을 바탕으로 협상하다가 정 안되면 전쟁으로 해결하는 것이 일반적이다. 결국 2천 년 전이나 지금이나 국제정치의 주변적인 것은 변했어도 근본적인 것은 변하지 않은 셈이다. 이러한 점에서 삼국 시대나 오늘날이나 국제정치는 상당히 유사하다고 할 수 있다.

중국 특유의 국제질서

앞서 말했듯이 삼국 시대에는 국제연맹이나 국제연합 같은 조직이 존재하지 않았다. 물론 서양에서와 같은 근대적인 국제법도 존재하지 않았다.

중국은 다소 특유한 국제질서를 유지해 왔다. 춘추전국 시대에도 중국인들의 국제질서를 유지하는 방식은 특이했다. 후일 삼국 시대의 영웅인 제갈공명 · 조조 · 유비 · 손권 등은 춘추전국 시대의 영웅들을 자신들의 본보기로 생각했다. 또한 춘추전국 시대 학자들의 가르침, 정치, 국제질서의 운영 등은 삼국 시대의 영웅호걸들에게 막대한 영향을 주었다.

춘추전국 시대가 시작된 주나라는 은나라의 주왕(紂王)을 멸망시키고 세운 왕조이다. 이때 주나라의 건국에 큰 공을 세운 전설적

인물이 강태공(姜太公), 일명 태공망(太公望)이다. 강태공은 72세의 늙은 나이에 처음 관직에 나가 천하를 호령하고 주나라를 세우는 일등 공신이 된다. 이때 중국인들의 평균 수명을 계산한다면 태공망은 오늘날의 기준으로는 80세가 넘어 출세가도를 걷기 시작한 셈이다. 중국의 장쩌민 江澤民‡ 같은 지도자도 76세까지 당 주석의 자리에 앉아 거대한 중국의 발전을 지휘했다. 우리나라와 같이 50세만 넘어도 사람을 늙은이 취급하고 쫓아내기도 하는 나라에서는 좀 생각해 볼 만한 예라 하겠다.

주 왕조는 기원전 771년에 멸망하지만, 다음해에 평왕(平王)이 낙양을 수도로 하여 왕조를 재건하여 그 뒤 기원전 249년 진(秦)에 의해 천하가 통일될 때까지 존속했다. 기원전 771년 이전에는 수도가 서쪽의 호경에 있었기에 서주 시대라 부르고, 이후 동쪽의 낙양으로 수도를 옮긴 후부터는 동주 시대라고 부른다.

춘추전국 시대는 기원전 403년 전의 역사로 공자가 쓴 『춘추(春秋)』에서 그 이름이 연유되었다. 그 이후부터 진나라의 통일까지는 『전국책(全國策)』에 기록되어 있기 때문에 전국 시대라 불린다.

이 춘추전국 시대에 숱한 영웅호걸들이 활동했고 제자백가(諸子百家)를 비롯해 학문이 많이 발전했다. 또한 관제가 발달했고, 국제정치 운영의 많은 관례가 만들어졌다. 이처럼 다양하고 찬란한 역사는 삼국 시대의 영웅호걸들에게 많은 영향을 주었다.

대표적 인물들을 살펴보면, 먼저 제갈공명이 늘 자신과 견주었던 관중(管仲)과 악의(樂毅)를 들 수 있다. 제나라 환공(桓公)을 섬겼던 관중은 원래 환공의 형인 규(糾)의 신하로서 환공을 죽이려다가 잡히는 몸이 되었다. 환공이 관중을 처형하려고 했을 때, 환공

의 측근인 포숙(鮑叔)의 도움으로 관중은 목숨을 건질 수가 있었
다. 게다가 환공은 포숙의 설득으로 관중을 대부(大夫)로 발탁하기
까지 했다. 여기에서 두 사람의 깊은 우정을 표현하는 말로 '관포
지교(管鮑之交)'라는 말이 생겨났다. 관중은 제나라의 환공을 크게
도와 주 왕조가 인정하는 패자로 만들어 천하에 이름을 떨치게 했
다. 또한 경제에도 밝아 환공을 40년간 섬기면서 제나라의 국력을
크게 신장시켰다.

  악의는 원래 위나라 장수였으나 소왕(昭王)을 존경해서 연나라로
귀순한 사람이다. 연 소왕은 악의를 극진하게 대접했을 뿐만 아니
라 연나라군의 총사령관으로 임명했다. 연나라군의 총사령관이 된
악의는 소왕이 원하던 제나라에 대한 복수를 하고 제를 꺾기 위해
서는 연나라 힘만으로는 힘들다고 생각했다. 그리하여 조·초·위
를 함께 묶는 연합을 성공시켰다. 또한 엄밀한 계획 아래 당시로서
도저히 불가능하다고 생각했던 진나라와의 연합에도 성공했다. 후
일 제갈공명이 촉의 경제 발전을 꾀하고, 전쟁에서 치밀한 전략을
짜고, 다른 나라와 동맹을 맺었던 것은 어찌 보면 관중과 악의에게
서 배운 것이라고 할 수 있다.

  촉한을 세운 유비가 추앙한 인물은 진(晉)나라 왕인 문공(文公)이
었다. 진 문공은 신하들의 충고를 따라 선정을 베풀었던 춘추 시대
의 대표적인 군주였다. 본래 문공의 이름은 중이(重耳)로, 그는 당
시 진나라 왕인 헌공(獻公)이 밖에서 낳아 온 아들이었던 탓에 왕
위 계승과는 거리가 멀었다. 더욱이 헌공의 변덕 때문에 형제들 간
에 왕위 계승을 둘러싼 투쟁이 자못 치열했다. 생명에 위협을 느낀
문공은 어머니의 고향으로 피신했고, 그 후 19년 동안이나 떠돌아

다니는 생활을 했다.

문공이 유랑 생활을 하는 동안 진에서는 헌공이 죽고, 문공의 이복 동생인 혜공(惠公)이 즉위했다. 그러나 혜공이 자신을 죽이려고 하자, 문공은 당시 패왕인 제나라 환공에 몸을 의지했다. 그 뒤로도 문공은 여기저기 떠돌아다니면서 협력자를 구했는데, 그 사이 진나라에서 혜공이 죽고 회공(懷公)이 뒤를 이었다. 그러나 회공이 실정을 거듭하자, 이에 실망한 백성들이 문공을 호위하여 왕으로 옹립했다. 문공은 세상을 떠돌다가 마침내 62세에 왕위에 오르게 된 것이다.

문공은 유랑하는 동안 겪은 고통과 경험을 교훈 삼아 백성을 사랑하고 선정을 베풀었다. 또한 신하들의 제언을 귀담아들어 신의 있고 현명한 군주가 되었다. 이 같은 치세로 진나라는 점차 국력이 강해졌고, 문공은 마침내 패자가 될 수 있었다. 이 같은 문공을 본보기로 삼아 유비는 백성을 중요하게 여기는 정치를 했던 것이다.

조조가 흠모한 인물은 초나라의 장왕(莊王)이었다. 장왕은 즉위하고 나서 3년 동안이나 주색에 빠져 나랏일을 전혀 돌보지 않았다. 조정 대신들은 걱정을 많이 했으나, 장왕이 간하는 자를 처형하겠다고 선언해 감히 말하기를 꺼렸다. 이 같은 처사에도 생명의 위협을 무릅쓰고 대부 소종(蘇從)이 장왕의 그릇됨을 지적하면서 고치도록 극구 간언했다. 소종의 간언을 들은 장왕은 즉시 주위에 있던 수백 명을 처형하고 새로 인물을 등용하는 한편 국정을 쇄신했다.

당시 퍼진 소문에 따르면 장왕은 3년간 주색에 빠지는 연극을 하여 어리석은 신하와 현명한 신하를 구별했다고 한다. 또한 이때 정치의 옳고 그른 것을 연구했다고 한다.

초나라 장왕은 부국강병을 이루어 여러 나라를 정복했으며, 마침내 주나라의 수도인 낙양까지 진군했다. 장왕은 주 왕조에 도전했으나 무너뜨리지는 않았다. 그러나 초나라가 패권을 잡은 뒤로는 주 왕조의 권위가 급속히 쇠퇴하면서 천하는 일곱 나라가 극심하게 경쟁하는 전국 시대로 전환되었다. 북에서는 진(晉)나라, 남에서는 초나라가 패권을 다투고 동의 제(齊)와 서의 다른 진(秦)이 견제하는 이른바 4강 시대로 접어들게 된 것이다. 어느 면에서 실로 초나라의 장왕과 후일 삼국 시대의 조조는 유사한 점이 많다.

삼국 시대 손권의 모델은 춘추 시대 말기 월(越) 왕 구천(勾踐)이 되겠다. 춘추 시대 말기에 주나라의 권위가 형편없이 떨어지면서 장강 남쪽에서 일어난 신흥 국가인 오(吳)와 월 간에 극심한 투쟁이 벌어졌다. 두 나라는 아주 적대적이어서 늘 대립했지만 필요하다면 오나라 사람과 월나라 사람이 한 배를 타고 갈 수 있다는 데서 '오월동주(吳越同舟)'라는, 즉 편의에 따라 협력한다는 고사가 생기기도 했다.

오·월의 투쟁은 초기에는 오나라의 승리로 끝났다. 오왕인 부차는 월나라를 속국으로 만드는 것으로 만족하고 월왕 구천을 오나라에 볼모로 끌고 왔다. 월왕 구천은 갖은 수모를 참고 쓸개를 씹으면서 기회를 노리다가 결국 범려의 도움을 받아 오나라를 괴멸했다. 어찌 보면 삼국 시대 오왕인 손권은 월나라의 구천과 닮은 데가 많다. 손권은 장강의 험한 요지를 이용해서 방위하는 데 전력을 다했지만, 무척 신중한 성격이어서 제위에 오르는 것도 위와 촉이 황제의 틀을 갖춘 후 한참 있다가 한 인물이다.

춘추 시대가 끝나고 군웅이 더욱 극심하게 할거하는 전국 시대가 시작되면서 진·초·연·제·한·위·조나라 간에 대립과 갈등이 되풀이된다. 이 가운데 진나라가 최강국이 되어 여섯 나라를 전부 괴멸하고 마침내 주 왕조를 무너뜨리고 중국 대륙을 통일하게 된다.

우리가 흔히 듣는 '합종연횡책(合縱連衡策)'이라는 고사도 전국 시대에 생긴 것이다. 진나라가 점차 강해지자 이를 막기 위한 방법으로 연나라의 소진(蘇秦)은 연·조·한·위·제·초, 즉 여섯 나라가 남북으로(즉 세로로) 동맹을 맺어야 한다는 합종책을 내놓으며 이들 나라를 설복했다. 이에 맞서서 장의(張儀)는, 진은 동서로(즉 가로로) 동맹을 맺어야 한다는 연횡책을 주장했다.

진나라는 군사력을 강화하는 것은 물론 군이나 행정부에서 신상필벌을 엄격하게 시행했다. 또한 법 제도를 엄정히 세우고 이를 시행했다. 이에 따라 공을 세운 사람들은 상을 받았으므로 병사들은 목숨을 걸고 나라를 위해 봉직했다. 심지어 죄인들도 공을 세우면 사면해 주고 상을 주었다.

이 같은 제도로 국력이 강해진 진은 기원전 249년 결국 주나라를 멸망시키고 중국을 통일하기에 이른다. 진나라의 왕인 정(政)은 최초의 황제라는 뜻에서 시황제라고 불리게 되었다. 진시황은 실로 자신만만한 황제였다. 하지만 불행하게도 진 제국은 15년밖에 지속되지 못했다. 그러므로 진 제국이 추구하던 법가(法家)의 패국은 중국에서 뿌리내리기도 전에 사라졌다. 삼국 시대의 조조는 초나라의 장왕과 이러한 시황제의 개혁 정치를 모델로 삼았다.

춘추전국 시대에는 명목상으로는 주나라가 천하(오늘의 세계)로 군림하였지만, 실제로는 제 · 진 · 초 등 패권을 수립한 제후(즉 왕)가 천하를 통치하였다. 그러나 한 나라가 영원히 천하의 패권을 잡을 수는 없었다. 춘추전국 시대만 해도 패권 국가는 계속해서 바뀌었다. 또한 패권 국가가 되기 위해 또는 패권 국가를 견제하기 위해서 국가들 간에 수많은 전쟁이 일어났다. 그 과정에서 수많은 동맹이 맺어졌고, 그에 따라 국제정치 이론도 발전했다.

그러나 명목상으로는 주나라가 천하로 군림했기 때문에 각 나라는 주나라의 축복을 받고서야 패권 국가로 행세했다. 진나라가 주나라를 완전히 멸망시킬 때까지 주나라는 8백여 년 동안 실제 통치하지는 못했어도 군림하는 위치에 있었던 것이다.

이 같은 중국 정치 전통의 영향을 받은 것이 삼국 시대이다. 이미 언급했듯이 삼국 시대에는 20세기 국제사회에 존재했던 국제연맹이나 지금 존재하는 국제연합이 존재하지 않았다. 그러나 흔히 말하는 글로벌 정치는 존재했다.

삼국 시대를 지배한 윤리관

삼국이 정립되기 전, 즉 조비가 한의 헌제로부터 선양받기 전까지 삼국 시대에는 국가라 할 수 있는 집단이 여러 개 존재했다. 마치 전국 시대의 7개국처럼 하북의 원소, 강남의 손책, 형주의 유표, 회남의 원술, 허창의 조조, 익주의 유장, 서량의 마등 등이 모두 하나의 국가로 경쟁하면서 패권을 다투었던 것이다.

그러나 분명한 것은 한나라 황제인 헌제가 여전히 군림하고 있었다는 사실이다. 하진이 통치할 때나 동탁이 통치할 때나, 전부 한나라 황제의 이름으로 다스렸다. 심지어 이각이나 곽사와 같이 무식하고 불한당 같은 통치자들도 황제의 이름을 걸고 통치를 했다. 이것은 조조도 마찬가지였다.

조조가 원소와 천하를 다툴 때도 원소의 세력이 압도적으로 컸지만, 조조는 황제를 옹립하고 있다는 명분 때문에 상당한 힘을 얻었다. 손권이 조조에게 가끔 허리를 굽혔던 것도 조조의 군사력 때문이기도 하지만 황제를 앞세운 명분 때문이었다.

조조가 천하를 다스렸던 방법은 어찌 보면 오늘날 미국의 패권 정치와 비슷한 점이 있다. 미국은 필요할 때 국제연합의 동의를 얻기도 하고, 때로는 국제기구의 규율에 의거해서 패권을 사용한다. 그러나 2003년 이라크 전쟁에서 보여 준 것처럼 미국의 의사에 반할 때는 일방적인 침공도 서슴지 않는다. 조조는 보통 한 헌제의 이름을 빌려 제후들에게 한나라의 법통을 지키기 위해서라는 명분을 내걸고 행동을 취했다. 그러나 자신의 이해에 반하면 가차없이 제후를 정복하기 위한 전쟁을 일으켰다. 이는 국제정치에서 국가는 항상 대의명분을 좇아야 하지만 국가의 이익에 반할 때는 대의명분도 헌신짝 버리듯 버려야 하는 속성 때문이다.

조조는 엄청난 세력으로 성장한 후에도 헌제의 자리를 찬탈하지 않았다. 초나라의 장왕처럼 한나라라는 체제를 무시하고 업신여겼으며 헌제를 거지발싸개 보듯 했지만, 초의 장왕이 주나라를 뒤엎지 않았던 것처럼 조조도 헌제를 폐위하지도, 한나라를 없애지도 않았다. 조조에게 헌제나 한나라는 어찌 보면 오늘날 많은 국가에게 국제연합 같은 존재일 수도 있을 것이다. 힘도 없고 능력도 없는 한나라요 황제이지만, 여전히 권위를 가지고 있었기 때문이다. 아직도 많은 백성들과 선비들이 따르고 있었기 때문에 이를 인정하지 않을 수 없었던 것이다.

조조는 어찌 보면 시황제와 같은 사람이기도 했다. 많은 것을 개혁했고, 신상필벌을 엄히 했으며, 법가적인 통치를 했기 때문이다. 그러나 이는 어디까지나 위나라를 통치하는 데 국한될 수밖에 없었다. 진시황제나 한 고조 유방과 달리, 조조에겐 천하를 통일할 수 있는 능력이 없었다. 그랬기 때문에 한나라를 없애는 것을 주저했던 것이다. 당시의 국제정치 현실은 조조에게 천하를 통제할 수 있는 능력을 부여하지 않았다.

물론 조조가 그의 아들 조비처럼 헌제로부터 선양을 받고 위나라만을 가지고 황제라는 칭호를 쓸 수도 있었다. 그러나 삼국 시대의 국제정치 현실과 윤리관은 조조에게 고민을 안겨 주었다. 이는 유가의 정치 윤리가 여전히 강력한 힘을 발휘했기 때문일 것이다. 위나라 때 사마소(司馬昭)도 마찬가지였다. 사마의(司馬懿)가 쿠데타를 일으켜 집권한 이래 사마씨는 위나라를 통치해 왔다. 사마의는 위나라 조예(曹叡) 황제 때 당시 권력층과 조상(曹爽) 일족을 단계적으로 처형하고 권력을 잡았다. 이에 반발해 251년 태위 왕릉이 초왕 조표를 추대해서 사마의를 타도하려고 했지만 사전에 발각되어 왕릉은 자살하고 조표는 사약을 받았다.

73세의 나이로 사마의가 죽자 그의 아들 사마사(司馬師)가 조정의 권력을 물려받았다. 이때 관구검·문흠·제갈탄 등이 사마씨 가문에 도전해 반란을 일으켰으나 전부 주멸되었다. 사마소는 다시 촉한을 멸망시키고 진(晉) 왕으로 봉해졌다.

그러나 사마소는 조조와 마찬가지로 막강한 힘을 가졌고 천자와 똑같은 대우를 받았으면서도 위로부터 선양을 받지 않고 죽었다.

그의 아들 사마염(司馬炎)에 이르러서야 위의 조환(曹奐)으로부터 제위를 선양받음으로써 위가 망하고 진나라가 들어서게 된다. 이역시 조조의 행위와 비슷하다.

삼국 시대에는 물론 오늘날과 같은 국제연합도 없었고 국제법도 없었다. 하지만 국제정치를 규제하는 윤리관은 있었다. 당시가 난세였고 무력충돌이 빈번했던, 즉 홉스가 말하는 "만인의 만인에 대한 투쟁" 시대였지만 나름의 윤리관은 있었던 것이다. 대표적인 예로 위가 망하고 진이 들어섰을 때 진나라의 찬탈을 개탄하며 속세를 떠난 학자들이 있었다. 완적 · 완함 · 혜강 · 산도 · 유령 · 향수 · 왕융 등 일곱 명의 학자들이 그들로, 죽림 아래서 노장 사상을 즐겨 담론하였으므로 이들을 '죽림칠현(竹林七賢)' 이라고 부른다. 이처럼 삼국 시대에도 도덕적으로 정당하지 못한 것에 대한 사대부들이나 민초들의 반감은 대단했다. 이 같은 정신은 당시 질서를 유지하는 힘과 눈에 보이지 않는 법이라 하겠다.

비록 난세라고는 하지만 각 나라의 영토가 일단 정해지면 이를 인정해야 했다. 따라서 남의 영토를 침범할 때는 상당한 명분이 있지 않으면 안 되었다. 원소가 조조를 칠 때, 원소는 진림(陳琳)을 시켜 격문을 쓰게 한 후에 이 격문을 천하의 제후들에게 돌렸다. 당시 헌제를 옹호하고 있었던 만큼 조조는 어찌 보면 도덕적 정통성을 지니고 있었다. 따라서 조조를 치기 위해서는 명분이 있어야 했다. 원소는 조조가 환관의 자손으로 과거의 부도덕한 간신 환관처럼 황제를 우롱하고 있다는 데서 그 명분을 찾았다. 즉, 황제를 우롱하는 간신을 벌하기 위하여 군사를 일으켰다고 주장했던 것이다. 그리하여 실추된 한나라의 왕권을 되찾는다는 것이다.

삼국 시대 윤리관은 공자·맹자로 대표되는 유가의 전통과 노자·장자에서 시작된 도가의 전통, 순자·한비자에서 시작된 법가의 전통이 뒤섞여 있었다. 그러나 뭐니 뭐니 해도 국민이나 사대부에게 가장 큰 영향을 미쳤던 것은 유가적 전통이었다.

하지만 유가 사상 어디에도 남의 영토를 침범하는 제후에게 정당성을 부여하는 내용은 없다. 그러므로 삼국 시대 국제정치에서 폭력은 가장 마지막에만 사용할 수 있는 수단이었다. 물론 제후의 직책이나 영토를 일방적으로 빼앗고 난 후 천자로부터 승인을 받는 경우가 더러 있었다. 그럼에도 불구하고 정해진 영토를 침범하는 것은 도덕적 정당성을 얻기가 어려웠다.

이러한 윤리관 때문에 침략을 받은 제후와 영토 내의 백성들은 영지를 지키기 위해 사력을 다했다. 도덕적 정당성이 없는 제후는 당시에도 백성들의 지지를 받기가 어려웠으므로 국토를 지키기가 힘들었다. 대표적인 예가 동탁·원술·여포로, 이들은 사대부나 민초들의 지지를 받지 못한 탓에 막강한 군사력에도 불구하고 금세 망할 수밖에 없었다. 반면 형주의 유표나 익주의 유장은 나약한 군주였음에도 나름대로 정통성을 지니고 있었기 때문에 비교적 오랫동안 존속할 수 있었다.

동탁의 전횡에 대하여 17로 제후들은 일종의 집단안전군을 동원했다. 즉 이들은 한 왕조의 국권을 회복하고 천하를 태평하게 만들겠다는 명분 아래 모였다. 이는 어찌 보면 현대 사회에서 악독한 통치자를 처벌하기 위하여 국제연합의 기치 아래 군을 동원하는 것과 비슷하다고 할 수 있다.

그러나 국가들 간에 서로 이해가 상충하면서 17로 집단안전군은 와해되고 말았다. 국가의 이해가 상충할 때는 옛날이나 지금이나 결국 전쟁으로 해결을 보게 마련이다. 현재 프랑스와 독일은 미국과 나토의 동맹국이다. 그러나 이들 나라는 이라크 석유 개발을 둘러싼 이해 관계의 차이로 미국과 영국의 이라크 침공에 반대했다.

앞서 말했듯이 삼국 시대에는 오늘날과 같은 국제연합도 국제법도 없었지만, 나름의 규칙에 따라 국제질서가 유지되었다. 즉 전통적인 유가 사상과 한 헌제의 존재는 강력한 국가의 일방적인 행동을 절대적이지는 않더라도 상대적으로 억제하는 역할을 했다.

4장

삼국 시대의 국제정치 사상

인간의 행위, 특히 사회적 행위는 우발적으로 나타난 결과가 아니다. 인간의 행위는 인간이 지니고 있는 특정 규범에 따라 취해진 결과이다. 정치 행위는 정치 규범에 따라 행해지고, 경제 행위는 경제 규범의 제약을 받으며, 사회적 행위는 사회 규범의 통제를 받게 마련이다. 국제정치 행위도 이 같은 규범에서 예외가 될 수는 없다. 국제정치 행위는 당시 존재했던 국제정치 규범에 의해 통제된다. 삼국 시대의 국제정치 역시 삼국 시대의 규범에 따라 운영되었다.

행동 규범이란 인간의 사고에 의한 윤리관이라 할 수 있다. 국제정치 사상이나 이론 역시 인간의 사고에 의한 윤리관을 통해 발전된 가설들이다. 국제정치 이론이나 사상에는 여러 가지가 있다. 그 중에는 큰 이론, 즉 시대를 초월하고 대세를 설명해 주는 이론이 있는가 하면 제한된 현상을 설명해 주는 작은 가설들도 있다. 국제정치를 설명하는 데 글로벌한 평가, 즉 세계를 놓고 설명하려는 체계 이론이 있는 반면, 대외 정책을 수립하고 이행하는 지도자들의 심리 상태, 개인의 인식론, 개인의 세계관에 비추어 설명하는 방법도 있다. 또한 국제정치 설명에 가장 보편적으로 사용되는 국가의 행위를 연구하여 국제정치 현상을 설명하는 방법도 있다.

　이때 국가의 행위를 설명하는 데 다양한 방법이 있다. 국력 연구, 외교 정책 결정 과정 연구, 국가 내의 다양한 조직이 정책 결정에 미치는 영향 등을 연구하여 국가의 목적과 정향 등을 설명할 수도 있다.

1. 국제정치 사상의 양대 산맥

현실주의

서양에는 큰 국제정치 이론이라고 할 수 있는, 세월이 가도 변치 않는 국제정치 사상이 있다. '현실주의 학파'와 '이상주의 학파'라는 양대 산맥이 그것으로, 이들 학파의 역사는 무려 2천 년이나 된다. 우리는 정치학을 논할 때 흔히 플라톤과 아리스토텔레스로 거슬러 올라가고, 아리스토텔레스를 정치학의 창시자라고 말하기도 한다.

그러나 국제정치학 분야에서는 그리스의 정치역사학자 투키디데스(BC 471~400)를 국제정치학의 시조로 간주한다. 투키디데스는 정치현실주의 입장에서 국제정치를 바라본 최초의 학자였다. 투키디데스는 『펠로폰네소스 전쟁사』라는 책에서 국가 간 정치는 "강자는 할 수 있는 힘을 가진 일을 하며, 약자는 받아들이지 않으면 안 될 일을 받아들인다"라는 말로 아테네의 국력을 신장할 것을 권했다. 이로써 투키디데스는 국가의 권력정치론과 현실주의 국제정치 이론의 시조가 되었다.

투키디데스의 전통은 1500년경 이탈리아의 정치학자 마키아벨리에 의해 계승되었다. 마키아벨리는 군주들에게 나라를 통치하려면 '신의'보다는 '편의'에 따른 행동을 취해야 하고, 국가는 항상 전쟁에 대비하여 군사력을 키워야 한다고 충고했다. 그는 국가의 생존이 무엇보다도 중요하므로 권력을 획득·유지·확대해야 한다면서 그 방법을 구체적으로 제시하여 정치현실주의의 기초를 세웠다.

　그 후 17세기에 영국인 토머스 홉스는 자연 상태를 "만인의 만인에 대한 투쟁 관계"로 정의하면서, 국가는 그야말로 원시 상태에서 끝없이 경쟁하기 때문에 군사력을 키워야만 정치적 권위가 물리적인 힘을 갖게 된다고 말했다. 특히 국제사회는 무정부 상태이므로 절대적인 권위가 없으며, 각 국가는 패권을 잡으려 하기에 전쟁은 피할 수 없는 현실이라고 함으로써 현실주의에 일조했다.

　20세기 들어 많은 학자들이 현실주의 사상을 발전시켰다. 카 · 니버 · 슈만 · 슈발젠버그가 그들로, 특히 한스 모겐소는 현실주의 이론을 완성시키는 데 기여했다.

　이와 같이 역사적 발전을 거듭해 온 현실주의 이론은 대개 다음과 같은 전제에서 시작한다.

　첫째, 정치 관계란 인간의 본성에 기인한 것으로 인간성은 착한 면도 있지만 악한 면도 강하게 내재한다. 인간성의 발로가 정치를 어지럽게 만들기도 하므로 국제정치 또한 어지러울 때가 많다. 그러므로 언제나 국가 안보 대비책을 마련해야 한다.

　둘째, 국가는 국제정치의 주된 행위자이며, 국가를 지배하거나 통제할 수 있는 초국가적 기구가 국제정치에서는 존재하지 않는다. 국제정치 행위자 중에는 국가 말고도 다국적기업 · 국제연합 등의 국제 기구가 존재하나 이들은 어디까지나 국가의 영향력 아래 있다.

　셋째, 모든 국가는 권력을 추구한다. 그것은 국가가 추구하는 이익을 확보하기 위해서이다. 무정부 상태인 국제사회에서 국가는 스스로 생존을 유지해야 한다. 자구력을 갖추기 위해서는 권력이 더욱 필요하다. 특히 국가 간의 관계에서 절대적으로 옳고 그른 객관적인 정의란 존재하지 않는다. 국제사회에서 정의란 국가의 이해 관계에 의해 좌우될 뿐이다. 그러므로 국가의 행동 규범은 자력 구제라 할 수 있다.

넷째, 각 국가는 합리적으로 행동한다. 국가는 다른 국가와의 관계에서 자신의 권력을 극대화할 수 있는 외교 정책을 추구한다. 또한 이를 효과적으로 달성할 수 있는 방법이 가장 합리적이라는 점에서 국가의 행위는 합리적 행동의 결과라는 가정에 기초하고 있다.

최근 케네스 월츠란 국제정치학자는 신현실주의 이론을 제기했다. 신현실주의는 현실주의의 전제나 가설을 옹호하면서도 현실주의 이론의 결함을 보강하기 위해 제기되었다. 즉 전통적인 국가의 위상이 국제정치 체계 내에서 구조적인 이유로 결정되는 변수를 가미한 이론이다. 그러나 신현실주의라고 해도 전통적인 현실주의의 전제를 크게 벗어난 것은 아니며, 국제체제 전환의 영향을 국가의 행위에 가미했을 뿐이다.

이상주의

현실주의 이론에 반해 국제정치를 설명하는 패러다임으로 이상주의가 있다. 이상주의의 기원은 묘하게도 제국을 다스리던 로마 시절로 거슬러 올라간다. 그리스가 서양 문화에 철학을 제공하고 유대가 종교를 제공했다면, 로마는 서양 역사에서 법과 제도를 선사했다. 이상주의는 인류를 전쟁의 참화에서 구하려는 의도에서 시작된 학파이다. 이들은 도덕과 법을 잘 배합한 제도를 통해서 평화를 추구했다.

마르쿠스 아우렐리우스도 그러했지만 많은 로마인들은 세계를 하나로 통합해서 하나의 법률 체제로 인류 평화를 수립하려 했다. 기원전에 이미 키케로는 그의 저서 『국가의 연합』에서 법으로 인류 평화를 수립할 수 있다고 말했다. 후일 성 아우구스티누스도 기독교 윤리에 의존해 인간성의 밝은 면에 호소한다면 인류 평화를 수립할 수 있다고 했다. 칸트는 『영구평화론』에서 진정한 민주주의 확립은 인간에게 영원한 평화를 가져다 준다고 보았다. 루소는 인간이 자연에서 가졌던 인간성에 의존해서 세계 체제나 정부를 수립한다면 세계 평화를 가져올 수 있다고 보았다. 또한 그로티우스는 국가 간의 관계를 법률로 정의함으로써 국가 간의 갈등을 없애려 했다.

이들 말고도 제퍼슨·밀·흄 등의 철학자들이 이상주의 집단에 합류했다. 경제학자인 애덤 스미스, 사회주의자인 마르크스도 하나의 시장, 하나의 세계를 이룸으로써 인류는 전쟁을 피할 수 있다고 역설했다. 20세기에 접어들어 인류는 세계대전을 치르게 되었는데, 이와 같은 전쟁을 막기 위해 우드로 윌슨 같은 정치가는 법률적·도덕적 접근으로 인류 평화를 모색했다.

이상주의는 어찌 보면 도덕 정치론이라 할 수 있으며, 이것은 다음과 같은 전제 위에 서 있다.

첫째, 전쟁은 무의미하고 잔인하며 비도덕적 행위로 국가 정책의 합리적인 수단이 될 수 없다. 또한 전쟁은 정치 지도자들이나 국가들 간의 오해에서 비롯된 행위이므로 각 국가의 민주주의 확산으로 막을 수 있다.

둘째, 인간성은 본래 선하기 때문에 인간 사회의 규범과 제도적 장치를 선한 목적이나 평화를 위해서 수립할 수 있는 잠재력이 있다. 인간은 항상 규범적인 면을 추구하는 경향이 있다.

셋째, 각 국가의 외교 정책은 다른 국가에 대해 보다 협력적이고 윤리적인 입장에서 세워져야 한다. 윤리적 기준에 따른 외교 정책이 장기적으로 볼 때 국가의 이익을 꾀하는 데 더 긍정적인 역할을 한다.

넷째, 인간은 이성적인 동물로 국제 협력체를 구성할 수 있는 능력이 있으므로 평화적인 국제질서를 세울 수가 있다. 국가 간의 갈등은 규제나 제도의 결여로 인해 나타나는 현상이므로 이것들을 규제할 수 있는 세계적인 기구를 만들어야 한다.

이처럼 이상주의는 인간성이 본디 선하다고 보고, 또한 이성을 믿기에 각 국가는 이성적으로 행동할 수 있으며, 따라서 여러 국가가 모여서 할 수 있는 집단안전보장 체제 성립이 가능하다는 전제 위에 서 있다.

이 같은 이상주의의 원칙은 미국의 윌슨 대통령이 선언한 '민족 자결주의' 14개 조문에 잘 반영되어 있다. 20세기에 설립된 국제연맹이나 국제연합도 이러한 인간의 이상주의적 열망을 실현하려는 의도 아래 탄생된 것이다. 1994년에 만들어진 세계무역기구도 인류의 이상주의를 실현하려는 의도에서 설립된 것이라 볼 수 있다.

영국의 저명한 국제정치학자인 E. H. 카는 이상주의가 유토피아적 망상에 지나지 않는다고 비아냥거렸지만, 이상주의는 권력을 획득하고 유지하는 것이 국제정치의 본질은 아니라고 주장한다. 오히려 이상주의는 국제협력기구, 국제법, 도덕적 원칙들이 국제

관계의 본질에 절대적인 영향을 미친다고 믿는다.

최근 들어 국제질서가 재편되고 다양한 초국가적 기구들이 발전하면서 국가 간의 상호 의존도가 매우 높아졌다. 이에 영향을 받아 '신자유주의'의 전통 아래 국제정치의 다원주의 입장을 옹호하는 학파도 생겨났다.

2. 삼국 시대를 지배한 국제정치 사상

국제정치의 양대 패러다임이라 할 수 있는 이상주의와 현실주의의 갈등과 비슷한 현상이 삼국 시대의 국제정치에도 존재했다. 삼국 시대는 난세였던 만큼 정신적 갈등이 심했던 시기였다. 앞서 말했듯이 중국에서는 춘추전국 시대를 통해 제자백가라고 불린 많은 정치 사상이 발전했다. 공자는 예(禮)·효(孝)·제(悌)를 기본으로 하는 인간 수양과 치국책을 설파했고, 맹자는 치자(治者)의 덕을 핵심으로 하는 왕도(王道) 정치를 기본으로 하는 치국책을 제창했다. 특히 맹자는 도덕 정치인 왕도 정치가 가능한 것은 인간성이 본래 선하기 때문이라고 했다. 이것은 후일 '성선설'의 모체가 되었다.

반면 본래 유가 사상에서 시작했으나 다른 결론에 이른 순자는 인간성은 본래 악하기 때문에 백성들을 법으로 다스려야 한다고 주장했다. 이것은 성악설의 모체가 되었으며, 상앙(商殃)·한비자(韓非子)·이사(李斯) 등에 의해 법가 사상으로 발전했다.

법가 사상의 영향을 받기도 했으나 많은 전쟁을 거치면서 전쟁에 대비하는 병가(兵家) 사상이 손자·오자 등에 의해 발전하였으며, 또한 소진과 장의에 의해 국가 동맹학, 즉 오늘날의 외교론이 발전했다.

이때 노장 사상 또는 후일 도가(道家) 사상도 발전했는데, 노자는 평화의 반전쟁론을 펴면서 정치 도덕을 가르쳤고, 장자는 도(道)의 본질은 이론이 아니라 인간의 직감에 있다고 설파했다.

한편 묵가(墨家)는 인간은 서로 사랑하고 도와야 한다고 주장하면서 오늘날의 사회주의 사상을 제창하기도 했다. 또한 중국에서는 음양오행의 이치에 따라 우주를 이해하려는 추연(鄒衍)의 음양오행설(陰陽五行說)을 중심으로 하는 음양가(陰陽家) 내지는 역학(易學)이 발전하기도 했다.

이처럼 전 시대에 출현한 사상은 삼국 시대의 사회 생활과 정치 생활에 많은 영향을 주었다. 그 중에서도 삼국 시대에 가장 강력한 영향을 미친 정치 사상은 유가의 정치 사상과 법가의 정치사상이었다. 이 두 사상은 강렬하게 맞부딪쳤고, 이 틈새에서 도가의 정치 사상이 사대부와 민초들에게 널리 환영을 받았다.

이처럼 중국인들은 일반적인 정치 이론을 발전시키기는 했지만, 현대적 의미의 국제정치 이론을 정교하게 발전시키지는 못했다. 그러나 중국 대륙이 오랫동안 분열되어 있었고 제후들에 의해 지역마다 독자적인 발전을 해오면서 중국인에게 '천하'라 함은 오늘날 우리가 말하는 글로벌, 즉 세계의 의미를 가졌다. 그러므로 공자가 "수신제가 치국평천하"라고 했을 때 "평천하"란 국제정치 관계를 의미한다는 것이다. 즉 치국은 나라의 통치에 해당하고, 평천하라 함은 세계 질서가 평화에 의존해야 한다는 논리라고 하겠다.

삼국 시대는 난세였기에 국제 관계를 규제하기 위한 병가 사상이 크게 발전했다. 동시에 어지러운 세상을 힘과 법 질서로 다스리려는 패도(覇道)와 법가 사상도 많은 사람들에게 환영을 받았다.

이상주의적 정치 사상, 유가

유방이 세운 한나라의 7대 황제인 무제(武帝)는 중국 역사상 가장 위대한 황제 중 한 명이다. 그의 업적 중 가장 후대에까지 영향을 미친 치적으로는 공자의 가르침, 즉 유가를 국가의 공식 가르침으로 정한 것을 꼽을 수 있다. 그로부터 유가는 중국의 공식 종교요 삶의 방법으로 전해져 1911년 신해혁명(辛亥革命)으로 청나라가 멸망할 때까지 지속되었다.

삼국 시대 역시 사대부를 지배했던 사상은 유교였다. 육예(六藝)인 역(易)·서(書)·시(詩)·예(禮)·춘추(春秋)·악(樂)은 교양인이면 반드시 익혀야 할 것들이었다. 이들은 부모에게 효도하고 벗을 신의로 맺고 임금을 충성으로 섬기는 '효제충신(孝悌忠信)'을 몸소 실천하는 삶을 살았다. 이 사상은 인간 공동체의 생활이 마치 가족을 연장한 것과 같은 사고에 바탕하고 있다. 천하에는 천자가 있고, 지상에는 백성이 있어 조화를 이룬다는 것이다.

이 같은 사상은 후한에서 극치를 이루었다. 유교의 규범인 예교(禮敎)는 사회 전반에 침투하여 사람들의 사상과 행동을 규제했다. 학문의 세계에서는 유교 경전의 객관적인 문헌 해석학인 '훈고장구학(訓古章句學)'이 성행하고, 사회에서는 유교적 대의명분을 존중하는 풍속이 나라를 지배했다.

이미 언급했듯이 유가에서는 지도자에게 덕을 요구한다. 그리하여 법보다는 덕으로 나라를 다스릴 것을 요구한다. 맹자는 "살인을 좋아하지 않는 자"가 왕자가 될 수 있다고 했으며, 또한 "한 가지 불의를 저지르고 한 사람의 죄 없는 자를 죽여서 천하를 얻는" 것은 옳지 않다고 했다.

이는 근본적으로 인간은 원래 선하므로 권력으로 굳이 다스릴 필요가 없다는 논리에 바탕하고 있다. 즉 황제부터 민초에 이르기까지 선을 행하면 덕치(德治)가 이루어질 수 있다는 것이다. 그러므로 권력을 이용해 통치하는 패자는 그 근본 동기가 권력에 있으므로 결과를 인정할 수 없다고 말한다. 유교 윤리에서는 동기를 더 중요하게 여기기 때문에 결과가 아무리 좋다고 해도 동기를 정당화할 수는 없다. 공자는 『논어』에서 말하기를 "백성을 인도하기를 법령으로써 하고, 백성을 가지런히 하기를 형벌로써 하면 백성이 법망을 벗어나도 부끄러움이 없을 것이다. 백성을 인도하기를 덕으로써 하고 백성을 가지런히 하기를 예로써 하면 백성이 부끄러움을 알고 또한 바르게 될 것이다"라고 했다.

삼국 시대에도 이 같은 정치 사상이 지배했는데, 난세였던 당시에 유가의 정치 사상은 다분히 '이상주의'적이라고 할 수 있었다. 매일 전란이 일어나고 흉년과 질병이 성행해서 인구가 급격히 줄어들던 이 시절에 군주에게 덕치를 요구하고 신하에게 무조건 충성을 요구하며, 백성은 정부만 믿으라는 것은 실로 현실과 동떨어지는 사고라고 할 수 있다.

그러나 이 시대에도 유교 사상은 무척 힘있는 정치 사상이었다. 이러한 유교의 정치 사상은 당시 국제관계에 엄청난 영향을 미쳤다. 황건적이 반란을 일으켜 천하를 뒤흔들 때, 대장군이었던 하진은 천자의 명으로 제후들에게 병력을 동원할 것을 명했다. 이로써 삼국 시대의 문이 열리기는 했으나 전국에서 궐기한 제후들은 한나라 황실의 안전이란 이름으로 궐기한 것이다.

동탁이 집권하여 소제를 폐하고 헌제를 옹립하고는 권력을 전횡하자, 17로 제후들은 반동탁군을 형성했다. 반동탁군은 한나라의 국권을 회복한다는 명분 아래 봉기했다. 즉 망해 가는 한나라 황실의 권위를 되찾기 위해서 제후들이 봉기한 것이다.

한나라를 우습게 여기고 패권을 거머쥐려는 조조도 헌제를 받들며 계속 천자의 이름으로 통치했다. 조조는 위왕까지 올랐으나 끝내 황제가 되지는 않았다. 그의 아들 조비에 이르러서야 헌제에게 선양을 받아 위 황제 자리에 올랐다. 조조가 막강한 권한을 가지고 있음에도 황제 자리에 오르지 않은 것은 당시 유교 사상을 신봉하는 세력이 여전히 많았기 때문이다. 조조가 헌제를 옹위하고 통치했음에도 불구하고, 조조가 황제를 능가하는 권한을 휘두르자 이에 불만을 품은 사람들이 그를 제거하려는 음모가 계속되었다.

원소가 조조를 치기 위해서 군사를 일으켰을 때 원소는 진림으로 하여금 격문을 쓰게 해서 전국의 제후들에게 돌렸다. 원소의 격문은 조조가 환관의 자손임을 명백히 했다. 당시 유가들은 환관들의 횡포에 분노하며 늘 당고(黨錮)의 난을 개탄했다. 환관은 유가 선비들의 냉소의 대상이 되었다. 원소는 이러한 유가들의 정서에 호소한 것이다. 진림은 격문에 쓰기를 "사공 조조의 할애비인 중상시(中常侍) 조등(曹騰)은 좌관 서황 같은 내시들과 어울려 갖은 요사스럽고 못된 짓을 다한 자이다"라고 쓰고, 또한 "조조의 애비 조숭(曹嵩)은 원래 비적질을 하며 돌아다니다가 조등의 양자가 된 뒤 뇌물을 써서 벼슬 자리를 얻은 자이다"라면서 "이제 그 아들 조조를 보자. 조조는 더러운 내시의 자손으로 원래 아름다운 덕을 갖추지 못했으면서도 교활하게 협행을 꾸미며, 어지러움을 좋아하고 화를 일으키기를 즐겨 했다"고 했다.

그리고 "가서 불탄 종묘를 수리하고 어린 임금을 지키라 한 것인데 조조는 모든 걸 제멋대로 하고 임금과 신하를 겁주어 억지로 천자를 자신에게로 옮겨 가뒀다. 왕실을 낮추고 욕보였으며, 법을 뒤엎고 나라의 기강을 어지럽혔다”고 하면서 “조조는 또 발구중랑장이니 모금교위니 하는 벼슬아치를 내세워 닥치는 대로 무덤을 파헤치게 하니, 보물과 함께 묻힌 해골치고 드러나지 않은 게 없다 할 만하다”고 썼다.

진림은 격문의 말미에서 “그 밖의 주군도 각기 의로운 군사를 가다듬어 경계에 벌여 세우고, 크게 무위를 떨쳐 기울어진 나라를 바로잡으라. 그리함으로써 비상한 공이 드러나기 시작할 것이다”라고 썼다.

원소가 보낸 격문의 내용은 분명 한실에 대한 충성심, 한실을 괴롭히고 천하를 어지럽히고, 백성을 괴롭히며 전통적인 질서를 교란하는 조조를 토벌한다는 명분을 내걸고 있다. 결국 원소의 국제정치 이념 역시 한실을 회복하고 천하를 평정함으로써 백성을 편안하게 하는 것이었다.

유비가 제갈공명의 명성을 듣고 공명을 만나러 갔다가 실패하고 중간에 최주평(崔州平)이라는 당시 유명한 현사를 만나서 대화를 하게 되었다. 최주평이 유비가 공명을 기용하려는 의도를 알고 말했다. “장군께서는 어지러움을 평정하려 하심을 위주로 삼고 계십니다. 그러나 그 뜻이 비록 어지신 마음에서 비롯했다 해도 자고로 다스림과 어지러움은 엇바뀜이 무상한 것입니다.”

이는 국제정치상의 평화와 전쟁이 무수히 엇바뀜을 말한다. 역사상 평화가 오래 지속되면 정권이 부패하고 나태해지면서 이에 반대하는 세력이 백성의 이름으로 궐기하면서 전쟁이 시작된다. 최주평은 인간의 국제관계사를 이같이 간단한 말로 표현했던 것이다.

최주평은 계속해서 "하늘의 뜻에 따르는 자는 편안하고 거스르는 자는 수고롭다는 옛말을, 또 운수로 정해진 것은 이치로 빼앗을 수 없고, 천명이 내린 것은 사람의 힘으로 어찌할 수 없다는 옛말을 듣지 못하였는가?"라고 유비에게 반문하기도 했다. 최주평의 말은 어찌 들으면 운명론자의 조소 같기도 하지만, 한편으로는 이제 망한 한실(漢室)을 무엇 때문에 되살리려 하는가 하는 현실주의자의 냉철한 판단이라 할 수도 있다.

이에 대하여 유비는 "선생님의 말씀은 실로 높으신 안목에서 우러난 것임을 알겠습니다. 그러나 이 비는 한실의 핏줄을 이은 몸으로 마땅히 한실을 붙들어 일으켜야 할 것입니다. 어찌 천명에만 맡기고 가만히 보고만 있을 수 있겠습니까?"라면서 계속해서 명분론과 이상주의론을 펼친다.

유비가 삼고초려 끝에 공명을 만났을 때, 유비는 다음과 같이 자신의 포부를 피력했다. "지금 한실은 썩고 기울어진 데다 간신은 천명을 도적질하려 하고 있습니다. 이에 유비는 스스로의 힘을 헤아려 보지 아니하고 널리 천하에 대의를 펴보려 하였으나 재주는 얕고 계책은 짧아서 아직껏 무엇 하나 이룬 것이 없습니다. 선생께서 그 같은 저의 어리석음을 열어 주시어 닥쳐올 액화를 덜어 주신다면 실로 그보다 더한 다행이 없겠습니다."

이렇게 간절한 유비의 요청에 공명은 유명한 '천하삼분책'을 유비에게 설명하고 나서, "이렇게만 하신다면 곧 대업이 이루어질 것이요, 한실은 다시 일어날 것입니다. 이것이 량이 장군을 위해 꾀할 수 있는 계책이니 장군께서도 한번 깊이 헤아려 보십시오"라고 응답한다. 결국 제갈공명은 자신이 설파한 한실의 부흥을 위해 유비를 따르게 된다. 즉 유비가 제갈공명과의 만남에서 처음 내세운 것도 쇠미한 한 왕조의 부흥이라는 대의명분이었고, 제갈공명 역시 이를 받아들였던 것이다.

조조가 형주를 정벌하기에 앞서 이에 대한 논의를 하고 있을 때 조조의 모신(謀臣)이며 태중대부(太中大夫)로 있던 공융이 조조를 말렸다. "유비와 유표는 모두 한실의 종친이니 가볍게 쳐서는 아니 된다"는 것이 그의 주장이었다. 그러자 조조는 화를 내며 공융의 말을 막았다. 공융은 퇴청하면서 탄식하기를 "지극히 어질지 못한 것으로 어진 것을 치려 함이니 어찌 패하지 않으랴!"고 했다. 공융은 비록 조조 밑에서 봉직하고 있었지만 그의 마음은 망해 가는 한나라에 있었다. 그랬기 때문에 형주의 유표를 공격하는 것이 불가하다고 지적했던 것이다.

지금까지 살펴본 원소의 격문, 유비와 최주평의 대화, 유비와 제갈공명의 천하 대세 논의, 공융의 탄식 등에서 우리는 국제정치에 관한 가설을 몇 가지 추출할 수 있다. 당시에는 국제정치 또는 세계정치라는 표현이 없었다. 그러나 이미 말했듯이 중국 사람들이 삼국 시대에 사용한 천하라는 말은 오늘 우리가 사용하는 세계와 비슷했다.

첫째, 당시 유가를 신봉하는 제후들이나 사대부들은 천자, 즉 한 황실의 회복을 원하고 또한 이를 위해 노력했다. 이들은 유가에서 가르치는 대로 임금에게 충성하고 부모에게 효도하는 기본 원칙을 실현하기 위해서라도 한 황실의 회복을 원했다. 그리하여 유교를 국교로 삼았던 한 무제 시절의 영광을 되찾으려고 노력했다.

이는 다시 말해서 천하가 한 황실로 복고되면 천하에는 하나의 정부만 있게 되는 것으로, 이것은 오늘날의 세계 정부론자들이 말하는 하나의 세계와 일맥상통한다. 이는 로마인들이 추구하던 하나의 세계와 마찬가지다. 즉 서양인들은 하나의 세계질서를 통해 인류 평화를 수립하려 했고, 중국인들은 한실의 복고를 통해서 하나의 세계를 만들려고 했던 것이다. 세계가 하나로 되면 평화는 찾아오게 마련이다.

이 같은 맥락에서 원소의 격문이나 유비의 대화나 계속 강조하는 것은 조조가 천자를 핍박하고 정권을 마음대로 농락한 자라는 것이다. 17로 제후들이 연합군을 이루어 동탁을 칠 때도 같은 맥락에서 동탁을 비난했다.

당시 천자의 권한을 회복한다거나 한실을 부흥한다는 것은 현실적으로 불가능했다. 이를 회복하려는 제후들이나 사대부들은 어떻게 보면 현대적인 의미에서 복고적이거나 반동적 세력이라고 단정할 수도 있다. 그러나 다른 면에서 보면 이들은 이상주의자들이라고 할 수 있다. 삼국 시대가 난세였음에도 불구하고, 아직도 군주의 덕을 강조하고 착한 인간성을 회복하기 위하여, 또는 천하에 평화를 가져오기 위하여 한실을 회복한다는 것은 실로 이상주의자들의 꿈일 수 있다. 그런 의미에서 당시 유가 사상은 다분히 이상주의적인 정치 사상이라 하겠다.

전쟁이 끊이지 않고 일어나고 혼란이 오히려 정상인 듯한 삼국 시대에 치자의 덕을 강조하고, 민초에게 충성과 효도를 요구하며, 한나라라는 제도 속에서 인간의 발전을 기하겠다는 사고는 이처럼 이상주의에 가깝다. 또한 한나라의 복권을 통해서 중국의 평화 질서를 회복하겠다고 생각하는 것 자체가 비현실적이면서도 이상주의적이라 하지 않을 수 없다.

둘째, 당시의 유가 사상은 법이나 집단적 행위보다 지도자의 덕목에 의존해서 혼란을 타개하려 했다. 유비가 가는 곳마다 인기가 있었던 것은 유비가 조용했고, 남의 말을 잘 들어주었으며, 입으로는 항상 인의를 논하고, 한나라에 대한 충성을 말했기 때문이다. 진수도 말하기를 "선주는 책략이나 계략은 조조보다 못했으나, 항상 말이 적고 겸손하다"고 했다.

유비는 서주자사 도겸이 서주를 그에게 양보하려고 할 때도 몇 번이고 사양했다. 결국 도겸과 주위 사람들의 강력한 권고를 받아들여 마지못해 서주를 인수하는 형식을 취했다. 형주를 인수할 때도 마찬가지였다. 유표가 형주를 유비에게 양도하려고 했을 때도 유비는 이를 받아들이지 않았다. 결국 형주 주인인 유기가 죽은 후에야 주위의 추대를 받아 형주를 인수했다.

이와 같은 유비의 행위는 어찌 보면 위선적이라 할 수 있다. 아무 기반도 없었던 유비는 서주나 형주를 진심으로 얻기 원했다. 하지만 겉으로는 몇 번이고 사양하다가 마지못해 받아들였다. 위선이든 진실이든 이러한 모습은 백성들의 눈에 유비가 덕이 있는 사람으로 비쳤을 게 틀림없다.

익주를 칠 때도 모사(謀士)였던 방통이 속전속결을 원해서 유장(劉璋)을 암살하려 했으나 유비는 이를 반대했다. 그런가 하면 서서의 모친이 조조의 포로가 되었을 때, 유비는 서서를 조조에게 보내 주었다. 인물이 없었던 유비는 서서가 자기 진영에 합류해 모처럼 전투에서 승리했음에도 서서를 보냈다. 유비는 효를 따르려는 서서를 막을 수가 없다고 했다. 자기 군의 실정을 너무나 잘 아는 서서를 적에게 보낸다는 것은 실로 군자의 덕목으로 민초에게는 생각되었을 것이다.

이 같은 유비에 대한 인식으로 인해 유비가 형주에서 조조의 공격을 받아서 후퇴할 때, 10만에 이르는 백성이 힘도 없고 미래도 없는 유비를 따랐던 것이다. 익주를 점령했을 때도 민심은 곧 유비를 따르게 되었다.

제갈량의 경우도 마찬가지다. 제갈량은 엄격한 법가였다. 그러나 그는 한실을 회복하려고 노력한 지도자이기도 하다. 그는 상벌을 엄격히 했으나 무척 공정했다. 오랜 기간 재상을 지냈음에도 그가 죽은 후 남긴 재산이라고는 오직 조그마한 뽕나무밭뿐이었다. 이같이 공정하고 지식이 많으면서도 검소한 것은 엄청난 개인 수양의 결과라 할 수 있다. 따라서 백성이 따르지 않을 수 없다. 이처럼 제갈량은 유가의 입장에서 볼 때도 훌륭한 지도자였기 때문에 후세 사람들에게도 인기가 있을 것이다.

삼국 시대가 혼란한 시대였음에도 불구하고 이상주의적 유가는 아직도 덕이 있는 특정 개인이 치자가 되어 천하를 안정시켜 주기를 바랐다. 유가는 삼국 시대와 같은 난세에도 실리적인 정치보다는 명분 있는 국제정치를 선호했다. 전국 시대의 유명한 병가인 오자는 "전쟁이 일어나는 원인에는 다섯 가지가 있습니다. 첫째는 명분을 다투기 때문이요, 둘째는 이익을 다투기 때문이요, 셋째는 증오심이 쌓였기 때문이고, 넷째는 나라 안이 어지럽기 때문이며, 다섯째는 기근이 들었기 때문입니다"라고 말했다.

실로 이상주의적인 유가는 전쟁을 해도 명분을 위해서 했다. 따라서 국제정치에서도 명분을 중요시했다. 원소가 조조와 관도대전을 치를 때에도 마음속으로야 천하를 제패하기 위해서였으나, 명분은 황제를 기만하고 부하들을 시켜 사대부의 묘지를 파서 보화를 약탈하는 조조를 괴멸하기 위해서라고 했다. 이는 유가에서 중요시하는 예에 근본적으로 어긋나는 행위였기 때문이다.

제갈공명이 북벌을 위해 군사를 동원할 때 많은 사람들이 반대했다. 몸이 약했던 제갈공명이 맹획을 정벌하고 돌아온 지 얼마 되지 않은 데다, 모든 면에서 촉한보다 몇 배나 강한 위나라를 친다는 것이 무모하다는 이유에서였다.

그러나 제갈공명은 승하한 소열황제(昭烈皇帝 : 유비)의 유지(遺志)를 명분으로 내걸고 이들을 제압하고는 북벌을 단행했다. 즉 위를 치고 천하를 통일하여 한나라의 국권을 회복한다는 것이었다.

제갈공명이 서거한 뒤 강유가 북벌을 감행할 때도 제갈무후(諸葛武侯 : 제갈공명의 시호)의 유지를 받들어 북벌을 한다고 명분을 앞세웠다. 촉한은 오랜 전란으로 피폐해져 북벌을 감행할 능력이 실제로 없었음에도 불구하고 이러한 강유의 명분을 막기 어려웠다.

이같이 유가의 이상주의적 국제정치는 명분을 따르는 정치적 정향이 강했다. 우리 나라에서도 그러한 예를 찾아볼 수 있다. 조선조 때 명나라의 요청을 받은 광해군이 강홍립에게 신흥국인 청나라를 치라고 명했다. 이때 광해군은 명분 때문에 할 수 없이 군대를 파견하면서도 강홍립에게 적당히 싸우다가 항복함으로써 군졸의 상해를 줄이라고 밀명을 내렸다고 한다. 유가의 전통을 지니고 있는 중국이나 한국이나 명분을 중요하게 여긴 것은 마찬가지였다.

유가의 사상을 따랐던 삼국 시대의 지도자들로는 유비 · 원소 · 제갈량 말고도 형주의 유표, 익주의 유장, 그리고 공융 · 강유 등 많았다. 심지어 조조의 모사였던 순욱 · 정욱 등도 유가 사상을 신봉했다.

순욱은 조조가 자기의 장자방이라고 부를 정도로 조조의 최측근 참모였다. 순욱이 원소를 버리고 조조를 택한 것은 한 황실을 회복할 수 있는 능력이 조조에게 있다고 보았기 때문이다. 그러나 후일 조조가 구석(九錫 : 아홉 가지 예로써 황제에 준해서 내리는 격식)을 받으려고 할 때 이를 반대해 조조의 미움을 사게 된다. 조조는 순욱의 마음을 알고는 그에게 빈 과자 상자를 보냈다. 그러자 순욱은 조조의 마음을 알아채고는 스스로 목숨을 끊었다. 당시 순욱 · 정욱 · 공융 등 조조에게 봉사했던 많은 학자들이 한나라의 국권을 회복하려는 이상주의자들이었다.

현실주의적 정치 사상, 법가

당시 이러한 유가의 이상주의에 맞선 대표적인 국제정치 사상으로 패권주의 · 법가주의 사상을 들 수 있다. 법가 사상은 본래 순자의 성악설에서 출발하였다. 인간성이 본래 악하기 때문에 법으로 통치해야만 한다는 것이다. 법가 사상은 이후 한비자 등에 의해 체계적으로 발전되었다.

중국 대륙을 최초로 통일한 진시황제는 대표적인 법가의 통치자였다. 법가 사상을 실천하려면 이를 뒷받침할 수 있는 군사력과 경찰력이 필요하다. 즉 힘으로 국제정치를 해결하려는 패권주의 사상인 것이다. 삼국 시대는 난세였기에 이러한 법가 사상과 병가 사상이 제후들에게 상당한 인기가 있었다. 더욱이 전쟁을 자주 치를 수밖에 없는 제후들에게 손자·오자 병법이나 태공망의 육도삼략(六韜三略)은 반드시 읽어야 할 기본서였다. 어찌 보면 난세를 다스릴 수 있는 것은 힘이고, 시급한 것은 법 질서의 회복이기에 법가 사상은 당시로서는 무척 합리적인 사상이라 할 수 있다.

이처럼 패도를 핵심으로 하는 법가 사상은 국가의 힘에 의존했던 서양의 현실주의 국제정치 사상과 유사한 점이 아주 많다. 어찌 보면 서양인들이 합리적으로 계산해서 정책을 수행하는 현실주의야말로 삼국 시대와 같은 난세에 필요한 사상이라 할 것이다.

삼국 시대는 군웅이 할거하고 전쟁이 끊이지 않고 일어나는, 한마디로 국제질서 자체가 존재하지 않는 홉스적 원시 시대와 같은 시기였다. 그야말로 약육강식의 사회였기에 조조와 같이 힘있는 인물이 천하를 호령할 수밖에 없었다. 민초들로서도 계속되는 혼란보다는 힘을 가진 정부가 법과 질서를 확고히 세우는 것이 바람직할 수 있었다. 그런 점에서 현실주의 국제정치 사상이 날개를 펼 수 있던 시기였던 셈이다. 유가 사상이 지배적이던 시절에 법가 사상이나 통치는 혁명적인 이데올로기이기도 했다. 이에 따라 현실주의 국제정치 사상이 혁명적인 사상이 되고, 이를 충실히 실천한 조조는 혁명가가 되었던 것이다.

이처럼 삼국 시대에 현실주의 정치를 실현한 대표적 인물이 조조이다. 조조는 여러 가지 면에서 현실주의자가 될 수 있는 조건을 갖추고 있었다. 그는 어려서부터 꾀가 많고 영리한 소년이었다. 또한 당시 유가 학자들로부터 조소의 대상이었던 환관의 후손이었다. 일생을 통해 숱한 선비들을 죽였지만 무장들에게는 아주 관대했던 조조의 행동은 결코 우연이 아니었다. 이 같은 환경으로 인해 조조는 한나라에 강한 반감을 가지고 있었다. 특히 말만 많고 사사건건 유가 철학을 들먹이며 자신에게 반기를 드는 학자들이 미웠다.

그러한 조조가 한 헌제를 옹립한 것은 어디까지나 자신의 권력 기반을 구축하기 위해서였다. 동탁과 달리 황제를 갈아치우는 짓을 하지는 않았지만, 조조는 황제를 몹시 핍박했다. 또한 황후를 죽이고 자신의 딸을 황후로 만들었다.

이처럼 조조는 황제를 업신여겼지만 당시의 윤리관과 정치적 현실 때문에 어쩔 수 없이 헌제를 받들었다. 억지로 한실을 찬탈하여 사람들의 원망을 사고 숱한 적을 만드는 것보다 한실이 자연스럽게 쇠퇴하였을 때 제위를 물려받을 배짱이 있는 현실적인 정치가였던 것이다.

조조는 병가의 대표적 병법가인 손자에 매료되어 손자의 저술 13편에 독자적으로 주석을 달기도 했다. 조조의 손자 주석서는 중국에서 가장 오래된 주석서로 오늘날까지 전해져 오고 있다. 실로 난세의 패자가 되려면 병법에도 밝아야 함을 조조는 절실히 느꼈던 것이다.

허소라는 관상가가 조조에게 "자네는 치세의 능신이요, 난세의 간웅이겠네"라고 인물평을 하자, 조조는 회심의 웃음을 날렸다고 한다. 조조는 아버지가 도겸의 부하에게 살해되었다고 후일 서주를 점령했을 때 팽성 사람들을 무참히 죽이는 대학살을 감행했다. 이러한 그가 당시 유가 학파에 반항한 것은 어찌 보면 당연하다 할 것이다.

조조는 병서에만 통달한 것이 아니라 당시 유가에서 소중히 여기는 관습과 제도를 많이 타파했다. 조조가 포고한 법령 중에는 사적인 복수를 금지하는 영도 있었다. 명분인즉 복수는 치안을 어지럽힌다는 것이다. 그러나 효를 최고의 덕목으로 여기는 유가 사상은 "아버지의 원수와는 함께 하늘을 이고 살 수 없다"고 『예기(禮記)』에서 가르쳤다. 조조는 유교 윤리에는 어긋나지만 치안의 실리를 취한 것이다. 또한 조조는 문학에서도 자유로운 시문학을 도입했다.

조조는 또한 장례를 후하게 치르는 후장(厚葬)을 금지했다. 잘 알다시피 유가에서는 옛날부터 후장을 중시해 왔다. 그러나 조조는 유가에서 반대할지라도 잇단 전란으로 피폐해져 있는 백성에게 쓸데없는 부담을 덜어 주기 위해서 후장을 금지했던 것이다. 실로 당시의 현실을 감안한 합리주의적인 정책이라고 할 수 있다.

또한 조조는 인재를 등용함에 과거를 묻지 않았다. 설령 친척을 죽인 자라도 능력만 있으면 과감히 기용했다. 또한 불효를 저지른 자라도 유능한 인재라면 기용했다. 그 결과 과거 황건적의 난에 참여했던 많은 사람들이 조조의 휘하에서 일하게 되었다. 어찌 보면 조조는 당시의 엄격한 계급 제도를 타파한 사람이라고 볼 수 있다. 비록 황건적이었다 할지라도 자신에게 필요하면 기꺼이 기용했던 것이다. 조조를 위해 오랫동안 싸웠던 청주병 군단은 과거 황건적이었던 병사들 중에서 선별한 군단이었다.

조조가 정한 군율은 법가 사상을 대표하는 신상필벌의 원칙이었다. 조조는 '사마법'을 포고하여 도망친 장군과 병사들을 엄히 다스리는 것은 물론, 그들의 가족들까지 가혹하게 취조했다. 또한 적에게도 "포위된 뒤에 항복한 자는 용서하지 않는다"는 원칙을 세우고 예하 장수들에게 준수하도록 했다.

정사 『삼국지』를 진수는, 조조가 전국 시대의 유명한 법가 사상가인 "신불해와 상앙의 법술을 구사했다"고 평했다. 여기서 잠시 반유가·반이상주의자인 조조의 행동을 보여 주는 사건을 살펴보기로 하자. 적벽대전에서 비록 패전하기는 했으나 조조의 힘이 한창 팽창할 때 그에게 아첨하는 신하인 장사(長史) 동소(董昭)가 적벽 싸움에서 당한 수모를 씻으려는 조조 앞에서 "승상께서는 마땅히 위공(魏公)의 자리로 나아가심과 아울러 구석을 더해 받으심으로써 세우신 공덕을 기림받으셔야 합니다"라고 진언했다.

조조는 이를 흐뭇하게 생각하며 밀고 나가기를 바랐다. 그런데 그때 그의 최고 참모인 시중 순욱이 반대하고 나섰다. "아니 됩니다. 승상께서는 원래 의로운 군사를 일으켜 기울어 가는 한실을 붙드셨습니다. 마땅히 처음의 충성스럽고 곧은 뜻을 지키시어 겸손하게 물러날 줄 아는 절도를 잃지 않도록 하십시오. 군사는 덕으로 백성을 사랑할 것인즉 구석 같은 특전으로 위세를 뽐내는 것은 온당치 못합니다." 이는 실로 유가의 고변이었다.

그러자 배알이 뒤틀린 조조는 자기를 위해 일생을 바친 최고이자 명참모였던 일등 공신 순욱을 죽게 만들었다. 필요할 때 쓰고 필요 없으면 가차없이 버리는 조조는 그야말로 냉정한 현실주의자였다. 이러한 사례에서 보이는 것처럼, 조조는 유가들이 원했던 한실 부흥 따위에는 전혀 관심이 없었다. 그는 군사력을 키워 패권을 장악하고 새로운 국제질서를 모색하려고 했던 현실주의 사상가였다.

당시 조조만이 패권을 앞세운 현실주의 사상가였던 것은 아니다. 노숙은 주유의 천거로 처음 손권을 만났을 때 다음과 같은 이

야기를 했다.

"한 황실의 부흥은 이미 때가 늦었습니다. 전하는 형주를 손에 넣고, 제왕의 지위에 올라 천하를 넘보는 것이 좋을 것입니다."

이 같은 노숙의 말에 손권의 최고 참모인 장소가 불충한 생각이라며 손권에게 노숙을 중용하지 말라고 간언했지만, 손권은 이를 듣지 않고 노숙을 더욱 신뢰했다. 이는 노숙만이 정치 현실주의자였던 것이 아니라 손권도 내심 한나라의 왕권 회복을 바라지 않았기 때문이다.

제갈공명이 유비의 사신으로 오나라에 갔을 때, 공명은 오나라 참모들과 시국에 관한 논쟁을 하게 되었다. 손권의 막하인 설종이 공명에게 "공의 말씀이 틀린 것 같소이다. 한은 여러 대를 전하여 온 지금 천수가 다해 가고 있소. 이에 비해 조조는 천하의 3분의 2를 차지하였을 뿐만 아니라 사람들의 마음도 그에게로 돌고 있소. 그런데 유예주께서는 억지로 조조와 더불어 싸우려 하니 그것은 마치 계란으로 바위를 치는 것과 같소"라고 했다.

그러자 제갈공명은 "설경문은 어찌 아비도 없고 임금도 없는 사람 같은 소리를 하시오? 무릇 사람은 하늘과 땅 사이를 삶에 있어 충성과 효도로써 몸을 일으키는 바탕으로 삼아야 할 것이오. 공은 한의 신하 된 사람으로 불충한 무리를 보면 함께 힘을 합쳐 죽일 것을 다짐하는 것이 신하 된 자의 마땅한 도리가 아니겠소? 그런데도 지금 조조는 조상 대대로 한조의 녹을 먹었으면서도 그 은덕에 보답할 생각은 않고 오히려 역적질할 꿈만 꾸고 있소"라고 대갈했다. 실로 이들의 논쟁은 삼국 시대 이상주의자와 현실주의자 간의 논쟁이라 할 것이다.

이런 일도 있었다. 적벽대전 후 손권이 합비에서 조조의 장수인 장료·이전·악진을 맞아 전투를 하였으나 별다른 성과를 거두지 못했다. 이에 정보·노숙 등이 손권을 도우려고 합비로 갔다. 노숙이 당도했다는 소식을 접한 손권은 말에서 내려 노숙을 가리켰다. 노숙도 말에서 내려 예를 표했다. 이때 손권이 "내가 말에서 내려 공을 맞았으니 이만하면 넉넉히 공을 높였다 하겠소?"라고 하니, 노숙은 "아닙니다. 바라건대 주공께서는 위엄과 덕을 사해에 두루 떨치시고 9주를 모두 손아귀에 넣으시어 제업을 성취하심으로써 이 노숙의 이름을 죽백(竹帛)에 남기도록 해주십시오. 그때야 비로소 저를 높이게 되는 것입니다"라고 대답했다. 물론 이 말에 손권은 크게 기뻐했다. 이들은 실로 한실의 복고라는 당시로서는 달성할 수 없는 이상 따위에는 관심이 없었다. 오직 군사력을 키워 자기들의 패업을 이루려는 현실주의자의 전형을 보여 주고 있다.

그런가 하면 227년 위나라 황제 조예가 조진을 대도독으로 삼고 촉의 공명군을 막기 위해서 군사를 일으켰을 때의 일이다. 노대신인 왕랑이 군사(軍師)로 조진을 따랐다. 위군과 촉군이 대진했을 때 왕랑이 촉의 공명에게 "하늘이 정한 운수는 변하게 마련이외다. 천자의 자리도 바뀌기 쉬워 덕 있는 이에게로 돌아가는 법이외다. ……우리 태조 무황제(조조)께서는 그런 천하를 깨끗이 비질하고 변두리 땅까지 모두 힘으로 바로잡으셨소. 그러자 백성들의 마음은 그분께로 기울어졌고 온 나라는 그 덕을 우러르게 되었소이다"라고 말했다.

그러자 공명은 "그대는 동해의 물가에서 태어나 효렴으로 뽑히며 벼슬길에 올랐다. 그랬으면 임금을 돕고 나랏일을 잘 보살펴 한을 평안케 하고 유씨를 일으켜 세워야 하거늘, 오히려 역적을 도와 제위를 훔칠 줄 누가 알았겠소!……이제 다행히도 염한을 보살피는 하늘의 정이 끊이지 않아 소열황제(유비)께서 서주에서 대통을 이으셨고 나는 오늘 그 뒤를 이은 천자의 뜻을 받들어 역적을 치러 군사를 일으켰다. 그대는 원래 힘있는 것들에게 빌붙어 지내는 자로서 몸을 감추고 고개를 움츠려 먹고 입는 것이나 챙기는 게 마땅하거늘 어찌 군사들 앞에 나와 하늘의 운세를 떠들고 있는가?"라고 응수했다. 실로 이들의 논쟁 역시 당시 현실주의와 이상주의의 대립을 여실히 보여 주는 좋은 사례라 할 것이다.

이때의 현실주의자들은 몇 가지 전제를 공유하고 있었다.

첫째, 이제 한 왕조는 기울고 있다. 부패하고 썩었을 뿐만 아니라 기운이 쇠잔해서 백성들마저 따르지 않는다. 그러므로 한 왕조가 망하는 것은 시간 문제다. 망해 가는 한조를 다시 세우려는 것은 천시를 반하는 행위로 어리석은 짓이다.

둘째, 한은 기울고 난세가 되었기에 오직 힘있는 자가 패권을 잡아야만 천하를 통일할 수 있다. 패자로 만들어 주는 힘은 군사력과 전술이다. 힘있는 패자에게 백성들은 몰리게 되어 있다.

셋째, 나라를 통치함에 있어 치자 개인의 덕이 중요한 것이 아니라 사회를 지배하는 법률 제도의 수립과 더불어 이를 엄정히 집행하는 것이 중요하다. 법을 효과적으로 집행하려면 훈련받은 관료도 필요하지만 무엇보다 중요한 것은 군사력과 경찰력이다. 군사력이 받쳐 주지 못하는 법은 집행할 수가 없다. 그러므로 천하는 힘있는 패자가 통치해야 한다.

삼국 시대에는 이러한 현실주의자가 무척 많았다. 조조를 위시해서 동탁·손권·노숙·육손·원술·사마중달·사마사·사마소·등애·종회 등 당대를 주름잡았던 인물들이 모두 현실주의자들이었다. 이상주의 사상과 현실주의 사상은 삼국 시대에 격심한 갈등을 빚었지만, 결국 현실주의 사상을 대표하는 파들의 승리로 끝났다.

5장

삼국 시대의 외교 정책

　외교 정책이란 한 국가가 자국의 이익을 극대화하기 위하여 설정한 대외 정책을 일컫는 말이다. 따라서 국가가 우연히 취하는 행위가 결코 아니다. 특히 외교 정책은 한 나라가 다른 나라에 대하여 행하는 정책을 수립하는 것인 만큼 분명한 목적이 있다. 이는 삼국 시대 외교 정책도 마찬가지였다.

　외교 정책을 수립하는 데 국가가 고려하는 최고의 목표는 물론 국가의 자기 보존이다. 투키디데스나 마키아벨리, 현대의 한스 모겐소 등은 모두 국가의 자기 보존이 외교 정책의 최고 목표라고 말했다.

　문제는 자기 보존이 외교 정책을 결정하는 지도자들의 외부에 대한 인식 또는 인지에 의해서 결정되기 때문에 안보의 괴리를 창출한다는 데 있다. 국가가 생존하기 위해서는 당연히 힘을 키우고 군사력을 강건히 해야 한다. 하지만 이러한 군사력 강화는 이웃 국가나 경쟁 국가를 위협하게 마련이다. 그렇게 되면 상대 국가 역시 군사력을 증강하게 되어 있다.

　세계가 냉전적 이데올로기로 양극화되었을 때, 미국과 옛 소련 간의 군비 경쟁은 전 인류를 위협했다. 결국 두 나라는 핵무기 개발을 통해 상호 억제 정책을 수립하기에 이르렀다. 이러한 악순환은 결국 소련의 몰락으로 끝났다. 삼국 시대에도 군비 경쟁이 극심했다. 이러한 군비 경쟁의 악순환은 사마염이 삼국을 통일할 때까지 계속되었다. 삼국 시대는 각 나라 간의 극심한 군비 경쟁으로 백성들의 고통이 그 어느 때보다 컸던 시기였다.

외교 정책의 또 다른 목표는 자국의 정치적 독립이다. 물론 엄밀한 의미에서 한 나라가 다른 나라로부터 완전히 독립하기란 어렵다. 특히 요즘과 같이 산업이 다양화되고 교통과 통신이 발달한 세계에서는 다른 나라에 대한 의존도가 매우 높아 국가의 완전한 정치적 독립을 이루기가 더욱 힘들다.

그러나 각 나라들은 자국 내의 문제를 스스로 결정하기를 원하며, 국가의 이익을 증진하기 위하여 타국의 정치적 간섭을 배제하려고 한다. 결국 국가의 자주성은 각 나라가 지키려고 하는 중요한 목표인 셈이다. 이는 삼국 시대에도 마찬가지였다.

또한 국가는 자국민의 번영을 위해 외교 정책을 수립한다. 현대에는 자국민이 해외에 나가 경제 활동하는 것을 돕기도 하고, 해외에서 자국민의 안전을 지키기도 한다. 또한 국민의 복지나 생산력을 높이기 위해 다른 나라와 교섭하기도 한다.

이러한 목표들을 성취하기 위하여 각 나라는 외교 정책을 수립하는 것이다. 그러나 국가는 위에 열거한 기본적인 목표 말고도 국위를 선양하거나 국가의 이념을 해외에 전파하고, 때로는 영토 확장이나 문화 전파를 위해 대외 정책을 수립한다. 이같이 한 국가가 다른 나라와의 관계에서 추구하는 목표는 다양하고 복잡하다. 그러나 삼국 시대에 각 국가가 추구하던 목표는 주로 자국의 안전과 정치적 독립, 자국민의 복지 증진과 영토 확장에 있었다.

이러한 외교 정책을 수립하는 데 국가가 홀로 그 모든 것을 결정할 수는 없다. 여러 가지 제약이 많이 따르기 때문이다. 첫째는 한 국가가 처해 있는 지리적 위치이다. 한 국가가 이웃하고 있는 국가의 형태나 외부 세계 진출로 유무와 같은 지리적 조건이 그 나라에 유리하게 작용하기도 하고 불리하게도 작용한다는 것이다.

이러한 이유로 서구에서는 오래전부터 스파이크만 · 하우스호퍼 등 수많은 학자들이 국가의 지리적 관계와 외교 정책과의 함수 관계를 설명하려고 했다. 지정학자들은 국가가 대륙의 중심에 위치해 있느냐, 아니면 변두리에 위치해 있느냐가 국가의 운명에 중요한 영향을 미친다고 말한다. 또한 해양 국가냐 대륙 국가냐에 따라 국가의 외교 정책이 달라진다고 한다.

이같이 국가의 지정학적 위치는 매우 중요하다. 우리 나라는 지정학적 특수성 때문에 항상 강대국의 각축장이 되었다. 반면 미국이 고립주의적인 먼로 독트린을 유지할 수 있었던 것은 미국이 유럽 대륙과 멀리 떨어져 있기 때문이다. 영국이 방대한 제국을 오랫동안 운영할 수 있었던 것도 해양국이라는 이점 때문이었다.

그러나 국가의 지정학적 장단점은 시대에 따라 변하게 마련이다. 또한 국가가 지리적 위치를 어떻게 선용하느냐에 따라서 국가의 능력이 좌우되기도 한다.

둘째는 국가 자체의 능력이다. 국가가 보유한 인구와 국민의 교육 수준, 산업기술, 지하자원의 유무는 그 국가에 다른 국가와 구별되는 상대적 능력을 부여한다. 또한 영토의 크기도 국가의 외교 정책에 영향을 미친다. 이와 같은 것들은 국가가 결코 쉽게 극복할 수 있는 제약이 아니다.

셋째, 국가가 처해 있는 환경과 함께 당시 존재하는 국제질서 또는 국제체제의 성격이 어떠한가에 따라 국가의 외교 정책 수립이 제약을 받는다. 국제질서가 강대국이 지배하는 위계 질서인가, 아니면 두 나라가 극단적으로 경쟁하는 양극 체제인가 또는 다극 체제인가, 즉 국제체제에 따라 각 국가의 행동 반경은 제약받게 된다는 것이다.

넷째, 국가의 경제적 능력, 인구, 국민의 사기, 국민의 일체감, 영토 등과 더불어 국가가 보유한 군사력에 따라 외교 정책 수립이 제한받을 수 있다. 이스라엘은 주위 아랍 국가에 비해 적은 인구와 작은 영토를 가지고 있으나 막강한 군사력을 보유하고 있기에 대외 정책이 아주 적극적이고 호전적인 방향으로 수립되기 일쑤다.

다섯째, 국가 지도자들의 능력 또한 외교 정책 수립에 영향을 미친다. 탁월한 지도자와 인재가 있느냐 없느냐에 따라 국가의 능력이 최대화할 수도 있고 최소화할 수도 있다. 어찌 보면 역사는 위대한 인물에 의해 바뀌어 왔다. 즉 국가 지도자들의 인생관·역사관·세계관이 외교 정책 수립에 도움이 되기도 하고, 그들의 과대망상증으로 인해 나라를 망치기도 한다. 현대의 히틀러와 무솔리니, 삼국 시대의 원술과 같은 지도자들이 대표적인 예라 할 수 있다.

중국인들은 일찍부터 엘리트 이론적인 개념이 강해서 정치나 심지어 다른 국가를 상대로 하는 외교 정책을 수립할 때도 상대 국가의 통치자나 주위 인물들을 중심으로 생각하는 경향이 강했다. 일찍이 주나라의 문왕이 태공망에게 무력을 쓰지 않고 적을 무너뜨릴 수 있는 외교 정책을 수립하기 위해서 무엇을 해야 하느냐고 묻자, 강태공은 열두 가지 방법을 제시했다.

"첫째는 적국의 군주가 좋아하는 바대로 이루어지도록 하여 그의 뜻을 맞춰 줍니다. 이렇게 하면 교만한 마음이 생겨 마음대로 나쁜 짓을 하게 될 것입니다. 둘째, 적국의 군주가 사랑하는 신하에게 가까이 다가가 적국의 군주와 신하를 이간질시켜 나라의 권위가 나눠지게 만듭니다. 셋째, 적국의 군주를 가까이 섬기는 측근자들을 비밀리에 매수하여 매우 깊은 걱정을 알아내는 것입니다. 넷째, 적국의 군주에게 음탕한 짓을 즐기도록 부추기고 정욕을 더욱 키워 줍니다. 다섯째, 적국의 충신은 후하게 예우하고, 적국의 군주에게는 야박하게 예물을 보냅니다. 여섯째, 적국의 조정에 있는 신하를 매수하고 변방의 외직에 있는 신하를 이간질시킵니다. 일곱째, 적국 군주의 마음을 꼼짝 못하게 사로잡도록 엄청난 뇌물을 바치고, 곁에서 모시는 측근 신하들을 함께 매수하며 비밀리에 이익을 보장해 주겠다고 약속합니다. 여덟째, 적국의 신하에게 나라의 중요한 보물을 바쳐 친교를 맺고 그것을 빌미로 모략을 꾀합니다. 아홉째, 적국의 군주에게 훌륭하다고 치켜세워서 허영심을 품게 하며……게으름에 빠지게 합니다. 열 번째, 몸을 낮추어 적을 섬겨 믿음을 얻고 적국 군주의 마음까지 손에 넣습니다. 열한 번째, 교묘한 방법으로 적국의 군주를 에워싸서 가려 버립니다. 열두 번째, 적국에 분란을 일으키는 신하를 길러서 군주의 마음을 흐리게 하고……."

이처럼 중국인들은 오래전부터 적을 깨는 전략도 적의 정책 결정자들을 대상으로 세웠다.

이와 같이 국가는 여러 제약 조건을 가지고 외교 정책을 세우는 데, 대개 세 종류로 나눌 수 있다. 첫째, 국가가 직면하고 있는 정치·경제·안보 정책 등은 국가의 이익 중 비교적 장기적인 국익과 관계되어 있으므로 일종의 거시적인 외교 정책이라 하겠다. 이러한 거시적인 외교 정책은 정부 조직과 관료 기구, 그리고 여러 이익 집단이 두루 참여하여 결정한다.

둘째는 구체적인 외교 정책으로, 이는 결정 범위가 좁기 때문에 주로 관료들에 의해 독자적으로 결정된다. 이 같은 미시적인 외교 정책은 위험도가 낮으므로 국민이나 정치인들의 관심이 낮은 편이다.

셋째는 위기시 외교 정책이다. 이는 외부의 침략을 받거나 국가의 재난이 야기될 때 수립하는 외교 정책이다. 이때 국가는 대개 정책을 신속하게 결정해야 하기 때문에 극히 제한된 소수가 결정하게 되어 있다. 난세였던 삼국 시대에는 이러한 종류의 정책 결정이 많았다.

그런데 외교 정책 결정 과정에는 여러 가지 모델이 있다. 첫 번째는 합리적 모델로, 이 경우 국가는 외교 정책을 결정할 때 당시 상황을 면밀히 검토하고, 국가의 목표를 명확히 결정한 후 가장 합당한 목표를 설정한다. 즉 목표를 이룰 수 있는 수단과 방법을 모두 고려하여 최종적으로 목표의 성취를 극대화할 수 있는 선택을 하는 것으로, 국가가 취할 수 있는 가장 합리적인 정책이다.

두 번째 모델은 조직 형태론으로, 정책 결정이 한 개인의 합리적인 결정에 의해서가 아니라 국가 또는 관료 조직이라는 조직 행태의 결과라는 것이다.

이에 따르면 외교 정책 결정에 참여하는 사람들은 특유의 신념이 있고, 또 나름의 룰이 있다. 이들은 조직의 이익을 언제나 우선으로 하며, 외교 조직의 특유한 분권으로 자기들만의 세계가 있다. 이들 조직은 위계가 분명하고 비밀스럽기까지 하다. 결론적으로 외교 정책은 이러한 조직 행태의 결과라는 것이다.

세 번째 모델은 인간 행태론으로, 정책 결정자의 합리성을 가정하거나 조직 행태의 결과로 외교 정책을 보지 않고 어디까지나 정책 결정자의 특유성에 초점을 맞춘다. 즉 통치자의 성격과 현실 인식 능력, 집안 환경, 사교적 환경 등 정책 결정자의 심리적 측면이 외교 정책을 수립하는 데 결정적인 요소로 작용한다고 보는 것이다. 한마디로 통치자나 영웅들이 외교 정책을 결정한다는 가정이다.

제임스 로스너는 외교 정책 결정에 영향을 미치는 잠재적 요소로 다섯 가지를 들면서 국가의 크기, 경제의 발전 정도, 사회 체제의 개방 정도에 따라 이 다섯 가지 함수 관계가 따로 영향을 준다고 지적하고 있다. 첫째는 대외적 요소로서, 이는 국가를 둘러싼 국제적 환경을 의미한다. 둘째는 사회적 요소이고, 셋째는 정부로 정부 구조의 특징에 따른 요소이다. 넷째는 각 정책 결정자가 처한 입장에서 특유한 역할을 해야 하는 이유, 즉 역할의 요소이다. 다섯째는 외교 정책을 결정하는 지도자 개인의 특수성에서 비롯된 요소이다.

이 같은 다섯 가지 함수 중에서 삼국 시대는 정치제도가 군주제이고, 비교적 폐쇄적인 사회이며, 경제가 발전하지 못한 체제였기 때문에 정치 지도자의 생각과 야심이 당시 외교 정책에 가장 큰 영향을 미쳤다. 다음으로 중요한 영향을 미친 요소는 각 정책 결정자가 처해 있는 특유한 역할이었다. 그리고 그 다음이 각 나라가 처

해 있는 당시의 외적인 요소, 즉 국제 환경이었다. 정부 체제와 당
시 사회 체제는 그 다음으로 영향을 미쳤다.

1. 안보를 위한 외교 정책

이제 위에 열거한 단순화된 이론을 적용해 삼국 시대 외교 정책의 특징을 설명해 보기로 하자. 삼국 시대 각 나라의 최고 외교 정책 목표는 국가 안보였다. 물론 이는 어느 때를 막론하고 어느 국가나 최우선으로 설정하는 국가의 목표이다. 그러나 삼국 시대는 매우 혼란스러웠던 만큼 전쟁이 자주 일어났고, 국가의 흥망성쇠를 자주 목격할 수 있었던 시기였다.

후한 말 황건적의 난이 일어나 국가의 존망이 위태로워지자, 대장군 하진은 천하의 제후들에게 황건적을 소탕하라는 격문을 띄웠다. 이때는 환관들이 정권을 장악하여 외척들과 싸우던 시기였다. 국가가 위기에 처하자 환관들은 권력을 순순히 내놓았다. 황보숭 · 노식 · 주전 등에게 황건적 토벌권을 주고 자신들은 숨다시피 했던 것이다. 전시인지라 모든 권력은 하진 대장군을 위시한 무인에게 위임되었다.

그러나 황건적이 토벌되고 천하가 안정되자, 환관들과 외척 간의 싸움이 다시 시작되었다. 결국 환관들인 십상시(十常侍)가 난을 일으켜 하진을 죽이기에 이르렀다. 이에 분노한 원소와 조조는 궁으로 쳐들어가서 환관들을 모조리 죽였다. 그 틈을 타고 동탁의 서량군이 낙양에 진군하여 정권을 장악했다. 권력을 잡은 동탁은 소제를 폐하고 헌제를 옹립하는 한편 하태후를 독살하는 등 전횡을 휘둘렀다. 그리하여 한실은 실질적인 통제권을 잃고, 천하는 여러 국가들이 난립하면서 삼국 시대의 막이 오르게 된다.

이제 한나라는 동탁의 나라가 되었다. 이때 동탁을 타도하기 위해 17로 제후들이 동맹을 맺고 낙양으로 진군했다. 동탁은 정권을 지키기 위해 수도까지도 낙양에서 장안으로 옮기고는 안보를 튼튼히 할 요량으로 미오성을 증축했다. 그러나 동탁이 여포와 왕윤에게 살해되면서, 그 뒤를 이어 동탁의 부하인 이각과 곽사가 정권을 장악하게 된다. 하지만 이들 또한 내분으로 망하고 만다.

조조가 헌제를 옹립하면서 위나라가 등장하는데, 이 시기에는 여러 나라가 동시에 중앙에서 떨어져 나와 정치적으로 독립한다. 물론 낙양·장안·허도 등 중심부에는 조조의 위가 있고, 하북 지역을 통일한 원소의 나라가 있었다. 회남에서는 후일 원술이 황제를 칭했으며, 강남에서는 손책이 새로 국가를 창건했다. 뿐만 아니라 형주에서는 유표, 서량에서는 마등, 서주에서는 도겸, 한중에서는 장로, 익주에서는 유장 등이 실제로 중앙의 통제 없이 독자적인 국가로 발전했다.

이들 국가에게는 국토의 안전, 즉 국가 안보가 제일의 외교 정책 목표였다. 당시 국가들은 안정되지 않았고 외적이 자주 침입했던 탓에 안보가 무척 위태로웠기 때문이다.

조조가 아버지의 원수를 갚으려고 서주를 칠 때, 조조의 모사였던 진중이 장막과 힘을 합쳐 방랑 생활을 하던 여포를 주군으로 모시고는 조조의 근거지인 연주성을 쳤다. 연주성을 잃으면 자신의 근거지를 잃어버리게 되므로 조조는 도겸과 유비의 연합군이 있는 서주 공략을 포기하고 급히 연주로 회군했다.

그러나 여포는 이미 연주뿐만 아니라 복양까지 점령한 뒤였다. 견성·동아성·범현성만이 모사인 순욱과 정욱이 굳게 지켜 무사했다. 여포군과 조조군이 복양성을 둘러싸고 여러 날에 걸쳐 접전을 벌인 끝에 마침내 조조군이 승리함으로써 조조는 자신의 영토를 지킬 수가 있었다.

서주의 주인은 본래 도겸이었다. 늙고 병이 든 도겸은 자식이 둘이나 있었으나 무능했던 탓에 유비에게 간곡히 청해 유비를 서주의 새 주인으로 옹립했다. 그런데 유비가 원술을 치러 간 사이에 여포가 반란을 일으켜 서주를 빼앗았다.

원소는 공손찬에게서 기주를 빼앗고 하북을 통일함으로써 그 세력이 확대되었다. 이때 조조도 여포를 괴멸하고 서주를 빼앗아 국력이 많이 커진 상태였다. 그러나 조조는 비록 천자를 옹위하고 있다고는 하나 원소에 비해 힘이 모자라는 처지였다. 결국 원소군과 조조군은 관도에서 한바탕 전투를 치르게 되었다. 조조는 그 전투에서 승리한 데 이어 원소의 아들들인 원담과 원상을 전부 토벌하고 넓은 하북 땅을 수중에 넣음으로써 그 세력이 엄청나게 커졌다.

한편 한실의 인척이었던 형주의 유표는 형주를 잘 다스려 인심도 사고 국가도 번영했다. 형주는 땅이 넓고 기름진 데다 북쪽의 난리를 피해 많은 사람들이 이주해서 인구도 많고 인재들도 많이 모여들었다. 또한 교통의 요지로 상업이 무척 발달했다.

당시 유비는 관우·장비·조운과 더불어 형주에서 유표의 식객 노릇을 하고 있었다. 그런데 유표는 늙어 가면서 형주를 지키는 일, 즉 국가의 안보를 지키는 일과 후계 문제로 고심하고 있었다. 유표가 유비에게 형주를 맡아 줄 것을 청했으나, 유비는 정중하게 거절했다. 유표에게는 장남 유기(劉琦)가 있었고 후처의 소생인 유종(劉琮)이 있었다. 당시 후처인 채씨 집안은 형주의 병권을 쥐고 있었는데, 유표가 병들어 죽자 채씨 부인은 아우와 짜고 아직 나이 어린 유종을 후계자로 봉했다. 하구에 있던 장남 유기는 모든 사태가 일단락된 후에야 이 사실을 알게 되었다. 유기는 힘 한번 쓰지 못하고 겨우 14세인 어린 아우에게 형주의 전권을 빼앗긴 것이다.

유종이 집권한 지 얼마 되지 않아 조조의 대군이 형주로 쳐들어왔다. 겁에 질린 유종과 그의 부하들은 싸워 볼 생각도 하지 않고 형주를 조조에게 바쳤다. 유표가 반생에 걸쳐 힘들게 이룩한 나라가 못난 자식으로 인해 하루아침에 남의 수중에 넘어가고 만 것이다.

항복한 유종에게 조조는 "형주의 군사와 말이며 곡식과 돈은 얼마나 되는가?"라고 물었다. 이에 대해 채씨 부인의 동생으로 형주의 병권을 쥐고 있던 채모가 "마군이 5만에다 보군이 15만, 수군 8만을 합쳐 군사는 모두 28만이 됩니다. 곡식과 돈은 태반이 강릉에 있고 그 나머지는 각처에 흩어져 있는데 또한 1년은 넉넉히 견딜 만합니다. 배는 크고 작은 배를 모두 합쳐 7천 척이 좀 넘는데 제가 맡아 거느렸습니다"라고 답했다. 좀 과장되었다 하더라도 형주가 상당한 군사력을 보유했음을 알 수 있다. 하지만 못난 지도자를 만나 싸워 보지도 않고 기업(基業)을 남에게 내주고 말았다.

이렇게 해서 형주를 접수한 조조는 여세를 몰아 강동 손권의 땅을 침략했다. 그러나 적벽에서 손권과 유비의 연합군에게 크게 패하고 만다. 이로써 오나라는 국가의 안위를 지킬 수 있었다.

유비가 관우의 복수를 하기 위해 대군을 몰고 오나라를 공격했을 때도 손권의 장수인 육손이 이릉대전에서 화공을 사용해 유비의 군대를 무찌름으로써 오나라는 안보를 지킬 수 있었다.

촉한의 승상이 된 제갈공명은 위나라를 여섯 차례나 공격했으나 모두 실패하고 말았다. 공명의 뒤를 이은 강유 역시 위나라를 여러 차례 공격했으나 번번이 실패했다.

이 같은 전쟁의 와중에 촉한의 남쪽에서 맹획이 반란을 일으켰다. 그런가 하면 위나라에서는 관구검·제갈탄·문흠 등이 반란을 일으켰다. 이같이 삼국은 안팎으로 늘 나라의 안전을 위협받고 있었다.

결국 피폐해진 촉한을 사마소가 등애와 종회를 보내 양면에서 공격하자, 유선이 견디지 못하고 항복했다. 촉이 망한 뒤 홀로 있던 오나라도 사마염에게 망함으로써 삼국 시대는 비로소 막을 내리게 되었다.

이같이 삼국 시대에는 전쟁이 끊이지 않고 일어났기 때문에 늘 국가의 안보가 위협을 받았다. 이 때문에 각 나라는 국가의 안보와 정치적 독립을 최고의 목표로 삼고 외교 정책을 수립했다.

2. 지정학에 의거한 외교 정책

　이처럼 삼국 시대는 나라의 존립이 언제나 위협을 받았기 때문에 지리적 위치를 염두에 둔 지정학에 의거한 외교 정책을 수립하였다.

　당시 중원에 존재했던 국가들은 전부 망하고 조조의 위나라만 살아남았다. 서주의 도겸, 회남의 원술, 동탁, 이각, 곽사 등은 전부 역사의 뒤안길로 사라졌다. 중원은 지리적으로 사방에서 공격당하기가 쉬웠다. 조조의 위도 초기에는 상당히 위태로워서 국가의 존립까지 위협을 받았다. 북해와 서주 등을 평정했지만, 하북의 원소 세력을 뿌리뽑은 뒤에야 비로소 나라의 안전을 기할 수 있었다.

　형주도 지키기가 어려운 지역이었다. 유표가 죽은 뒤 유종이 주인이 되었으나, 무능했던 유종은 나라를 지킬 수가 없었다. 관우도 북쪽의 위와 남쪽 오나라의 협공을 받아 형주를 잃고 말았다. 관우가 죽은 다음에 형주 지역은 위나라와 오나라에 의해 양분되었다.

　유비가 제갈공명을 찾았을 때 공명이 제시한 융중 대책인 '천하 삼분계'도 지정학에 기초를 둔 '대국'이었다. 공명은 "이제 조조는 이미 백만의 무리를 이끌고 있는 데다 천자를 끼고 제후를 호령하고 있는 판이라 그와는 창칼로 다투기 어렵게 되었습니다. 또 손권은 강동에 자리잡고 이미 3대를 이어 오는데 그 나라는 지키기 쉽게 험하고 국민들은 명을 잘 따릅니다. 손권에게는 도움을 입을지언정 그를 도모하려고 해서는 아니 됩니다. 그 다음이 이곳 형주입니다. 형주는 북으로 한수와 면수가 둘러쳐 남해의 이익을 모조리 차지할 수 있게 되어 있으며, 동으로는 오회 땅과 잇대어 있고 서로는 파촉과 닿아 있으니 실로 한번 군사를 기르고 움직여 볼 만한 땅입니다. 하지만 주인 될 만한 이가 아니면 결코 지킬 수 없는 곳이지요. 그런데 지금 형주는 주인을 잘못 만나 위태로운 지경에 빠져 있습니다. 이는 하늘이 이곳을 장군께 주려 함인데 장군께선 어찌 버리실 수 있겠습니까?

거기다가 익주는 지세가 험해 지키기 쉬우면서도 기름진 들이 천리에 뻗어 있어 하늘이 준 복된 땅이라 할 수 있는 곳입니다. 우리 고조께서도 그 땅에 의지해 마침내 대업을 이루지 않았습니까?

만약 장군께서 익주와 형주를 걸터 타고 그 험한 지세에 기대어 지키시면 서로 여러 오랑캐와 화친하고 남으로 이월을 어루만진 연후 밖으로는 손권과 동맹을 맺고 안으로는 정사에 힘쓴다면 두려울 게 무엇이겠습니까? 또 그러다가 천하에 변란이 있기를 기다려 한 상장으로 하여금 형주의 군사를 이끌고 완성 낙양으로 향하게 하고 장군께서는 몸소 익주의 군사들을 모아 진천으로 나아간다면 백성들치고 장군을 단사호장으로 환영하지 않는 자가 어디 있겠습니까? 이렇게만 하신다면 곧 대업은 이루어질 것이요, 한실은 다시 일어날 것입니다"라고 유비에게 말했다.

이것이 제갈공명이 제시한 유명한 천하삼분계이다. 이 천하삼분계의 핵심은 지정학이요, 추구하는 바는 한실의 부흥이라는 이상주의자의 대안이다.

실로 지도자는 대국을 읽을 줄 알아야 한다. 유비가 공명을 만나 형주를 취하고, 결국 익주와 한중을 차지하면서 촉한이라는 나라를 세울 수 있었던 것도 대국을 읽을 줄 알았기 때문이다.

    삼국 시대에는 지정학에 의거한 외교 정책을 세운 나라만이 살
아남았다. 중원이나 형주 지역의 나라들은 전부 조조에 의해 멸망
했다. 그러나 조조는 강동을 치는 데 실패했다. 그 이유는 오나라
가 지세를 이용한 방어전을 아주 잘 치렀기 때문이다. 장강이라는
거대한 강이 오나라의 방패막이가 되어 주었고, 험난한 국경이 방
어벽이 되어 주었던 것이다.

    촉한도 한중의 험한 지세를 방패막이로 삼고 국가를 방어했기에
국력이 상대적으로 약한데도 오랫동안 위나라를 막을 수가 있었다.
결국 촉·오의 동맹은 한쪽에서는 강을 끼고 방어하고 다른 쪽에서
는 험한 산을 끼고 방어하는 군사 동맹이었다. 그러나 입술이 없으
면 이가 시리다고 촉한이 망하자 결국 오나라도 멸망하고 말았다.

    이처럼 삼국 시대에는 지리적 방어 요건을 갖춘 촉과 오만 남아
서 삼국 정립을 하게 되었고, 또 치열한 경쟁을 벌였다. 이를 반증
하듯 중국에서는 오래전부터 지정학이 발달했고, 지정학이 국가의
외교 정책을 수립하는 데 중요한 영향을 미쳤다.

3. 인재 중심의 외교 정책

삼국 정립 이후 위가 촉보다 4배나 많은 인구와 국력을 가졌음에도 불구하고, 촉이 오랫동안 버틸 수 있었던 것은 험준한 방어벽과 탁월한 지도자 덕분이라 할 수 있다. 이는 오나라도 마찬가지였다.

위나라의 인구는 촉의 4배, 오나라의 2배에 달했다. 위나라는 이처럼 인구가 많았을 뿐 아니라 탁월한 무장들과 문관들도 많았다. 그러나 촉에는 제갈량이라는 시대를 뛰어넘는 걸출한 인물이 나라를 잘 다스렸을 뿐만 아니라 훌륭한 외교 정책을 수립했다. 물론 오나라도 노숙·여몽·육손·제갈근 같은 인재들이 촉한의 제갈량이 펼친, 이른바 '순망치한'의 외교 정책을 받아들여 국가의 안보를 지켰다.

유비가 이릉 전쟁에서 패한 후로 오와 촉은 단 한 번도 싸운 일이 없었다. 항상 촉과 위, 오와 위 간에 싸움이 벌어졌을 뿐이다. 이같이 할 수 있었던 것은 촉과 오에 유능한 인재들이 있었기 때문이다.

실로 약한 나라일수록 훌륭한 인재가 나라를 통치해야 한다. 제갈량이 죽고 나서 촉은 점차 피폐해졌다. 게다가 황호와 같은 환관이 황제 유선의 눈을 가리는 바람에 나라 자체가 망하고 말았다. 장완·비위와 같은 신하가 있을 때에는 그나마 나라의 명맥을 유지할 수 있었으나 이들이 죽고 나자 강유 혼자만으로는 나라를 지킬 수가 없었다. 장완과 비위는 현실 감각이 뛰어났다. 강유가 북벌을 하려고 군사를 일으킬 때마다 장완과 비위는 이를 막았다. 비위는 강유에게 제갈공명과 같은 탁월한 인물도 북벌에 실패했는데 우리 같은 범인으로는 절대 안 된다면서, 우리가 할 수 있는 것은 나라의 방어를 튼튼히 한 후에 후일 출중한 인물이 나면 그때 북벌을 하는 것이라고 했다.

그러나 비위가 위나라에서 항복해 온 자에게 살해한 뒤로는 강유를 막을 사람이 없었다. 강유의 계속된 북벌 시도는 나라를 피폐하게 만들어 촉의 멸망을 앞당겼다. 강유는 훌륭한 무장이었지만 나라를 통솔할 수 있는 지혜와 능력은 모자랐던 것이다. 강유는 강유이지, 제갈공명이 될 수가 없었다.

촉이 망한 후 유선의 바보 같은 짓을 보고 사마소는 "유선이 저렇게 어리석으니 제갈공명도 나라를 지키기 어려웠을 텐데, 하물며 강유 정도가 어찌 나라를 지킬 수 있었겠는가!"라고 했다. 실로 나라는 인재를 잘 등용해야 한다. 특히 외교 정책을 수립하는 데는 더욱 탁월한 인재가 필요하다.

삼국 시대의 외교 정책은 거시적 또는 미시적인 외교 정책이라기보다는 위기시 외교 정책의 특징이 강했다. 난세이고 전쟁이 잦았던 삼국 시대에 위기시 외교 정책의 특성이 나타나는 것은 어찌 보면 당연한 결과라 하겠다. 그런 만큼 외교 정책 수립에 극소수의 인물만이 관여하였다.

삼국이 정립된 후 각 나라의 외교 정책 결정 과정은 합리적인 모델에 가깝다고 할 수 있다. 위·촉·오의 외교 정책 목표가 비교적 분명하고 국가 동원 능력의 한계도 명확했던 까닭에 당시 결정할 수 있는 가장 합리적인 정책을 택했던 것이다.

그러나 이와 함께 외교 정책이 집권자의 특수한 개성에 의존하는 경우가 종종 있었다. 제갈량이 계속해서 북벌을 단행한 것이나 강유가 위나라를 침공한 것은 언제나 합리적인 정책 결정이었다고 보기는 어렵다. 어찌 보면 제갈량과 강유의 특수한 신념에 따른 결정이라고 말할 수 있다.

이처럼 삼국 시대의 외교 정책 결정 과정은 오늘날 우리가 사용하는 모델과 정확히 일치하지는 않는다. 물론 서양인들이 만들어 놓은 모델로 동양의 정치 과정을 정확히 진단하기란 어렵다.

4. 현상 유지 외교 정책

삼국 시대의 외교 정책에 영향을 주었던 가장 중요한 요인이 통치자들의 개성과 현실 인식이었다고 앞서 말했다. 이러한 점에서 삼국 시대의 외교 정책을 현상 유지 정책을 지향한 나라와 현상 타파를 위해 노력한 나라로 크게 나눌 수 있다.

형주의 유표, 익주의 유장, 오의 손권 등은 현상 유지를 꾀했던 대표적 인물이다. 손책은 죽기 전에 아우인 손권에게 오의 인수(印綬)를 주면서 "만약 강동의 백성들을 몰고 조조와 원소가 다투는 틈을 타 천하를 노리고 싸우는 일이라면 너는 나보다 못하다. 그러나 어진 사람을 끌어들이고 능력 있는 이를 뽑아 그들과 더불어 힘을 다해 강동을 지키는 일이라면 네가 나보다 나으리라"고 말했다.

그야말로 아우의 성품을 잘 이해한 손책의 충고가 아닐 수 없다. 손권은 수성(守城)의 명군주로 알려져 있다. 적벽대전에서 조조를 막았고, 이릉대전에서 유비의 군을 막았을 뿐만 아니라 그 뒤에도 조비와 사마중달의 침략 등을 잘 막아 냈다.

이처럼 손권이 수성(방위)의 명군으로 군림할 수 있었던 이유가 몇 가지 있다. 첫째는 손권의 특유한 성품과 관계가 있다. 부친인 손견은 창업을 하기 위하여 무수한 전쟁을 치르면서 명성을 떨쳤다. 그러나 성격이 거친 데다 몸을 함부로 굴리다가 결국 젊은 나이에 전사했다. 한 시대의 영웅이었던 형인 손책도 오나라의 기틀을 다지는 데 크게 기여했으나 성질이 급하고 너무나 자신만만했다. 결국 손책은 자기의 안전을 소홀히 하다가 자객의 칼에 맞아 죽고 말았다.

이러한 아버지와 형의 일을 거울삼아 손권은 자연 보수적인 성품을 갖게 되었다. 유비나 제갈공명이 중원을 쟁취하려고 위나라의 조조·조비·조예 등과 계속해서 싸울 때도 손권은 일관되게 오나라 방위에 우선권을 두었다. 특히 손권은 오나라의 지리적 이점을 활용한 방위 전략을 세워 나라를 지켰다.

둘째로 손권은 인재를 등용하는 데 아주 적극적이었다. 그는 뛰어난 인재들을 초빙하는 데 인색하지 않았다. 그 결과 당대 천하에 이름난 장수와 모사를 곁에 많이 둘 수 있었다. 또한 이들을 적재적소에 쓰는 데도 탁월한 능력을 발휘했다. 적벽대전에서는 주유를 썼고, 이릉대전에서는 많은 사람들의 만류에도 불구하고 젊은 육손을 기용하여 승리를 거두었다.

조조가 부하들을 지나치리만큼 혹독하게 부리고 유비가 지나치리만큼 정이 넘치게 부하를 다루는 결점이 있었던 데 비해, 손권은 인재를 매우 적절하게 활용한 군주였다.

손권은 또한 부하를 철저하게 신뢰했다. 한 예로 제갈근이 손권의 사자로 유비에게 여러 차례 갔을 때, 당시 그의 아우인 제갈량이 촉의 승상이라는 사실 때문에 제갈근이 촉과 내통한다는 소문이 계속해서 돌았다. 사람들이 이를 손권에게 여러 차례 고했으나 손권은 "의심나면 쓰지 말고 일단 썼으면 의심치 말라"면서 제갈근을 변함없이 신뢰했다. 이 같은 신뢰가 부하들로 하여금 나라를 지키는 데 힘을 다하게 만들었던 것이다. 실로 나라의 수성에는 부하들의 헌신이 절대적으로 필요하다.

셋째는 손권의 외교 정책의 융통성이다. 유비는 조조나 위에 항상 대결과 투쟁으로 일관했다. 반면에 손권은 동맹 정책을 융통성 있게 사용했다. 조조가 대군을 이끌고 남침했을 때는 유비와 동맹을 맺어 작은 유비의 힘이나마 적절히 사용했는가 하면 형주를 되찾기 위해 217년 조조와 손을 잡고 관우를 협공해서 형주를 치기도 했다. 즉 빌려 준 형주의 땅을 찾는 데 유비와의 동맹이 실효를 거두지 못하자, 조조와 동맹을 맺고 형주를 공격했던 것이다.

이 사건으로 유비와의 관계가 단절되면서 222년 유비군의 공격을 받자, 손권은 자세를 낮추어 조비에게 신하가 되어 복종할 것을 다짐하면서 도움을 청했다. 물론 이릉대전에서 손권은 유비군을 스스로의 힘으로 물리치지만, 훌륭한 외교로 위나라를 묶어 둠으로써 양쪽의 협공을 피할 수 있었다.

이처럼 손권은 국가의 수성을 목표로 현상 유지의 외교 정책을 구사했다. 형주를 공격하긴 했으나, 이는 어디까지나 유비에게 빌려 준 땅을 되찾기 위해서였다.

5. 현상 타파 외교 정책

삼국 시대에 현상 유지 외교 정책을 편 익주·형주·오는 전부 유장·유표·손권 등 지도자의 독특한 개성 때문에 그러한 정책을 택했다고 할 수 있다. 만일 손책이 오래 살아서 오나라의 주인으로 오랫동안 군림했다면 아마도 오의 외교 정책은 현상 유지에서 현상을 타파하는 정책으로 나아갔을 것이다. 삼국 시대에 현상 유지 정책과 반대로 현상 타파 외교 정책을 편 나라도 많다. 대표적인 국가가 하북의 원소와 조조의 위, 유비의 촉한이다.

원소는 하북을 평정하여 세력을 키우자 천하의 정세를 크게 바꾸기 위하여 조조를 공격할 외교 정책을 수립했다. 물론 조조도 여포를 위시해 제후들을 여럿 정복하고 천하를 통일하기 위한 외교 정책을 세웠다. 한중의 장로를 정복하고 오와 적벽대전을 벌이게 된 것도 현상을 타파하기 위한 외교 정책이라 할 수 있다. 유비도 형주와 익주를 얻고 한중을 정벌하면서 한 왕조의 회복이라는 원대한 계획 아래 현상을 타파하기 위한 외교 정책을 세웠다.

조조가 현상 타파 정책을 줄곧 펴온 반면 그의 아들 조비는 현상 유지 정책으로 돌아섰다. 조비가 죽은 뒤로도 위는 상당히 오랜 기간 현상 유지 정책을 택했다. 오나라 역시 앞서 말했듯이 수성의 명군주가 있어서 현상 유지 정책을 펴나갔다.

그러나 유독 촉한만은 유비가 살아 있을 때나 죽은 후에나 계속해서 현상 타파적 외교 정책을 펴나갔다. 이릉 전쟁에서 패하고 유비가 죽자, 실제로 촉한을 운영한 사람은 승상 제갈공명이었다. 공명은 여섯 차례나 위나라 정벌에 나섰고, 결국 전장터인 오장원에서 병사했다.

촉은 영토가 작은 데다 인구도 위나라의 4분의 1밖에 안 되었다. 반면 위는 무장도 많았을 뿐 아니라 문신도 많았다. 군사력도 촉에 비해 훨씬 강했다. 이런 나라를 상대로 제갈량이 현상 타파 정책을 펴나가자, 많은 사람들이 비판했다.

233년 제갈량이 6차 북벌을 준비하자, 황제 유선은 이를 말리려고 "지금 천하는 솥발 같은 형세를 이루고 오도 위도 쳐들어오는 법이 없는데, 상부께서는 어인 까닭으로 평안히 이 태평함을 누리려 하지 않으시오? 어찌하여 거칠고 험한 싸움터를 스스로 찾아 나서려 하시오!"라고 말했다.

심지어 천문을 잘 보는 태사(太師) 초주까지 징조가 나쁘다며 말렸다. 이에 대해 제갈량은 "신은 선제의 지우(知遇)를 입은 뒤로 자나깨나 위를 쳐 없앨 계책을 생각하지 않음이 없었습니다. 힘을 다 쏟고 충성을 다해 폐하께 중원을 되찾아 드리고 아울러 한실을 되일으키는 게 오직 신이 바라는 바일 뿐입니다"라고 말하며 다시 북진을 했다.

이러한 제갈량의 현상 타파 외교 정책에 대해 당시 촉나라 사람들뿐만 아니라 오늘날의 독자들도 의문을 제기할 수밖에 없을 것이다. 본디 나라가 작고 힘이 없으면 나라를 지키기 위한 방어 작전에 몰두해야 한다. 방어에 전력을 다한다 해도 작은 나라는 힘들게 마련이다. 그런데 제갈량은 상식을 벗어난 외교 정책을 펼쳤다.

이미 여러 차례 언급했듯이 위의 국력은 촉의 4배나 된다. 손권의 오와 촉이 힘을 합쳐도 위나라의 절반밖에 되지 않는다. 그렇다

면 제갈량은 망상에 사로잡혀 외교 정책을 세웠다는 결론을 내릴
수도 있다.

그러나 탁월한 능력을 가졌고 절대 무모한 짓을 하지 않는 치밀
한 성격의 제갈량이 무리하게 군사를 동원했을 때는 나름대로 이
유가 있었다. 첫째, 무수한 역사적 사실이 증명하듯, 강대국 사이
에서 약소국이 가만히 있으면 자연 망하게 되어 있다. 삼국 시대에
현상 유지 외교 정책을 택한 약소국들은 전부 망했다. 형주의 유
표, 익주의 유장, 한중의 장로 등이 그러하다.

요즘 기업 간의 경쟁도 이와 유사한 점이 많다. 작은 기업들은
대기업의 보호를 받는 하청업자로 남지 못하면 대체로 대기업에
흡수되게 마련이다. 따라서 중소기업은 새로운 기술을 개발하거
나 시장을 넓히지 않으면 살아남을 수가 없다.

제갈량은 작은 나라가 가만히 있으면 망할 수밖에 없다고 누차
강조했다. 우리 나라의 삼국 시대 역사를 살펴보자. 당시 삼국 중
가장 강한 나라는 고구려였다. 그 다음이 백제였고, 신라는 가장
약했다. 그러나 신라의 김춘추나 김유신은 현상 타파 외교 정책을
세우고는 계속해서 백제·고구려와 맞서 싸웠다. 결국 당나라를
끌어들여 백제를 멸망시키고, 고구려에서 내분이 일어난 틈을 노
려 고구려를 섬멸했다. 만일 당시 신라가 방어에만 급급하고 평화
에 만족했다면 후일 아마도 멸망했을 것이다. 제갈량은 이 점을 강
조하면서 기회를 만들기 위해 오나라와 동맹을 맺고 계속 북벌을
시도했던 것이다. 즉 기회를 만들기 위해 택한 현상 타파 외교 정
책인 셈이다.

중국의 17세기 대학자인 왕부지(王夫之)는 제갈량의 이러한 외교

정책을 촉을 방어하기 위한 '이공위수(以功爲守)', 즉 공격함으로써 수비하는 정책이었다고 설명하고 있다. 즉 위를 공격함으로써 촉의 열세를 막아 보려고 했다는 설명이다.

제갈량은 처음 유비에게 진언했던 천하삼분계에서처럼 짧은 길로 나가 장안을 공격하는 작전을 쓰지 않았다. 사실 위를 공격하는 길은 여러 개가 있었다. 1차 북벌 때부터 촉의 장수 위연은 위험하긴 해도 지름길인 자오곡(子午谷)을 거쳐서 장안을 공격할 것을 여러 차례 건의했다. 즉 주력 부대인 제갈량군은 대로인 포사도를 거쳐 진천으로 진격하고, 위연이 거느리는 군대는 자오도를 이용해 장안을 직접 공격하고 후일 제갈량과 동관(潼關)에서 합류하는 작전이었다. 한 고조 유방의 장군인 한신도 이 자오곡으로 해서 장안을 습격함으로써 승리한 적이 있었다. 위연의 제안은 역사적 선례도 있었고, 성공하면 힘이 약한 촉군으로서 큰 성과를 일시에 거둘 수 있는 훌륭한 작전이었다.

그러나 제갈량은 위연에게 자오곡의 지세가 험난하므로 위나라의 복병이 있으면 위연의 촉군은 절멸당한다며 이를 받아들이지 않았다. 이는 평소 세심한 공명이 모험을 하지 않겠다는 이유로 해석할 수도 있다. 촉한은 원래 병사와 인물이 적어 만일 위연이 실패해서 병사를 잃는다면 적은 병사들로 천하를 쟁패해야 하는 제갈량으로서 위험 부담이 너무나 크기 때문이다.

263년 유선이 위나라에 보낸 항복 문서에 따르면 당시 촉나라의 인구는 94만 명, 호구수 28만 호, 장병 10만 2천 명, 관리 4만 명, 쌀 40만 석, 금·은 각 2천 근, 견직물 등 각 20만 필이라고 기록되어 있다. 물론 이때는 제갈량이 죽은 지 35년이 지난 후이고, 강유의 계속된 북벌과 사마사 · 사마소 · 등애 · 종회의 침공으로 인해 민생이 피폐해질 대로 피폐해져 촉의 인구가 상당히 감소되어 나라를 지킬 수 없었던 시기이다. 그러나 공명이 살아 있을 때도 형주를 잃은 데다 오나라와 벌인 이릉 전쟁에서 유비가 엄청난 전력을 상실한 뒤라 촉의 군사력은 약할 수밖에 없었다. 자오곡으로 가서 위연이 1만의 병사를 잃는다면, 위나라와 같이 인구가 많은 나라에서는 별일 아니겠지만 촉과 같이 인구가 적은 나라로서는 치명적인 손실이 아닐 수 없다. 따라서 현상 타파 정책을 감행했던 제갈량도 굳이 모험하는 것을 거부했던 것이다.

6. 이공위수(以功爲守)의 외교 정책

왕부지 같은 학자에 따르면, 제갈량이 천수(天水)·남안(南案)·안정(安定) 등 북쪽의 여러 군을 제압하고 있으면 위나라는 적어도 북방을 통해 촉을 공격할 수 없는 국가 방위 전략이 된다고 했다. 즉, 촉이 가면 위도 쫓아와야 하기 때문에 위와의 전쟁을 한중 북쪽의 지세가 험한 곳에 국한시킬 수 있다는 것이다. 한마디로 제갈량의 수성 전략인 셈이다. 어찌 보면 제갈량 같은 탁월한 인재도 정상적인 천하 대세에서는 위를 넘볼 수 없다는 인식 하에 이 같은 외교 정책을 세운 것이라 하겠다.

6차에 걸친 제갈량의 북진을 살펴보면 1차에는 천수·남안·안정을 점령하고, 2차에는 산관(散關)으로 나가서 진창(陳昌)을 포위하며, 3차에는 서쪽의 무도(武都)와 음평(陰平) 두 군을 평정하고, 4차에는 자오곡과 야곡에서 남하해 온 적을 맞아 치고, 5차에 다시 기산(祁山)으로 출병하고, 6차에는 포사도를 거쳐 이현에 이른다. 그리고 위수 남쪽인 오장원에 포진하는데, 불행하게도 이때 병사하게 된다. 이처럼 제갈량의 북벌이 전부 먼 곳을 돌아서 공격하는 우회 작전을 사용했기에 왕부지는 제갈량의 작전을 '이공위수(공격함으로써 수비함)' 작전이라고 말한 것이다.

그런가 하면 일본의 삼국지 학자인 야마구치 히사카즈는 제갈량의 우회 작전을 다른 측면에서 설명하고 있다. 비옥하고 많은 인구를 가진 형주를 잃은 후, 촉한은 늘 물자와 인구가 충분치 않았다. 제갈량이 남만(南蠻)을 정벌하고 맹획을 일곱 번이나 사로잡았다가 놓아 주었다는 것은 삼국 시대의 유명한 고사이다. 당시 험난하고 기후가 몹시 불안한 남만을 제갈량이 직접 공략한 이유 중 하나는 남만의 풍부한 물자와 인구를 획득하기 위해서였다고 한다. 실제로 남만을 정복한 제갈량은 남만을 촉한에 편입시키고, 통치 제도도 촉한의 제도로 바꾸었다. 또한 많은 남만인들을 강제로 촉에 이주시켰다. 야마구치에 따르면 공명이 진군을 했던 감숙성 동남부에서 양주에 걸친 지역은 진한 이래 군인 병졸의 가장 중요한 공급지였다고 한다. 유비와 공명이 촉을 통치할 때 마초·마대와 강유를 특별 대우한 것도 이들이 양주 지역과 깊은 인연이 있기 때문이라고 한다. 물론 이러한 야마구치의 논리도 일리가 있긴 하지만, 마초·마대·강유는 본인들이 출중했기에 이에 상응하는 대우를 받은 것이다.

결론적으로 제갈량의 북벌은 천하를 얻기 위해서라기보다는 국토 방위의 목표 아래 필요한 인구를 확보하기 위한 정책이었다고 말할 수 있다. 실제로 제갈량은 천수·남안·안정 등 수많은 고을을 정벌한 뒤 후퇴할 때는 그곳 주민들을 한중 지역으로 강제로 이주시켰다. 이렇게 보면 제갈량의 북벌은 물자와 사람들을 도적질하기 위한 원정이었던 셈이다. 감숙성의 사람들을 강제로 이주시키고 이들을 군졸로 확보했는가 하면, 농업과 상업에 종사시켜 인두세를 거두기도 했던 것이다.

제갈공명의 외교 정책은 작은 전쟁에 이기고 지고 하는 데 있는 것이 아니라 국가 전체의 능력을 운영하는 데 있었다. 현대에도 크라우제비츠 같은 전략가는, 전쟁은 외교의 다른 한 방법이라고 했다. 또한 현대 중국을 통일한 마오쩌둥도 정치는 거점 지역을 확보하는 것이고 "전쟁은 정치의 계속이다"라고 하였다. 또한 "혁명은 총구에서 나온다"라고도 했다. 실로 전쟁 능력을 국가의 종합적 능력이라고 한다면, 제갈공명이 나약한 촉을 지키는 방법은 공격에 의한 방어일 수밖에 없었으리라.

근대사에서 볼 수 있듯이, 미국이 남북전쟁을 할 때 남군이 처음에는 잘 싸웠다. 또한 남군에는 리·잭슨·롱스트리트 같은 출중한 용장들이 있었다. 그러나 남군은 결국 북군에게 항복할 수밖에 없었다. 그것은 자원이 풍부하고, 산업이 발달하고, 인구가 훨씬 많아서 병력이 풍부했던 북군을 도저히 당해 낼 수 없었기 때문이다. 한마디로 남군은 국가의 종합적 능력이 북군에 못 미쳐 지고 말았던 것이다. 이를 잘 간파하고 있었던 남군 사령관인 리 장군은 대군을 몰고 펜실베이니아 주로 진격했다. 그의 목적은 철도의 심장부를 점령해 북군의 수송을 마비시킨 후 북군과 평화 협상을 하기 위해서였다. 리 장군은 남군이 전쟁에서 이길 수 있다고 믿지 않았다. 단지 국력도 약하고 명분도 약한 남부를 방어하기 위한 공세였을 따름이다.

북군의 미드 장군은 리의 7만 명이 넘는 군사가 사라졌다는 보고를 받고 이들을 찾기 위해 펜실베이니아 주 여기저기를 수색했다. 그들이 남군과 맞닥뜨린 곳이 바로 게티스버그였다. 게티스버그는 북군에게 전략적인 지역도 아니고 한가하기 짝이 없는 조그마한 농촌이었다. 이같이 작고 한가한 동네에서 북군과 남군이 마주치자, 남북전쟁 중 가장 큰 전쟁이 일어났다.

리 장군은 제갈량과 마찬가지로 방어를 위한 공세를 취했던 것이다. 본래 리 장군은 링컨 대통령이 북군 사령관으로 임명하고 싶어했던 사람이었으나 고향인 버지니아 주가 남군에 가담하자 남군을 택한 용장이다. 그래서 그는 비록 패군지장이지만 아직도 많은 미국인의 존경과 사랑을 받고 있다.

제갈량은 이러한 점을 잘 알고 있었다. 위나라는 인구도 많고, 인재도 많고, 물자도 풍부해서 언젠가 촉을 정벌하리라고 예측했을 것이다. 후일 촉의 강유가 위와 싸워 여러 번 승리하기도 했으나, 등애와 종회가 대군을 이끌고 양도로 침공해 오자 촉은 끝내 멸망하고 말았다. 결국 약한 나라가 가만히 있으면 망할 수밖에 없다는 것을 잘 알고 있었던 제갈량은 촉을 지키기 위해 현상 타파적인 외교 정책을 택했던 것이다.

필자는 최근 북한의 사태를 보면서 북한이 '이공위수'의 외교 정책을 쓰고 있다는 느낌을 받는다. 촉한과 마찬가지로 현재 북한은 남한에 비해 인구도 적고, 산업 능력도 약하며, 강대국에 둘러싸여 있다. 북한의 빈곤·기아 등은 이미 잘 알려진 사실이다. 북한은 에너지 부족으로 한밤중에는 암흑가와도 같다. 북한은 어찌보면 그냥 놔두어도 언젠가 망할 것이라는 생각이 들기도 한다. 그런데 핵무기 개발을 무기로 세계 강국인 미국에 맞서고 있다. 어찌보면 어리석은 짓처럼 보인다.

그러나 북한이 이처럼 위험한 무기를 만들지 않고 미국에 맞서지 않는다면 누가 북한에 관심을 가질 것인가? 북한이 가만히 있으면 기아는 계속되어 인구가 줄어들고, 게다가 영양실조에 걸린 북한 주민들은 정신적으로도 저능아가 될 것이다. 이 같은 현상이 계속되면 북한은 망하고 말 것이라고 추측할 수도 있다.

그러나 북한이 핵무기 개발로 미국에 맞서면서 세계가 북한에 관심을 갖게 되고, 주변 강국들이나 한국이 이 문제를 해결하기 위하여 여러 가지 지원을 약속하고 있다. 즉 북한은 공격하면서 기회를 만들려 하고, 공격함으로써 체제를 유지하려고 하는 것이다. 북한은 핵 카드를 쉽게 포기하지 않을 것이다. 체제 유지와 경제 발전, 국가의 안보가 보장될 때까지 '이공위수'의 외교 정책은 바뀌지 않을 것이다. 이는 제갈량이 펼친 '이공위수' 전략과 무척 유사하다. 그래서 역사가 되풀이된다고 하는지도 모르겠다.

7. 차도살인(借刀殺人)의 외교 정책

삼국 시대 현상 타파적 외교 정책의 하나로 사용된 방법이 '차도살인'의 정책이다. 차도살인이란 남의 손을 빌려 사람을 죽인다는 뜻인데, 자기에게 아무런 방법이 없고 자신이 처한 조건이 제약을 받을 때 자기는 아무 것도 하지 않으면서 다른 사람에게 나의 의도를 대신 실행하게 만드는 것이다.

국제정치에서 이러한 외교 정책은 흔히 쓰이며, 삼국 시대에도 종종 이용되었다. 원소가 기주를 차지하기 위해 공손찬을 충동질해서 기주의 한복을 치게 했던 것이 '차도살인'의 대표적인 예라 하겠다. 공손찬이 공격해 온다는 소식에 한복은 겁을 집어먹고 기주를 원소에게 바쳤다. 그야말로 원소는 피 한 방울 묻히지 않고 기주를 차지한 것이다.

또 다른 '차도살인' 정책의 대표적 예는 유비와 제갈공명이 손권을 이용해서 조조와 싸운 결전이라 할 수 있다. 유비는 형주에서 조조에게 번번이 패한 후 하구로 피신해 있었다. 이제 유비로서는 제갈량 아니라 천하없는 모사가 있다고 하더라도 조조의 막강한 군사력을 막을 길이 없었다. 이에 제갈량은 노숙과 함께 동오로 가서 조조에게 대항하도록 손권을 설득했다.

당시 조조가 원체 엄청난 병력으로 남하했기에 손권 진영에서는 주전파와 주화파로 갈려 치열하게 논쟁을 벌이고 있었다. 장소를 비롯한 문관들은 조조에게 항복해서 화를 면하자고 주장한 반면, 황개·정보 등 무장들은 조조와 싸우자고 주장했다. 이때 사신으

로 온 제갈량은 손권의 모사들과 주유와 같은 무장들을 설득해서
결국 손권이 조조와 전쟁을 하도록 만들었다. 그리고 앞서 말했듯
이 주유가 지휘한 오나라 군대는 적벽대전에서 화공으로 조조의
대군을 크게 쳐부수었다.

한편 유비는 주유와 조조군이 싸우는 틈을 이용해서 형주·장
사·계릉·남군 등을 차지함으로써 후대의 기반을 마련했다. 그야
말로 남에게 싸움을 시켜 놓고 자기는 이득을 챙기는 '차도살인'
의 외교 정책이라 할 수 있다.

형주를 잃고 관우가 죽은 후 유비는 신하들의 만류에도 불구하
고 대병을 일으켜 오나라로 쳐들어갔다. 당시 촉은 익주를 차지하
여 군사력이 오나라에 비해 강했다. 촉군이 파죽지세로 밀어붙이
자 당황한 손권은 형주를 내주겠다고 약속하면서 촉에 화친을 청
했다. 그러나 유비는 이를 거절하고 계속 진군했다. 다급해진 손권
은 위나라 황제인 조비에게 조자를 보내서 스스로 신하 됨을 자청
하고 위군이 촉의 한중을 공략하여 오나라를 구원해 주도록 요청
하는 표문을 올렸다.

이에 대해 조비의 참모인 대부 유엽이 "이제 손권이 와서 스스로
항복한 것은 촉병의 세력이 큼을 보고 두려워진 까닭입니다. 신의
어리석은 소견으로는 촉과 오의 싸움은 하늘이 그들을 망하게 하
려는 것인바, 폐하께서는 이때를 놓치지 마시고 상장 한 사람을 뽑
아 군사 수만을 이끌고 강을 건너 오를 치도록 하십시오. 촉은 밖
에서 치고 위는 안에서 치면 오나라는 보름을 넘기지 못하고 망할
것입니다. 그리하여 오가 망하면 촉도 외로워 도모하기 쉬울 것인
데 폐하께서는 어찌 그렇게 하지 않으십니까?"라고 간했다.

이 같은 간언에 조비는 "그렇지 않소. 짐은 오나라도 돕지 않고, 촉도 돕지 않을 것이오. 오와 촉이 군사를 내어 싸우는 것을 보고 있다가 만약 하나가 망하고 하나만 남으면 그때야 군사를 낼 작정이오. 하나 남은 걸 없애는 게 무에 어렵겠소? 짐의 뜻은 이미 정해졌으니 더 이상 이러니저러니 말하지 마시오"라고 했다. 조비는 이 같은 명을 내리고 굴복한 손권을 오나라 왕에 봉하고 구석을 더한다는 조서를 보냈다.

이 조서가 당도하자 고옹이 손권에게 조서 받는 것을 말렸다. "주공께서는 지금도 상장군 구두백을 떳떳이 내세우고 계십니다. 한을 찬탈한 위제에게 새삼 봉작을 받을 까닭이 어디 있습니까?" 이에 대하여 손권은 "옛적 패공 유방도 항우가 주는 봉호를 받은 적이 있소. 모두가 그때그때 형편에 따른 것인데 구태여 주겠다는 봉호를 마다할 까닭도 없지 않소?"라며, 예를 갖추어 조비의 사신을 맞이했다. 실로 수성인다운 손권의 행동이라 할 수 있다.

유비가 이릉 전쟁에서 패하고 죽은 후, 제갈량이 오와의 외교 관계를 회복함으로써 조비가 시도했던 '차도살인' 정책은 실패로 돌아갔다. 그러나 삼국 시대 내내 나라마다 기회만 있다면 남의 힘을 빌려 나의 뜻을 이루려는 외교 정책은 계속되었다.

299년 손권도 마침내 제위에 오르고 황룡으로 개원했다. 이때 촉 황제 유선은 태위(太衛) 양진을 사신으로 보내 손권이 제위에 오른 것을 경하하면서 위나라를 함께 쳐서 천하를 나누자고 제의했다. 손권이 육손의 의견을 물었다. 그러자 육손은 "그것은 공명이 사마의를 두려워해서 짜낸 꾀입니다. 우리가 사마의를 잡고 있는 동안 장안을 어찌 해보겠다는 뜻이지요. 그러나 이미 함께 손잡고 일하기로 해놓고 그 청을 아니 들어줄 수도 없습니다. 우선 겉으로라도 크게 군사를 일으킬 듯한 형세를 지으며 촉병이 거기 따라 움직이는 걸 살펴보는 게 좋을 것 같습니다. 공명이 위를 들이쳐 위가 매우 급해질 때 우리가 그 빈틈을 노려 치고 나간다면 중원을 차지할 수도 있습니다"라고 대답했다.

이 말을 좇아 손권은 곧 형주·양양 각처의 인마를 훈련하게 하면서 날을 택해 군사를 일으키려는 듯 꾸몄다. 물론 이때 오나라는 군사를 움직이지 않았고, 제갈량은 세 번째 북벌을 시도했다가 실패했다.

이처럼 삼국 시대의 국제정치 행태를 보더라도, 현재 북한의 핵 문제를 중국이 해결해 줄 것이라 기대하는 것은 실로 착각이다. 중국은 패권 국가로서 미국의 역할을 그다지 탐탁해하지 않는 나라이다. 또한 중국은 여러 면에서 미국을 두려워하는 마음이 강하다. 그러나 미국에 표면적으로는 도전할 수 없다. 이 같은 처지에서 북한이 미국에 핵무기를 가지고 도전하는 행위에 대하여 이를 강력히 제지할 의사는 없다. 중국은 미국과 북한의 싸움을 어찌 보면 환영할 수도 있다. 이러한 중국 정부의 행태는 삼국 시대 원소·유비·조비가 취했던 외교 행태와 유사하다. 미국과 북한의 싸움에서 위나라의 조비와 오나라의 손권과 같이 성의를 보이는 시늉만 할 뿐, 중국이 북한의 행위를 변화시킬 만한 강력한 공세를 취해 주리라고 기대하는 것은 무리다. 왜냐하면 이는 중국의 외교 문화에 어긋나는 요구이기 때문이다.

8. 격안관화(隔岸觀火)의 외교 정책

삼국 시대 흔히 사용했던 외교 정책 중 하나가 '격안관화'로 표현되는 정책이다. 즉 서두르지 않고 때를 기다리는 외교 정책이다. 이는 중국인들 특유의 인내심에 의존하는 외교 정책이다.

'격안관화'의 외교 정책은 적 내부의 갈등이 심화되고 어지러워지면 조용히 적의 내부에서 폭동이 일어나기를 기다린다. 적의 내부 모순이 격화되고 질서가 무너진 틈을 타서 적을 공격하는 것이다. 즉 강 건너 불 보듯이 적이 하는 짓을 가만히 두고 보다가 적당한 시기에 행동을 취하는 정책이다.

삼국 시대에도 이 정책은 자주 사용되었다. 관도대전에서 조조가 원소의 군대를 물리쳤다고 해도, 하북의 원소 세력은 여전히 막강했다. 그래서 조조는 급히 원소 진영으로 쳐들어가기보다는 내분이 일어나기를 기다렸다. 그 사이 조조는 나라를 정비하기 위하여 싸움터에 나갔다가 죽은 가족들을 보살피고 학교를 세워 백성들 교육에 힘쓰는가 하면, 관청에서 소와 농기구를 빌려 주어 백성들이 농사짓는 일을 돕는 등 내치에 힘썼다.

마침내 원소가 피를 토하고 죽었다. 원소가 죽자, 모사 심배와 봉기는 셋째 아들 원상을 대사마(大司馬) 장군으로 세우고 청주·기주·병주·유주의 목으로 올려 원소의 뒤를 잇도록 정한 뒤, 각처로 원소의 죽음을 알렸다.

그러나 장남인 원담과 그를 지지하는 모사인 곽도와 심평은 원상을 후계자로 인정하지 않았다. 조조의 모사인 곽가가 예측했듯이, 원소가 죽은 뒤 원소의 셋째 아들 원상이 원소를 계승했으나 장남인 원담이 이에 불복하면서 형제간에 싸움이 일어난 것이다.

이런 와중에 조조의 장수인 서황이 원담을 쳤다. 싸움에 져 여양성(汝陽城)으로 쫓겨 들어간 원담은 원상에게 구원을 청했다. 조조가 여양성을 쳐부수자, 원담은 얼른 도망쳤다. 이에 조조가 원담·원상·원희·고간을 한꺼번에 공격하려 했다.

그러나 조조의 최고 모사인 곽가는 "원씨가 맏아들을 버리고 셋째를 세워 형제 사이에 권력을 다투게 만들었습니다. 각기 이끄는 무리가 있으니 우리가 급하게 치면 서로 구해 주겠지만 늦춰 주면 서로 싸우게 될 것입니다. 차라리 군사를 거두어 남쪽으로 형주를 도모하는 게 낫겠습니다. 유표를 치면서 원씨 형제들 사이에 변란이 일기를 기다려 다시 기주로 온다면 그때는 일거에 평정할 수 있습니다"라고 간하며 말렸다.

이에 조조는 가후를 태수로 삼아 여양을 지키게 하고, 조홍에게는 관도를 지키게 한 후 대군을 몰고 허도로 돌아갔다. 곽가가 제시한 '격안관화'의 작전은 과연 적중했다. 조조가 군사를 물리고 평화가 찾아오자 원담과 원상의 싸움이 시작됐던 것이다. 원담의 군사와 원상의 군사는 기주성 밖에서 맞붙었다. 싸움은 원상의 승리로 끝났다. 평원으로 도망친 원담은 군을 재정비해서는 다시 공격했으나 또다시 패했다. 원담은 전투에서 계속 패하자, 신하인 신비를 사자로 삼아 조조에게 투항서를 보냈다. 결국 강 건너에서 큰 불이 난 셈이다. 이 틈을 타서 조조는 대군을 몰고 하북 평정에 나섰다. 결국 원씨 형제들의 분열이 국력을 쇠퇴하게 만들고 조조에게 나라를 바친 꼴이 되었다.

원담이 죽고 원상과 원희는 오환(烏桓)으로 도망쳤으나 오환국마저 조조군에게 깨졌다. 그러자 원상과 원희는 부하들을 이끌고 요동으로 도망쳤다. 이때에도 조조는 곽가의 계책을 받아들여 군대를 요동으로 진군시키지 않고 변방에서 기다리기만 했다. 요동태수 공손강은 본래 원소와 사이가 좋은 편이 아니었다. 원씨 형제가 요동으로 오고 있다는 소식을 듣고 걱정 끝에 공손강은 "이렇게 하는 것이 좋겠다. 만약 조조가 군사를 이끌고 요동을 치러 온다면 우리는 잠시 원씨 형제를 받아들여 그들과 연합하여 조조군을 맞고, 만약 조조가 쳐들어오지 않는다면 그들을 죽여서 조조와 손을 잡는 선물로 하자"는 결정을 내렸다.

그런데 원씨 형제가 도착하기도 전에 조조군이 역성으로 물러났다는 소식이 들려왔다. 조조군이 추격하지 않자, 패잔병을 이끌고 무사히 요동에 도착한 원씨 형제는 요동태수 공손강을 죽이고 요동을 기반으로 나라를 재건하려는 야심을 품었다. 그러나 조조군이 물러간 것을 안 공손강이 오히려 원씨 형제를 죽여서 조조에게 그들의 목을 바쳤다. 이에 조조는 공손강을 양평후(襄平侯)로 봉하고 좌장군(左將軍)으로 임명했다.

조조의 계책에 부하들이 감탄하여 묻자, 조조는 이렇게 답했다. "아버지 원소는 오랫동안 요동을 칠 야심을 가지고 있었기에 공손강은 아들인 원씨 형제를 항상 경계의 눈으로 쳐다보지 않을 수 없었을 것이오. 그런데 두 형제가 요동으로 도망쳐 오니, 그가 의심하게 될 것은 자명한 일이지요. 이때 만약 우리가 군사를 내어 급히 그들을 친다면, 그들은 반드시 서로 손을 잡고 저항하게 될 것이오. 그래서 나는 그들을 뒤쫓지 않고 공손강으로 하여금 마음을 놓게 하여 그들 스스로 서로 다투게 한 것이오. 과연 일은 내 예측 대로였소."

여기에서 조조가 사용했던 정책이 바로 '격안관화'의 외교 정책이다. 이 정책은 상대방의 내부 모순을 확실히 안 다음 그들이 서로 싸우게 하고 그 변화를 관망하다가 어부지리를 얻는 것이다.

후일 형주에서 유표가 죽자 쉽게 조조에게 항복한 것도 이와 비슷한 경우라 하겠다. 유표의 아들 유기와 유종이 권력 다툼을 하다가 어린 유종이 마침내 형주의 주인이 되었으나 하구에 주둔한 형과 남하하는 조조군을 동시에 막을 힘이 없다고 생각하고는 싸워 보지도 않고 나라를 조조에게 바쳤던 것이다. 조조는 형제들의 내분으로 형주를 공짜로 얻은 것이다.

이 '격안관화'의 외교 정책은 옛날이나 오늘날이나 많이 쓰이는 정책이다. 적국에 내부 분란이 일어날 때까지 아무 행동도 취하지 않음으로써 상대방을 안심시켜 적국이 자중지멸할 때를 기다린 후에 행동을 취하는 것이다. 외교가에서 "무행동이 최선의 정책이다"라는 말은 이러한 맥락에서 나온 것이다.

그러나 이 정책은 엄청난 인내력을 필요로 한다. 그 때문에 중국인들처럼 인내력이 강한 민족만이 할 수 있는 정책이다. 우리 민족과 같이 성질이 급한 민족은 수행하기 어려운 정책이라 할 수 있다.

현재 북한과 미국이 핵 문제로 외교적 냉각기에 있다. 이에 대해 남한이나 미국은 중국이 북한에 영향력을 행사해 이 문제를 해결해 주기를 바란다. 그러나 삼국 시대 중국인의 행태를 교훈으로 삼는다면, 중국이 북한에 영향력을 행사할 것이라고 기대하는 것은

무리다. 중국은 미국과 북한의 행동을 관망하다가 자기 나라가 큰
이익을 챙길 수 있을 때만 북한에 영향력을 행사하려 들 것이다.

6장

삼국 시대의 외교

각 국가가 외교 정책을 수립하면 외교는 이 정책을 수행하는 수단이다. 다시 말해서 외교란 이미 결정된 국가의 대외 정책을 실천하는 대외적 기술인 셈이다.

『외교론』의 저자 해럴드 니콜슨은 "외교란 협상에 의한 국제 관계의 경영이며, 그 관계가 대사나 사절에 의해 조정되고 운영되는 것"이라고 정의했다.

하지만 이는 현대적 의미에서 볼 때 협소한 정의라 할 것이다. 현대적 의미에서 보면, 국가의 영토 밖에서 국가의 목표나 이익을 도모하려는 모든 행위가 외교라 할 수 있다. 즉 국가가 공식적으로 교환하는 대사관 직원, 경제 사절단, 군 조직의 무관, 국가 원수, 때로는 권위를 위임받은 개인 등 다양한 사람과 조직이 행하는 행위가 전부 외교에 속한다.

외교관이나 외교 관련 행위를 하는 사람은 대개 자기 나라의 목표를 다른 나라에 전달하는 역할을 한다. 또한 자국의 이익을 위하여 협상을 하기도 하고, 국가가 위기에 처했을 때는 국가의 위기를 관리하고 극복하기 위한 역할도 한다. 이러한 역할을 수행하기 위해 현대에는 민간 외교, 외교관에 의한 외교, 국가 원수들이 하는 정상 외교, 운동 경기와 같은 문화 외교, 제한적인 폭력을 사용하는 외교 등 다양한 방법이 쓰이고 있다.

외교를 담당하는 사람들이 가장 흔히 사용하는 방법은 설득이다. 설득이 되지 않으면 타협을 하게 되어 있다. 타협이 어려울 때는 국가 간이나 외교관들 사이에 흔히 협박을 하기도 한다.

국가를 대표하는 인물들이나 범죄 조직을 대표하는 인물들이 하는 짓은 엇비슷하다. 결국 이들 모두 인간이 하는 일이기에 행동 양태가 비슷한 것이다. 유명한 소설 『대부』를 쓴 마리오 푸조가 "정치와 범죄는 같다"고 했던 것도 모든 분야에서 비슷한 인간의 행태 때문이다.

외교 사절이 주재국에서 외교 업무를 수행하는 대사관은 14세기 이탈리아 도시국가에서 시작되어 19세기 비엔나 회의를 거쳐 1961년 비엔나 협약에 의해 체계화되었다. 물론 삼국 시대에는 현대와 같은 외교 절차와 제도가 없었다. 그러나 외교관이 "국가를 위해서 거짓말을 하도록 해외에 파견된 정직한 사람"이라는 것은 삼국 시대나 오늘날이나 마찬가지다.

"훌륭하고 정직한 거짓말쟁이"가 되려면 다음과 같은 자격을 갖추어야 한다. 즉 협상 당사자는 언제나 협상하는 목적을 분명히 알고 있어야 하며, 또한 상대방의 목적을 명확히 평가하고 한계를 인식하고 있어야 한다. 이와 함께 자국의 국력과 협상국의 국력을 정확히 판단해야 한다. 또 상대방을 어느 정도 믿을 수 있는가도 정확히 판단해야 하며, 가장 적합한 의사 전달 방법이 무엇인가를 평가할 수 있어야 한다.

니콜슨은 현대 외교관의 자질로 진실성·명료성·냉철함·겸손함·충성심 등을 꼽고 있는데, 이러한 외교관의 자질은 예나 지금이나 마찬가지다.

　외교는 참가자의 수에 따라 쌍무 외교가 될 수도, 다자 외교가 될 수도 있다. 비밀 외교가 일반적으로 행해지고 있으나, 미국의 윌슨 대통령이 제창한 대로 공개 외교로 할 때도 있다. 또한 국제 조직이 많은 현대 사회에서는 만장일치의 외교와 다수결 외교로 대별되기도 한다. 한편 외교 형태로는 협력 외교, 동맹 외교, 적대 외교, 비동맹 외교, 간섭 외교 등 다양하다.

1. 개인 외교

삼국 시대의 대표적인 외교 행태는 개인의 능력에 의존하는 개인 외교였다. 당시에는 교통과 통신 수단이 오늘날같이 발전하지 않았기에 협상을 하려면 비교적 시간이 많이 걸렸고, 개인 외교 현상이 두드러졌다. 즉 개인의 탁월성이 외교의 중요한 요인이 되었다. 이는 국가의 이해 관계가 개인의 특유한 능력에 따라 성취 여부가 결정되었음을 말한다. 물론 외교 관계에서 개인의 능력이 일정한 역할을 한다는 것은 보편적인 현상이다. 그러나 개인 외교는 한 개인에게 국가 이익을 거의 전적으로 의존하는 것으로, 개인의 역할이 상대적으로 매우 크다는 특징이 있다.

현대 사회는 교통과 통신이 발달되어 본국과의 교신이 빠르고 쉽게 이루어지므로 개인의 특별한 행동에 많은 제한을 받는다. 또한 현대 사회는 국가의 이익이 명확한 만큼 외교적 목표도 비교적 분명해서 개인의 융통성에 한계가 있다. 그러나 삼국 시대는 난세인 데다 본국과의 통신이 신속하지 않았던 탓에 개인의 기지가 필요했다. 그런 만큼 재량권 또한 있었다.

협박 외교와 속이는 외교에 능했던 조조

조조는 군사 작전이나 외교를 본인이 직접 관여했던 삼국 시대의 대표적 인물이다. 허소가 "치세에는 능신이요, 난세에는 간웅이다"라고 평했듯이, 조조는 외교 수법 중에서도 특히 협박 외교와 속이는 외교에 능했다.

영제가 죽고 소제가 황제가 되었을 때, 하진과 원소가 환관들을 죽일 계획을 세웠으나 하태후가 반대하고 나섰다. 이에 하진과 원소는 제후들을 소집하여 하태후에게 압력을 행사하려고 했다. 이때 조조가 대장군 하진에게 "일부러 제후들을 부르지 않더라도 환관의 우두머리만 처형하면 될 뿐, 그들을 모두 죽이려면 일이 탄로나 실패할 것이다"라고 간했다. 즉 거사는 비밀리에 해야 하므로 핵심만 제거하면 된다는 현실적인 계산인 것이다.

조조가 예상한 대로 비밀이 새어 나가서 하진이 오히려 환관들에게 살해되고 말았다. 그러자 화가 난 원소는 환관들을 대거 학살했다. 이 와중에 하진의 격문에 군을 이끌고 황도로 진군한 동탁이 정권을 쥐게 되었다. 만일 하진이 조조의 계책을 받아들였다면 목숨을 잃는 참화도 면했을 것이고 정권도 유지했을 것이다.

조조는 189년 사재를 털어 동탁을 토벌하기 위한 의병을 모으고 기오(己吾)에서 기치를 올렸다. 조조가 처음으로 성공한 큰 외교 정책이 바로 이때 실현된다. 조조는 지역의 거부인 위홍의 도움을 받아 의병을 모집하는데, 이때 모인 장수들은 조씨 집안의 형제들과 하후씨 집안의 외척들뿐만 아니라 악진·이원 등 당대의 내로라 하는 장수들이었다. 조조는 또한 황제의 명을 사칭하여 충의지사의 궐기를 촉구하는 격문을 여러 곳에 띄웠다.

이미 언급했듯이 17로 제후들이 조조의 격문에 호응해서 진류(陳留)에 모여들었다. 이때 17로 제후군을 통솔할 맹주를 선출할 때, 조조의 개인적인 외교 능력이 크게 작용했다. 당시 조조의 강력한 추천으로 원소가 맹주로 추대되었던 것이다. 이처럼 조조의 외교 능력에 의해 17로 제후들이 모이긴 했으나, 서로 이해가 엇갈려 동탁을 없애는 데는 실패했다. 조조의 최초이자 최대 외교는 결실을 보지 못한 것이다.

한편 원소와 원술이 세력을 확장한 뒤로 사이가 나빠져서 서로 경쟁하게 되었다. 이때 원술은 유주의 공손찬, 서주의 도겸과 동맹을 맺었는데, 조조는 원소 · 유표와 동맹을 맺고 각지에서 원술을 격파했다. 그런데 원술 · 공손찬과 동맹을 맺고 있던 도겸의 부하가 조조의 아버지를 살해하는 사건이 일어났다. 이를 계기로 서주 정벌에 나선 조조는 서주의 백성들을 엄청나게 살육했다. 이 사건으로 조조의 잔인함은 천하에 알려지게 되었다. 이 같은 잔인성 때문에 조조의 부하인 장막과 진중이 연주에서 반란을 일으켜 여포를 영입하는 외교적 참패를 초래하기도 했다.

조조는 그의 잔인성 · 냉철함 · 합리성과 더불어 충만한 자신감과 힘에 의존한 외교를 펼쳐서 자주 실패하곤 했다. 조조가 여포를 치려 할 때, 동탁의 옛 장수였던 장제의 조카인 장수란 자가 항복해 왔다. 그러나 방자한 조조는 장수의 삼촌댁과 정분을 나눈다. 이를 알게 된 장수는 조조에게 배반감을 느끼고 반란을 일으킨다. 이 반란으로 인해 조조의 장남 조앙(趙昻)과 조카가 죽고 그의 명장인 전위가 살해되는 참사를 당한다. 그러나 재미있는 것은 198년 조조가 재차 장수를 정벌했을 때 옛 원한을 잊고 장수를 수하로 거두어들였다는 것이다.

조조는 전략이나 전투에서는 아주 탁월한 인물이었다. 또한 국내 정치 · 경제 · 사회 · 교육 전반에 걸쳐 개혁을 단행하는 등 뛰어난 지도자였다. 그러나 외교는 너무나 개인적 능력에 의존했던 탓에 실패를 많이 했다. 게다가 교만한 성격 때문에 외교를 그르치기도 했다.

한중의 장로가 익주의 유장을 치려고 했을 때 장송이 유장의 사신으로 허도(許都)에 갔다. 그러나 사실 장송이 허도로 간 것은 다른 데 그 목적이 있었다. 다름 아닌 유장의 인물됨이 시원치 않은 것을 보고 익주를 조조에게 바치기 위해서였다. 이때 장송이 조조의 손자병법 주석서를 줄줄 외면서 익주에서는 어린아이들도 이 신서를 안다고 양수에게 고했다. 깜짝 놀란 양수는 조조에게 이 사실을 알리고 장송을 만나 익주의 항복을 받아들이라고 권했다. 그러나 조조는 자기의 저서를 모독한 데 앙심을 품고는 장송을 매질해서 쫓아냈다. 이로 인해 조조는 익주를 외교로 차지할 기회를 잃게 되었다.

이처럼 조조는 외교를 지나치게 개인화하고 오만한 성격 때문에 천하통일의 꿈을 이루는 데 실패했다. 조조의 이 같은 행동을 틈타서 유비는 익주로 진군하여 평정함으로써 촉한 건국의 기초를 마련했다.

탁월한 심리전의 대가, 제갈공명

삼국 시대 개인 외교에 성공한 대표적 인물은 제갈공명이다. 조조가 형주의 항복을 받고 강동으로 진군할 때였다. 손권의 오나라에서는 주전파와 주화파 간에 논쟁이 벌어지고 있었다. 그때 주전파를 대표하는 노숙이 손권의 사신으로 하구에 머물고 있는 유비를 찾았다. 명목은 유표의 죽음에 예를 표시하기 위해서였으나 실제로는 유비가 얼마나 오나라를 도울 수 있는지 정탐하기 위해서였다. 즉 외교를 통해서 군사력을 도모하려는 시도였다.

강하에 노숙이 도착했을 때, 유비는 노숙에게 제갈량과 의논하라고 떠넘겨 버렸다. 이런 스타일은 조조와는 사뭇 다른 유비의 외교 방법이다. 조조였다면 노숙에게 직접 물어 보고 의논했을 것이다. 그러나 유비는 제갈량에게 외교를 위임하는 타입이었다. 결국 노숙과 의논 끝에 제갈량은 유비의 특사로 오나라 배를 타고 떠났다. 동오에 도착한 제갈량은 앞서 말했듯이 오나라의 모사들과 조조와의 전쟁의 당위성을 논하는 논쟁에 휩쓸리게 되었다. 장소를 비롯해 당대에 이름난 모사들이 조조에게 항복할 것을 권하면서 제갈량의 무모함을 비웃었다. 그러나 해박한 지식과 명분을 앞세운 제갈량의 탁월한 설파는 오나라의 문신들을 설득하고 제압하기에 충분했다.

당시 제갈량이 개인 외교에 특별히 사용한 방법은 심리전이었는데, 이것은 오나라를 자극하는 데 큰 효험이 있었다. 조조에게 항복하기를 권하는 제갈량에게 손권은 "그대의 말이 정성된 것이라면 어찌하여 유예주께서는 조조에게 항복하지 않으셨소?"라고 물었다.

이에 제갈량은 "옛적에 전횡은 한낱 제의 장사에 지나지 않았지만 의를 욕되지 않게 죽었습니다. 하물며 제실(帝室)의 후예요 세상의 뭇 선비들이 우러르는 영웅이신 우리 유예주께서 어찌 조조 따위에게 항복하는 욕됨을 입을 수 있겠습니까? 뜻대로 되고 안 되는 것은 하늘에 달린 일, 설령 끝내 싸움에 져서 죽게 되더라도 스스로 몸을 굽혀 다른 사람 밑에 설 수는 없는 일입니다"라고 대답했다.

이 말에 손권은 화가 나서 물러갔으나 금방 자기를 격동시킨 말임을 깨닫고 공명의 말을 따라 조조와 싸울 준비를 하게 되었다.

제갈량은 손권에게 다시 조조와 싸울 것을 설파했다. "유예주가 비록 조조에게 새로 패했다 하나 아직도 관운장은 1만의 정병을 거느리고 있습니다. 유기도 강하에서 싸울 만한 군사를 거느리고 있는데 역시 1만에 모자라지는 않을 것입니다. 한편 조조의 군사들은 멀리서 와 지쳐 있을 뿐만 아니라 근래에는 우리 유예주를 쫓는다고 가벼운 차림으로 하룻밤에 삼백 리를 달렸습니다. 그런 군사들이 무슨 수로 싸움다운 싸움을 해낼 수 있겠습니까? 이는 이른바 강한 활에서 쏜 화살일지라도 끝에 가서는 부드러운 비단조차 뚫지 못한다는 것과 같습니다."

제갈량은 당시 오나라의 실권자인 주유를 설득하는 데도 심리전을 이용했다. 공명은 주유에게 "왜 장군께서는 교공(喬公)을 찾아 천금을 주고 그 두 딸을 사서 조조에게 보내지 않으시오? 조조는 그 두 여인만 얻으면 원래 마음속에서 구하던 바를 다 얻은 셈이라 반드시 군사를 돌려 물러갈 것이외다"라고 말했던 것이다. 이때 교공의 첫째 딸은 이미 죽은 손책의 부인이고, 둘째 딸인 이교는 당시 주유의 부인이었던 것이다. 이 말을 들은 주유는 조조와 싸울 결심을 더욱 굳히게 되었다. 이 같은 제갈량의 인간의 심리를 이용한 개인 외교는 오나라의 손권과 유비가 동맹을 맺어 조조를 적벽에서 물리치는 데 큰 역할을 했다.

익주에서 마초가 장로의 사주를 받아 유비군과 대치하고 있을 때, 유비는 마초를 얻고 싶어서 마초의 옛 벗인 이회를 마초의 진중으로 보냈다. 마초는 이회가 자기를 설득하기 위해 온 세객(說客)으로 생각하고 도부수(刀斧手)를 감추고는 위엄을 보이면서 기다렸다. 그러나 이회는 침착하게 마초에게 "지금 장군은 천하를 호령하는 조조와는 이미 아비 죽인 원수 사이가 되었고, 또 농서 사람들에게도 이를 갈 만한 한을 품게 하였소. 앞으로는 형주의 군사를 물리쳐 유장을 구하지 못했으며, 뒤로는 장로의 얼굴조차 볼 수 없게 되었소이다"라고 말했다. 게다가 한술 더 떠 "유황숙께서는 예를 다해 선비를 공경하니 반드시 그 뜻하신 바를 이루실 것이오. 나는 그 때문에 일찍이 섬기던 유장을 버리고 그분께로 갔소이다"라고 했다. 그러자 마초는 유비에게 투항하기로 결심하고 이회에게 길을 열어 달라고 청했다. 이 또한 이회의 개인 외교가 주효한 결과이다.

관우가 죽고 형주를 잃은 데다 장비까지 잃은 유비는 대군을 동원해 오나라를 치게 되었다. 초반전에 유비는 승승장구했다. 당황한 손권은 제갈량의 형인 제갈근을 오의 사자로 유비에게 보내서 화친할 것을 제안했다. 제갈근은 오와 촉의 공동의 적은 위의 조비이고, 유비는 위를 쳐서 한나라를 회복해야 한다고 설득했다. 그러나 제갈근의 개인 외교는 유비의 진노에 아무 힘도 발휘하지 못했다. 유비는 여전히 오를 향해 진군했다.

당황한 손권에게 중대부(中大夫) 조자(趙咨)가 표문 한 장만 써주면 위의 조비를 설득해 유비의 후미를 치겠다고 말했다. 이에 손권은 흔쾌히 조자를 사신으로 삼아 허도로 보냈다. 손권의 표문을 읽은 조비가 조자에게 "자네의 주인 오후는 어떤 사람이냐"고 물었다. 그러자 조자는 "밝고 어질며 슬기롭고 큰 뜻을 품으신 가운데도 계략을 아는 분입니다"라고 대답했다.

조비는 조자의 주인에 대한 칭찬이 너무 지나치다며 비아냥거렸다. 이에 대해 조자는 서슴없이 "오후께서는 노숙을 대수롭지 않은 사람들 틈에서 찾아내 무겁게 쓰셨고, 여몽을 졸개들 틈에서 뽑아 장수로 세우셨으니 이는 곧 밝음이요, 우금을 사로잡았으나 죽이지 않고 위로 돌려보냈으니 이는 어짊이며, 형주를 빼앗으면서도 군사들이 칼에 피를 묻히지 않았으니 이는 슬기로움이요, 삼강에 근거하여 천하를 범처럼 노리고 있으니 이는 그 뜻이 큼이라 할 수 있을 것입니다. 거기다가 이제는 폐하께 몸을 굽혔으니 계략을 안다 할 수도 있지 않겠습니까? 실상이 그러한데 어찌 밝고 어질며 슬기롭고 뜻이 큰 가운데도 계략을 아는 분이라 할 수 없겠습니까?"라고 응수했다.

이와 같이 조비가 질문만 하면 조자는 손권과 오나라의 모신들, 장수들, 국력을 설명하면서 물 흐르듯이 답변했다. 이에 탄복한 위황제 조비는 "사자로 사방을 다녀도 임금의 명을 욕되게 하지 않는다는 말이 있더니 그대가 바로 그런 사람이구나. 훌륭하다!"고 하면서, 태상경(太常卿)에게 명해서 손권을 오왕에 봉하고 구석을 더한다는 조서를 써서 조자에게 보냈다. 오나라는 이때 물론 조비가 유비의 북쪽을 치게 만드는 데는 실패했으나 최소한 위나라가 촉과 동시에 오나라를 공격하는 것만은 피할 수 있었다.

대담하고 논리적인 언변의 등지

유비가 이릉 전쟁에서 화공으로 인해 대패하고 국력 또한 쇠잔해지자 홧병을 앓다가 죽은 뒤, 그의 어린 아들 유선이 제위에 올랐다. 이 틈을 타서 위나라는 사마의의 의견을 좇아 다섯 갈래 길로 촉한을 정벌하려 했다.

사마의가 제시한 5로의 진병은 첫째, 조진 대도독이 이끄는 10만 군이 양평관을 공격하고, 둘째 갈래는 맹달의 상용 군사 10만으로 한중을 공격하며, 셋째 갈래는 손권에게 요청해서 10만으로 협구를 통해 서천으로 진군하는 것이고, 넷째 갈래는 남만 왕 맹획이 이끄는 만병(蠻兵) 10만으로 익주 네 고을을 공격하며, 다섯째 갈래는 번왕(番王) 가비능(軻比能)이 이끄는 강병(羌兵) 10만이 서평관으로 진군하는 것이었다.

그야말로 촉으로서는 위기 상황이 아닐 수 없었다. 새로 어린 황제가 즉위한 상황에서 동서남북 사방에서 연합군의 협공을 받게 되면 촉의 운명은 위태로울 수밖에 없었다.

이때 승상인 제갈공명은 마초를 서평관으로 보내 강병을 막도록 했다. 번왕 가비능은 마초를 보자 그냥 물러갔다. 이는 마초가 강인(羌人)들에게는 신위대장군(神威大將軍)으로 존경을 받고 있었기 때문이다. 남만의 맹획군은 위연군에게 패하여 물러갔다. 맹달의 상용 군대는 친우인 이엄의 편지를 받고 병을 핑계로 출병하지 않았다. 조진이 양평관으로 진군했으나 산세가 험하고 조자룡이 굳세게 지키고 있으므로 할 수 없이 물러가고 말았다. 결국 네 갈래의 군사는 전부 물러간 셈이다.

이때 공명은 오나라의 진군을 막을 뿐만 아니라 오·촉 간에 동맹을 새로 맺음으로써 '순망치한', 즉 입술과 이처럼 서로 의지하는 외교를 펼치기 위해 등지를 오나라에 사신으로 보냈다. 당시는 이릉 전쟁이 끝난 지 오래되지 않아 촉과 오의 감정이 격화되어 있던 때였다. 손권은 등지가 오를 설득시키려고 온 세객으로 짐작하고 가마솥에 물을 채우고 숯불로 이를 끓인 다음 등지를 맞이했다.

이는 촉의 사신을 겁주려는 의도에서였다.

그러나 등지는 조금도 놀라지 않고 오히려 인재가 많은 오나라가 선비 하나를 이렇게 두려워해서 가마솥까지 준비했느냐고 비웃으며 촉과 오의 공동 이익에 대해 설파했다.

"대왕께서는 세상이 알아주는 영웅이요, 제갈량 또한 한 시대의 준걸입니다. 또 촉은 산천이 험하고, 오는 삼강을 건너야 하는 어려움을 가진 땅입니다. 이 두 나라가 입술과 이의 사이가 되어 서로 손잡고 돕는다면 나아가서는 천하를 삼킬 수 있고 물러나도 솥발처럼 천하의 한 모퉁이를 떠받들고 서 있을 수 있습니다. 그러나 만약 대왕께서 위에 몸을 굽혀 신하 노릇을 자청하신다면 위는 틀림없이 대왕께서 조정에 들어오기를 바라고 태자는 내시로 삼으려 들 것입니다. 그래 놓고 그걸 따르지 않으면 군사를 일으켜 치겠지요. 그때는 우리 촉도 틈을 노려 물길을 타고 오로 밀고 들 것이니, 이 강남의 땅은 두번 다시 대왕의 것으로 남게 되지 못할 것입니다. 대왕께서 제 말을 옳지 못하다 여기신다면 저는 대왕 앞에서 스스로 죽어 세객이란 이름만이라도 벗을까 합니다."

등지의 대담함과 논리적이고 현실적인 논리에 손권은 촉과 순망치한의 동맹을 맺기로 결정하고 장온을 오의 사자로 삼아 등지를 따라서 촉으로 파견했다. 실로 등지의 탁월한 개인 외교가 오·촉 간의 앙금을 씻고 동맹 관계를 회복하게 만든 것이다.

이미 언급했듯이 니콜슨은 외교관의 자질로 진실성·명료성·냉철함·겸손함·국가에 대한 충성심을 꼽고 있다. 즉 외교관은 자국은 물론 상대 국가의 이해 득실과 국력을 분명히 알아야 하며, 상대방이 나를 믿게 할 수 있어야 한다. 또한 대담하면서도 겸손하고,

동시에 냉철해야 한다. 이러한 요건은 특히 개인 외교가 절실한 국가의 외교관에게는 더욱 필요하다고 할 것이다.

삼국 시대의 외교사를 살펴볼 때, 현대 사회에서 필요한 외교적 요건이 당시에도 필요했음을 알 수 있다. 특히 당시는 교통과 통신이 발달하지 않았기 때문에 개인 외교에 더욱 의지할 수밖에 없었다. 더욱이 공개적인 외교보다는 비밀 외교가 성행하던 시절이었기에 개인의 능력에 의존하는 외교적 관행이 보편적이었다.

당시의 개인 외교를 살펴볼 때, 실패한 경우는 대개 지나친 자신감에서 비롯된 교만 때문이었다. 대표적 인물이 전략 전술에 귀재였던 조조라 할 것이다. 조조는 무리하게 사람을 죽인 데다 외교 사절을 교만하게 대함으로써 국익을 합리적으로 챙기지 못했다. 장료에 대한 태도나 장송에게 보인 교만함 때문에 아들과 익주를 잃게 되었던 것이다.

반면에 성공한 외교가인 조자나 등지는 상대방의 이해 득실을 명확히 파악하고 있었을 뿐만 아니라, 상대의 위압적 태도에 전혀 눌리지 않는 대담성과 함께 겸손하기도 해서 상대방의 마음을 다스렸다. 또한 목숨을 걸고 조국에 충성하는 태도는 상대방에게 이들을 비록 적국의 대사이지만 믿을 수 있는 사람으로 인식하게 만들었다.

2. 안면 외교

삼국 시대에 많이 쓰인 외교 정책은 이른바 '안면 외교'이다. 즉 사신을 보낼 때 적국의 지도자와 잘 아는 사람을 보내는 것이다. 이처럼 상대방이 아는 사람을 사신으로 보내는 것은 동양에서 오랫동안 사용되었던 외교 방법이다.

동탁이 한나라 정권을 장악한 뒤 소제를 폐하고 진류왕을 옹립하려고 대신들에게 발의를 했을 때이다. 칼을 차고 눈을 부라리는 동탁이 무서워 문신들이 입도 벙긋하지 못하고 있을 때, 형주자사 정원이 이를 반대하고 나섰다. 동탁이 화가 나서 칼로 치려고 했으나 그의 뒤에는 무서운 장수 여포가 노려보고 있었다.

이 일이 있은 후 동탁의 군대와 정원의 군대가 낙양성 밖에서 일대 접전을 벌였는데, 용맹한 여포의 기세에 눌려 동탁의 군대가 패퇴하게 되었다. 이를 본 동탁은 꾀를 써 여포를 자기 수하로 만들기로 결심했다. 동탁은 여포에게 금은보화와 함께 당대 유명한 말인 적토마를 여포와 같은 고향 출신으로 어려서부터 잘 알고 지내던 이숙을 통해 보냈다.

여포를 찾은 이숙은 금은보화와 적토마를 선물로 주고는 "좋은 새는 나무를 가려 깃들이고 현명한 신하는 그 주인을 골라 섬기는 법일세. 때가 와도 일찍 알아보지 못하면 후회해도 늦을 것이네. 동탁은 어진 이를 공경하고 선비를 예로 대할 줄 알며, 상과 벌이 분명하니 마침내는 대업을 이룩할 사람이네"라면서 여포를 유혹했다.

여포는 재물과 관직에 눈이 먼 데다 세력이 약한 정원에게 붙어
있기보다는 세력이 강한 동탁에게 의탁하는 것이 낫겠다고 생각했
다. 힘은 천하에 당할 자가 없으나 생각이 좁은 여포는 즉시 의부
(義父)이며 상관인 정원의 목을 베어 동탁에게 바치고 동탁의 양자
가 되었다. 이것은 그 뒤로 계속되는 여포의 배반 중 첫 번째 배반
이었다. 이때 이 일을 성사시킨 사람이 바로 여포와 같은 고향 사
람인 이숙이었다.

유비가 원술을 친다는 핑계로 조조를 떠나 당시 서주태수인 차
주를 죽이고 서주를 다시 차지했다. 그러나 유비는 막강한 세력을
지닌 조조가 진군해 올까 두려웠다. 더욱이 조조와 가까운 차주를
죽인 터였다. 이를 걱정하는 유비를 보고 진등(陳登)이 유비에게
원소의 도움을 받아서 서주를 지키라고 했다.

그러나 유비는 원소와는 그다지 잘 아는 사이도 아니었고 원소
의 아우인 원술을 쳐 없애기도 했기 때문에 원소의 도움을 받을 수
없었다.

그러자 진등은 "이곳에 원소와 3대에 걸쳐 교분을 트고 지내는
사람이 있습니다. 만일 그의 글 한 조각을 얻어낼 수만 있다면 원
소는 반드시 달려와 장군을 도울 것입니다"라고 진언했다. 진등의
깨우침으로 유비는 곧 정현(鄭玄)에게 달려가서 원소에게 보내는
애절한 서찰을 받았다. 정현은 정강성(鄭康成) 선생으로 알려진 당
대의 유명한 학자로, 유비의 스승인 노식과도 가까이 지내던 선비
였다.

정현의 글을 받은 유비는 곧 손건(孫乾)을 사자로 삼아 정현의 글
을 주면서 기주로 가 원소에게 구원을 청하도록 했다. 글을 읽은 원

소는 "현덕은 내 아우를 공격해 죽게 했으니 원래대로라면 돕는다
는 것은 당치 않다. 그러나 정상서의 글이 중하니 가서 구해 주지
않을 수가 없다"고 말했다.

이때 원소의 마음과 달리 원소의 모사들 사이에 내분이 일어 어
물거리는 사이에 유비는 조조의 공격을 받아 서주를 포기하고 원소
에게 몸을 의탁하게 되었다. 정현의 글이 유비가 원소와 관계를 맺
게 되는 중요한 매개체가 된 것이다.

조조가 유종에게 항복을 받고 유비를 공격하기 위해 신야에 이르
렀을 때였다. 조조는 여덟 길로 대군을 나누어 일제히 유비가 주둔
한 번성(樊城)을 공격하려고 서둘렀다. 이때 모사인 유엽이 말렸다.

"승상께서 이곳 양양에 오신 것은 이번이 처음이니 먼저 백성들
의 관심부터 사야 할 것입니다. 그런데 유비는 지금 신야의 백성들
을 모두 이끌고 번성으로 들어갔습니다. 만약 우리가 급히 군사를
내어 번성을 치게 되면 두 현의 백성들을 가루로 만들어 흩어놓는
꼴이니 민심을 얻는 길이 못 됩니다. 먼저 사람을 보내 유비에게
항복하도록 권해 보시지요. 설령 유비가 항복하지 않더라도 승상
께서 백성들을 어여삐 여기시는 마음은 알릴 수 있을 것입니다. 또
만약 유비가 항복해 온다면 형주의 땅은 싸우지 않고도 평정할 수
있게 되니 더욱 좋은 일이 아니겠습니까?"

조조는 유엽의 말을 옳게 여겨 유비에게 항복을 권하기로 했다.
이때 조조가 유비에게 보낸 사신은 다름 아닌 서서였다. 본래 서서
는 유비의 사람이었으나 모친이 조조에게 잡히자 할 수 없이 조조
에게 귀순했다. 그는 유비에게 있을 때 유비의 일급 참모로 군사
역할을 했던 인물이다. 서서가 조조의 사절로 유비를 찾아 번성으

로 갔을 때 유비는 옛정을 생각해 서서를 붙들어 두려고 했다. 그러나 서서는 세상의 치소(嗤笑)를 받는다면서 조조에게 돌아갔고, 유비가 항복할 의사가 없음을 전했다.

조조와 손권의 군대가 적벽에서 전투를 하기 위하여 대치하고 있을 때, 조조는 적진의 동태가 궁금했다. 당시 전쟁은 대개 개인들이 전해 주는 정보에 의존해 전투를 준비할 수밖에 없었다. 조조는 전쟁에 앞서 적의 정보를 수집하여 분석하고 이를 전투에 사용하는 데 귀재였던 인물이다. 적의 군세가 궁금하기도 하고 적장인 주유의 항복을 받기 위해서 조조는 주유에게 사신을 보내기로 했다. 이때 주유에게 간 사신은 구강(九江) 출신인 장간(蔣幹)이란 사람이었다. 적의 총사령관인 주유와는 동문수학한 친구 사이였다. 그러나 조조는 오히려 주유에게 역이용당해 패전하고 만다.

유비가 익주를 차지한 뒤에도 형주를 돌려주지 않자, 손권은 유비에게 형주를 돌려 달라고 청하기 위해 제갈근을 촉에 사신으로 보냈다. 제갈근을 촉에 보낸 이유는 물론 그가 촉의 승상인 제갈량의 형이기 때문이다.

유비가 관우의 복수를 하고 형주를 되찾기 위해 오나라를 공격했을 때도 손권은 제갈근을 특사로 유비에게 보내 화친을 청했다.

제갈근은 이밖에도 관운장과 사돈을 맺기 위해서, 또 후일 관운장이 맥성에서 포위당해 곤궁에 빠졌을 때에도 항복을 받기 위해 손권의 사신으로 파견되었다. 이처럼 제갈근은 제갈량의 형이란 사실 때문에 사신 노릇을 여러 번 했다.

앞서 보았듯이 삼국 시대에는 적국에 보낼 사신을 뽑을 때 적국 사람들과의 친분을 중요하게 생각했다. 동양에서는 공자가 가르쳤듯이 친구를 사귈 때는 신의로써 사귀라고 말한다. 즉 친구 간의 의리가 중요하다는 것이다. 이 같은 윤리관을 이용해서 국가의 이익을 도모하려는 외교가 삼국 시대에는 보편적으로 사용되었다.

동양인들에게는 누구를 안다는 것이 무척 중요하다. 그 때문에 이 같은 사고방식이 외교 관계에도 지대한 영향을 준다. 지금도 우리 나라에서는 미국의 특정 인물이 대통령으로 당선되면 그의 친척들을 초빙해서 극진히 대우한다. 부시 전 대통령이 당선되었을 때도 부시의 형을 초대했고, 부시의 아들이 대통령이 되었을 때는 그의 아버지를 초빙했다.

동양에서는 비록 적이라도 친구이면 서로 믿고 존중하면서 성실히 대해야 한다고 생각하고 있다. 이 같은 행태는 외교 관계에도 영향을 미쳐 동양 사회에서는 아직도 안면 외교가 힘을 발휘하고 있다. 우리는 아직도 특정 인물을 미국에 대사로 보낼 때 흔히 그가 미국에 지인이 많다고 말한다. 이처럼 상대 국가에 지인이 있고 없음이 중요한 자리에 기용되는 데 큰 영향을 미치는 것이다.

이에 반해 서양 사람들은 이 같은 지인 관계를 별로 중요하게 여기지 않는다. 업무 수행 능력과 경험, 그리고 집권자의 철학과 인지 관계가 중요하다. 미국인들이 한국 대사를 임명하는 것을 보면, 대부분 한국과 깊은 관계가 있는 사람들이 아니다. 때로는 한국과 거의 관계가 없는 사람들이 한국 대사로 취임하기도 한다. 이는 미국인들이 사람을 선택할 때 대체로 업무 추진 능력을 보는 문화에서 기인한 것이다.

이처럼 서양 사람들은 외교관을 보낼 때 업무 능력이라는 기능적인 면을 강조하는 데 비해, 동양에서는 안면 등 인간적인 면을

강조하는 경향이 있다. 이 같은 동양인의 정치 문화는 수천 년 동
안 계속되어 오고 있다. 동양인들은 사업을 할 때도 인간 관계를
중요하게 여긴다. 이러한 문화는 우리 사회의 문제로 지적되고 있
는 '줄서기', '눈맞추기' 등이 성행하게 만들었다.

3. 결혼 외교

삼국 시대 당시 중국인들이 자주 사용한 외교 수법 중 하나가 '결혼 외교'이다. 물론 결혼 외교는 서양인들도 종종 사용한 방식이다. 결혼이란 인간 사회에서 중요한 사회 관계이기 때문이다. 결혼은 두 가문의 결합으로 이어진다. 특히 유교 사회인 중국에서 결혼은 개인을 떠나 집단과 집단의 결합이기 때문에 정치에도 아주 중요한 영향을 주었다.

동탁이 한나라 정권을 틀어쥐고 황제인 헌제를 꼭두각시로 만들자, 17로 제후들이 동맹을 맺고 동탁을 토벌하기 위해 나섰다. 이때 제후들의 동맹군 선봉장은 손견이었다. 당시 손견의 용맹은 이미 천하에 알려져 있었다.

모사 이유는 동탁에게 손견과 사돈을 맺어 손견을 자기네 편으로 끌어들이라고 제안했다. 이에 동탁은 이각을 손견에게 보냈다. 손견의 장막에 이른 이각은 "지금 여러 제후들이 동승상에 항거하는 군사를 일으켰으나 우리 승상께서 우러르고 두려워하는 이는 오직 장군뿐입니다. 이에 승상께서는 특히 이각을 보내시어 가깝게 되기를 주선하라 이르셨습니다"라고 말한 뒤, "지금 승상께서는 나이가 찬 딸이 있습니다. 장군의 아들과 혼인을 맺으면 실로 양가의 복덕이 될 것입니다"라고 했다.

즉, 결혼을 통해 동탁과 손견이 동맹을 맺자는 제안이었다. 이에 대해 손견은 "동탁이 하늘을 거스르고 도리를 어겨 제실(帝室)을 뒤집고 어지럽혔기에 내 그 역적 놈의 9족을 멸하여 천하에 그 죄를 받게 하려고 마음먹은 지 오래다. 그런데 도리어 그 역적 놈과 혼인을 맺으라고? 네놈이 더러운 입을 놀린 죄로 보아서는 목을 베어 마땅하나, 명색이 사신이라고 왔기에 그 목을 남겨 주니 얼른 물러가라"며 크게 노하여 이각을 꾸짖었다. 이로써 동탁의 혼인 외교는 실패로 돌아갔다.

원술과 유비가 맞서 싸울 때, 유비의 서주를 접수한 여포가 이들을 말렸다. 이에 원술은 한윤을 여포에게 보내 여포의 딸과 자기 아들을 혼인시키자고 제의했다. 원술은 여포와 사돈을 맺고 유비를 제거하려 했던 것이다. 여포는 진궁의 의견을 들은 뒤 원술 가문과의 혼인을 승낙했다.

그러나 유비에게 위험이 닥친 것을 알게 된 진규가 여포를 설득해서 원술의 아들과 여포의 딸과의 혼인을 취소시키는 데 성공했다. 그가 내세운 논리는 원술이 곧 황제가 되면 천하의 공적이 되어서 제후들의 공격을 받게 된다는 것이었다.

혼사를 취소한 뒤 여포는 조조의 공격을 받게 되었다. 다급해진 여포는 원술에게 혼인을 다시 추진할 것과 자신을 도와줄 것을 요청했다. 그러자 원술은 여포가 딸을 먼저 보내야 구원군을 보내 주겠다고 회답했다. 여포는 조조와 유비의 포위망을 뚫고 자신의 딸을 원술에게 보내려 했으나 실패하고 말았다. 예상했던 대로 원술은 여포를 돕지 않았고, 여포는 결국 조조에게 지고는 목숨까지 잃게 되었다. 여포가 결혼 외교를 일찍 성사시켰더라면 목숨을 좀더 부지할 수 있었을지도 모른다.

조조가 적벽대전에서 크게 패한 후 조조군과 손권의 군대가 싸우는 틈을 타 유비는 형주 지방을 손에 넣고는 세력을 넓혀 가기 시작했다. 유비의 세력이 커지는 것에 두려움을 느낀 손권은 형주를 빌려 주는 명목으로 누이를 늙은 유비에게 시집보냈다. 『삼국지연의』에 따르면 손권은 자신의 누이를 주겠다고 유비를 오로 불러들여 볼모로 삼고는 형주를 돌려받으려 했다고 한다. 그러나 제갈량의 꾀로 유비는 오나라로 가서 손권의 누이와 결혼하고 무사히 오나라를 탈출하는 데 성공한다.

그러나 사실 손권이 유비에게 자신의 누이를 시집보낸 것은 날로 팽창해 가는 유비의 세력을 걱정한 나머지 동맹을 맺기 위해서였다. 하지만 유비가 익주를 도모하기 위해 형주를 떠난 사이에 손권의 누이가 오나라로 돌아감으로써 오나라와 유비와의 사이에 진행되었던 혼인 동맹은 끝이 나고 만다.

관운장이 형주를 맡아 다스리고 있을 때의 일이다. 유비가 한중을 평정하고 한중왕에 오르자, 화가 난 조조가 유비를 칠 계획을 세우고 만총을 손권에게 사신으로 보내서 함께 유비를 치자고 제의했다. 이는 본래 사마의가 제시한 의견으로, 사마의는 조조에게 "강동의 손권을 움직이면 됩니다. 손권은 그 누이를 유비에게 시집보냈으나 틈이 벌어지자 몰래 데리고 와버렸고, 유비는 또 빌린다는 핑계로 형주를 차지한 뒤 아직껏 돌려주지 않고 있는 사이가 되었으니, 이제 말 잘 하는 이를 하나 뽑아 손권을 달래 보도록 하십시오. 손권이 거기에 따라 크게 군사를 일으켜 형주를 치면, 유비는 동천 서천의 군사를 이끌고 형주를 구하러 올 것입니다. 그때 대왕께서 군사를 보내 한중과 서천을 치면 유비는 꼬리와 머리가 서로 돌볼 틈이 없이 위태로운 지경에 떨어지고 맙니다"라고 말했던 것이다.

만총이 가지고 간 서한도 대략 위와 같은 내용이었다. 손권은 만총에게 조조와 협력할 것을 약속하고 잘 대접하여 보냈다. 평소 형주를 되찾고 싶었던 손권으로서는 조조의 제안이 매력적으로 받아들여졌을 것이다. 반유비파였던 책사 고옹은 이에 적극적으로 호응하자고 말했다. 반면 유비에게 동정적이었던 제갈근은 이에 반대하면서 다음과 같은 제안을 했다.

"제가 듣기로 운장은 형주로 온 뒤에 유비가 장가를 보내 주어 아들 하나와 딸 하나를 두었다고 합니다. 그 딸은 아직 어려 혼처를 정하지 않았으니 제가 가서 주공의 세자와 정혼하자고 청해 보겠습니다. 만약 운장이 허락하면 바로 운장과 함께 의논해 힘을 합쳐 조조를 칠 것이요, 허락하지 아니하면 그때 가서 조조를 도와 형주를 뺏어 버리는 게 어떻겠습니까?"

그의 말을 들은 손권은 그럴싸하게 생각해서 제갈근을 중신아비로 삼아 형주로 보냈다. 형주에 도착한 제갈근은 관운장에게 "저희 주인 오후께는 아드님이 한 분 계시는데 매우 총명하십니다. 마침 장군께 따님이 한 분 계시다는 말을 듣고 특별히 저를 보내 혼인을 청하게 하신 것입니다. 이번에 양쪽 집안이 맺어져서 힘을 합쳐 조조를 쳐부순다면 또한 아름다운 일이 아니겠습니까? 이렇게 간곡히 청하오니 군후께서는 부디 헤아려 주십시오"라고 말했다.

그러나 이 말을 들은 관운장은 성을 벌컥 내면서 "범의 딸을 어찌 개의 아들에게 시집보낼 수 있겠는가! 그대 아우의 낯을 보지 않았더라면 선 채로 그대의 목을 베었으리라. 여러 소리 말고 물러가라"고 소리쳤다. 이로써 오나라의 결혼 외교는 실패로 돌아갔다.

후세 사람들은 왜 관운장이 이같이 무모한 짓을 했는가에 많은 의문을 갖는다. 단순한 가정은 손권이 감히 의를 중시하는 관우를 결혼을 통해 자기 수하로 만들려는 데 화가 났기 때문이라는 것이다. 당시 관습으로는 사돈이 되면 같은 집단이 되어야 하기에 관운장이 이를 간파하고 화를 낸 것이라는 이야기다. 당시 관습으로 볼 때 관우가 손권의 사돈이 된다면 유비를 배신할 수도 있기 때문에 충직한 관운장이 이 같은 행동을 했다는 것이다.

그러나 자기를 범이라 하고 한 나라의 왕인 손권을 개라고 했던 관운장은 실로 황당한 교만심을 가진 사내라 하겠다. 더욱 중요한 것은 이러한 교만심 때문에 결혼 외교에 실패함으로써 스스로 명을 재촉했다는 것이다. 뿐만 아니라 형주를 잃게 되어 이릉 전쟁에서 국력을 엄청나게 소진케 함으로써 유비의 명도 재촉했다는 것이다. 또한 형주를 잃게 됨으로써 제갈량이 구상하던 '천하삼분' 이후 형주를 통해 북진하여 한나라를 재건하는 기회도 놓치고 말았다.

여기에서 볼 수 있듯이. 국제 간의 외교에서 교만은 금물이다. 이것은 삼국 시대나 오늘날이나 마찬가지다.

4. 인질 외교

삼국 시대에 결혼 외교와 더불어 종종 사용된 외교 수단은 '인질 외교'이다. 오늘날에는 인질 외교가 흔치 않지만, 당시에는 전쟁이 자주 일어났기 때문에 전쟁이 끝나면 패배자의 자식들이 반란을 일으키지 못하도록 인질로 데려가곤 했다. 또한 상국(上國)에 충성을 맹세할 때 자식들을 인질로 보내기도 했다. 일본에서 막부(幕府) 정치의 장을 연 도쿠가와 이에야스도 경쟁자의 볼모가 되어 유년 시절을 보내야 했다. 이처럼 일본에서도 인질을 사용한 외교 정책은 흔히 사용되었다.

현대 사회에서도 물론 인질 외교가 종종 사용된다. 1980년대에 이란의 반군 정부는 미국 대사관 직원들을 볼모로 삼아 미국의 카터 행정부를 괴롭혔다. 그런가 하면 테러리스트 조직이 정치적 목적을 달성하기 위해 인질을 잡고 정부와 협상을 벌이는 소식도 종종 접할 수 있다. 심지어 현대 베트남 정부나 북한 정부는 전쟁 중에 전사한 군인들의 시신을 넘겨주는 문제를 놓고 외교를 벌인다.

삼국 시대 인질 외교의 대표적 예로 조조가 손책의 자식을 허도로 보낼 것을 요구했으나 손책이 이를 거절했던 일을 들 수 있다. 이 일로 손책과 조조의 사이가 나빠졌으나, 당시 손책의 세력이 아직 강성하지 못한 데다 조조도 원소와의 문제가 있어 참았다.

손책이 죽고 손권이 오나라를 계승한 후로, 강동에 인재들이 많이 모여들고 영토와 인구도 팽창해서 강성한 국가가 되었다. 이 같은 사태가 조조에게 달가울 리 없었다. 원소를 깨뜨린 후, 조조의

세력 역시 아주 막강해진 터였다. 그 기세를 타고 조조는 손권에게
사신을 보내서 손권의 아들을 조정으로 들여보내 천자의 수레를
따르게 하라고 협박조로 명령했다.

오나라 조정에서는 손권의 아들을 인질로 보내는 문제를 두고
열띤 논쟁이 벌어졌다. 문관인 장소는 "조조가 우리에게 자식을
조정에 들여보내라고 하는 것은 예로부터 제후들을 견제하는 법
도에서 비롯된 것입니다. 만약 주군께서 아드님을 보내지 않는다
면 조조가 군사를 일으켜 강동으로 내려올까 두렵습니다"라고 말
했다.

이에 대해 무장인 주유는 "한번 인질을 보낸다면 조씨와 화친하
지 않을 수 없고, 저쪽에서 명을 내려 부르면 이쪽에서 아니 갈 수
없게 됩니다. 그렇게 되면 이는 바로 다른 사람의 억누름과 부림을
받게 되는 길입니다"라며 반대했다.

손권은 주유의 말을 따라 아들을 조조에게 보내지 않았다. 이에
조조는 손권의 웅지를 짐작하고 강동을 정벌하기로 결심했다. 당
시 인질 외교는 아주 편리한 외교 형태였다.

5. 뇌물 외교

삼국 시대에 사용되었던 외교 수단의 하나는 '뇌물 외교'이다.
촉한이 멸망하기 전 강유는 기산으로 진군해서 위의 대장 등애와
맞섰다. 강유와 등애는 이기기도 하고 지기도 하며 여러 차례 접전
을 벌였다. 그런데 기산으로 강유가 진군했을 때 등애는 진법으로
싸워도 지고, 기습을 해도 계속 실패했다. 결국 정면으로 맞붙었으
나, 이번에도 등애는 강유에게 지고 말았다.

이때 등애와 함께 싸우던 사마망이 촉의 어지러운 내정을 이용
해서 반간계(反間計 : 적의 사이를 이간시키는 계책)를 쓸 것을 제안
했다. 하지만 등애는 계속 패전하는 상태를 모면하기 위해 뇌물 외
교 수법을 쓰기로 했다. 등애는 양양 사람인 당균(黨均)에게 뇌물
을 충분히 주어 촉나라로 잠입시켰다. 촉에 잠입한 당균은 당시 유
선의 환관으로 막강한 힘을 행사하고 있던 황호를 매수했다.

황호는 대장 강유가 유선을 원망하므로 곧 위나라에 항복할 것
이라고 황제 유선에게 고했다. 이에 놀란 유선은 곧 사절을 강유에
게 보내 회군하도록 종용했다. 연전연승하다가 졸지에 회군하게
된 강유는 유선에게 회군시킨 이유를 물었다. 그러나 유선은 우물
우물하다가 강유에게 한중으로 돌아가 기다리다 위나라에 변고가
생기면 새로운 명령을 내리겠다고 말할 뿐이었다. 등애의 뇌물 외
교가 적중한 것이다.

오늘날에도 뇌물 외교는 자주 사용된다. 우리는 그것을 '경제원
조 외교'라고 부르기도 한다. 그 내용이 돈으로 외교의 목적을 달

성하려는 점에서 마찬가지이기 때문이다. 최근 미국이 이라크와의 전쟁에 도움을 받기 위하여 폴란드·파키스탄·터키 등에 경제 원조를 약속하면서 이라크에 파병해 줄 것을 요청한 것도 그러한 맥락에서라고 할 수 있다. 과거에 미국이나 옛 소련이 후진국과 제3세계 국가들을 자신의 동맹국으로 끌어들이기 위해 경제원조를 주무기로 사용한 것도 마찬가지다. 옛 소련은 중동에 발붙이기 위해 이집트에 아스완 댐을 건설해 주었고, 미국은 공산주의의 확산을 막기 위해 패전한 독일과 일본은 물론이고 많은 후진국에 경제원조를 해왔다.

결국 뇌물 외교나 경제원조 외교는 돈으로 외교 현안을 해결하려는 것으로, 본질은 똑같다고 하겠다. 돈은 국내정치에서나 국제정치에서나 공히 중요한 수단이다. 앞으로 국제정치에서도 돈의 위력은 상당할 것이다. 나라마다 경제를 발전시키고 군사력을 증강하기 위해서는 엄청난 돈이 필요하다. 그러므로 돈이 없는 국가는 돈의 유혹에 민감하고, 돈이 많은 국가는 금권력을 이용한 외교정책을 펴려는 유혹에 빠지기 쉽다.

지금까지 살펴보았듯이 삼국 시대의 외교는 크게 개인 외교, 안면 외교, 결혼 외교, 인질 외교, 뇌물 외교로 나눌 수 있다. 현대적 의미에서 이들 외교는 대부분 비밀 외교였다. 국가 안보를 위한 외교가 공개적으로 이루어질 때도 있었지만, 대부분 비밀리에 진행되었던 것이다. 그리고 비밀 외교의 속성상 개인 외교가 성행할 수밖에 없었다.

또한 삼국 시대의 외교는 거의 양자 회담에 의존했다. 아주 드물게 다자 회담도 열렸지만, 대체로 양자 회담을 통한 외교였다. 그런 만큼 개인이 결정을 내리는 외교였지, 다수결에 의해 결정된 것은 아니었다.

한편 삼국 시대의 외교는 오늘날처럼 협박을 하기도 하고, 설득을 하기도 하며, 타협을 하기도 했다. 또한 외교적인 목적을 위해서 폭력을 사용할 때도 있었다. 그러나 외교는 비폭력적 방법으로 국가의 목표를 달성하는 것이다. 그런 점에서 삼국 시대에는 실패한 외교가 성공한 외교보다 더 많았다.

또한 삼국 시대에는 동맹 외교, 협력 외교, 적대적인 외교, 간섭 외교, 비동맹 외교 등 다양한 외교 관계가 전개되었다. 촉과 오는 때로 대립하기도 했으나 동맹 관계가 대체로 지속되었다. 반면 촉과 위는 적대적 외교 관계가 주를 이루었다. 하북의 원소와 위는 적대 외교를 펼치다가 결국 전쟁으로 결말이 났다.

난세를 사는 방책으로 익주의 유장은 비동맹 외교 관계를 오랫동안 추구했으나 결국 망하고 말았다. 반면 형주의 유표와 하북의 원소는 협력적 외교 관계를 유지했다. 그러나 오나라의 손책과 손권은 형주와 적대 외교로 일관했다.

그런가 하면 위나라의 조조는 간섭 외교의 달인이었다. 현대 사회와 마찬가지로 당시에도 위나라와 같은 강대국은 간섭 외교를 자주 펼쳤다. 오늘날에도 강대국은 간섭 외교를 자주 활용하기 때문에 제국주의 국가라는 비난을 받는다.

삼국 시대에 정상 외교는 아주 드물게 이루어졌다. 정상이 대면할 때는 대개 전쟁을 할 때였다.

외교는 인간들 사이의 관계인 만큼 삼국 시대나 오늘날이나 존

재한다. 하지만 과학·기술·통신수단·교통의 발달로 외교 행태는
변하게 마련이다. 또한 지역과 문화의 차이로 인해 사회마다 나타
나는 양태가 다르다. 동양과 서양의 외교 형태를 보면 그 차이점을
확연히 알 수가 있다. 아직도 서양인들에게 외교 관계는 제도적이
며 비인간적이다. 반면 동양에서는 아직도 개인 외교, 안면 외교가
중요하다.

이러한 문화적 차이로 인해 각기 다른 문화를 지닌 국가들 사이
에 문제가 생기곤 한다. 북한의 핵 문제를 다루는 데도 북한과 미
국의 문화적 차이는 문제 해결을 어렵게 만들고 있다. 현대 외교의
과제는 이러한 문화적 차이를 감안해 서로 이해함으로써 인류 공
동의 선을 추구해야 한다는 것이다.

다행히 오늘날에는 국가 간에 사람들의 왕래가 잦고 국제연합을
위시한 다양한 국제 조직이 시민들의 대화를 유도하고 문화적 차
이를 극복할 수 있는 기회를 부여하고 있다.

따라서 문화적 차이에서 오는 국가 간의 이해 관계는 극복되리
라고 본다. 또한 극복해야만 한다. 문화적 차이를 극복함으로써 헌
팅턴이 말하는 문명의 충돌 같은 사태가 인류 사회에서 일어나지
말아야 한다. 이를 피하려면 인류의 지혜로운 외교가 필요하다.

7장

삼국 시대의 전쟁 원인

인류 역사는 전쟁으로 점철되어 있다. 어찌 보면 인류 역사는 전쟁의 역사라고도 할 수 있다. 수많은 전쟁을 겪었기 때문에 인류는 더욱더 평화를 갈구하는지도 모른다. 그런 점에서 인류 역사는 전쟁과 평화의 변증법적 발전 과정이라고 할 수 있다.

독일의 역사철학자 헤겔은 변증법적 역사 해석을 통해서 평화 후에는 전쟁이 따르는 필연적인 역사의 함수 관계를 입증하려 했다. 다시 말해서 하나의 이데아에 의해 유지되었던 사회는 자체의 모순 때문에 다른 이데아가 성립되고 이는 투쟁 관계로 발전하게 되는데, 이 이데아들 간 투쟁의 물질적 표현이 전쟁이라는 것이다. 또한 이러한 변증법적인 관계는 신의 의지를 실현할 때까지 역사 속에서 계속된다고 그는 말했다. 이 같은 논리는 훗날 수많은 논쟁을 불러일으켰다. 헤겔의 논리를 무시하더라도 분명한 사실은 인류가 숱한 전쟁을 겪었고, 또한 전쟁 때문에 평화를 갈구하게 되었다는 것이다.

국제정치의 중요한 부분은 전쟁으로 점철되어 있다. 어찌 보면 전쟁으로 국제정치학이 태동했다고도 할 수 있다. 투키디데스가 『펠로폰네소스 전쟁사』를 쓰면서 서양의 국제정치학은 시작되었던 것이다. 중국에서도 전쟁 때문에 태공망의 육도삼략이 기술되었다. 중국 역시 전쟁과 병기의 발전으로 국제정치학이 태동한 셈이다.

인류 역사가 그러하듯이, 삼국 시대도 무수한 전쟁으로 점철되었다. 『삼국지』의 재미있는 얘기들은 대체로 전쟁을 통해서 전개된다. 전쟁 과정에서 벌어지는 숱한 인물들의 두뇌 싸움과 장군들의 영웅적인 행동으로 『삼국지』는 아주 재미있다. 그러나 전쟁은 인류가 창안한 최대 비극이다.

전쟁의 역사를 살펴보면서 미국의 데이비드 싱거는 1980년 연구 발표에서 기원전 3600년부터 1980년까지 인류는 모두 3400번이 넘는 전쟁을 치렀다고 말했다. 내란까지 포함하면 1만 3600번에 이르는 전란을 겪었다고 한다. 그리고 이로 인한 인명 피해는 10억 명이 넘는다. 이들 희생자 가운데 8억이 넘는 인구가 유럽에서 일어난 전란에서 생명을 잃었다. 사회학자 피트림 소로킨에 따르면, 1100년부터 1925년까지 유럽에서 전쟁이 862번 일어났고, 17세기부터 1925년까지 유럽에서 발생한 전쟁으로 인해 3400만 명 이상이 희생되었다.

전쟁의 희생자는 기계 문명과 과학의 발전으로 점차 폭증하는 추세를 보이고 있다. 20세기에 일어난 전쟁은 기계 문명 극치의 전쟁으로 그 어느 때보다 희생자가 많았다. 1차 세계대전에서 970만 명이 사망했고, 2차 세계대전에서 5200만 명이 생명을 잃었다. 아프리카·아시아·유럽·아메리카 대륙에 걸쳐 전쟁이 일어나지 않은 지역이 없다. 또한 크게는 로마·페르시아·몽골 제국에서 작게는 아프리카의 이보 종족에 이르기까지 전쟁을 피할 수 있었던 민족은 거의 없었다.

이에 따라 인간이 전쟁을 하는 이유와 이에 대한 예방책이 무수히 연구되어 왔다. 『펠로폰네소스 전쟁사』를 쓴 그리스의 투키디데스나 현대 학자인 퀸시 라이트 등은 그들의 전 생애를 바쳐 전쟁에 대해 연구했다.

라이트가 밝힌 대로, 이슬람교도들이 중동에서 일으킨 전쟁들은 종교적 요소가 강했다. 선교를 위해서 비교도들을 정복한 사례가 많았던 것이다. 또한 십자군 원정은 성지 회복을 대의명분으로 내걸었으나 실제로는 교황의 야심과 군주들의 명예욕 그리고 영토 정복 욕구가 맞물린 결과였다. 1348년에 시작된 백년전쟁은 경제적·사회적 피폐와 군주들의 야심 때문에 일어났다. 30년 전쟁은 종교의 부흥을 업고 벌인 신교와 가톨릭 교회 간의 전쟁이었다. 프랑스 혁명 이후 벌어진 나폴레옹 전쟁은 민족의 영광을 드높이려는 민족주의에 의한 전쟁이었다.

삼국 시대 역시 크고 작은 전쟁을 많이 치렀다. 한번은 조조가 전쟁에서 승리해 기뻐하며 고향을 찾았는데, 하루 종일 동네를 돌아다녀도 아는 사람을 한 명도 만나지 못했다고 한다. 전쟁으로 많은 사람이 죽고 피난길을 떠났기 때문이었다. 실로 1백여 년에 이르는 삼국 시대는 엄청난 전쟁을 겪은 시기였다.

1. 전쟁의 일반적 원인

인류는 전쟁을 무수히 치르면서 전쟁의 원인을 밝히려고 노력했다. 여기에 몇 가지만 소개해 보기로 하자.

국제정치학자인 퀸시 라이트는 인류의 전쟁사를 고찰한 후 넓은 의미에서 전쟁이 일어난 원인을 네 가지로 설명했다.

첫째는 종교·민족·제국·문명 등을 상징하는 특정 이상에 대한 집착과 열광적인 지원이 전쟁을 일으킨다. 둘째는 정치 지도자나 정부를 운영하는 지도자들이 현실의 불만을 해소하기 위해 전쟁을 일으킨다. 셋째는 한 국가의 외교 정책을 이행하기 위한 수단의 하나로 전쟁을 일으킨다. 넷째는 다른 나라가 국제법을 어기거나 자국의 권한을 침범했다고 생각할 때 이를 응징하기 위해 전쟁을 일으킨다.

그런가 하면 케네스 월츠는 그의 고전적 저서인 『인간, 국가 그리고 전쟁』에서 전쟁 원인을 크게 세 가지 범주에서 논하고 있다. 첫째는 인간성에서 전쟁의 원인을 밝히려는 논리이고, 둘째는 사회 구조의 모순이 전쟁을 야기한다는 논리이며, 셋째는 국제질서의 부재가 전쟁을 초래한다는 논리이다.

한편 월터 존스는 역사적으로 일어났던 전쟁과 이를 설명하는 전제와 이론을 11가지로 집대성했다.

첫째는 힘의 부조화 내지 힘의 불균형이 특히 적대적인 관계에 있는 국가 간의 전쟁을 초래한다는 논리이다. 즉 세력의 분배가 어느 한쪽으로 지나치게 기울었을 때 전쟁이 일어날 가능성이 높다는 것이다. 이 학설을 믿는 사람들은 세력의 평형 또는 균형이 전쟁을 막는다고 본다. 반면 이 평형 관계가 무너지면 전쟁이 일어나게 된다고 본다.

둘째, 세력이나 권력의 급작스런 이동이 생길 경우 전쟁이 유발된다고 본다. 갑작스럽게 생긴 전술적 기회나 별안간 획득한 기술적 우월성 등이 국가의 능력과 권력을 키워 주는데, 이러한 갑작스런 국가 권력의 이동은 그 국가로 하여금 기존 질서를 파괴하고자 하는 의욕을 부추기게 된다. 특히 현상 유지에 불만을 가진 국가에게 이러한 기회가 주어지면 전쟁이 일어날 가능성이 높아진다.

이때 세력의 이동이 생기게 되는 이유는 몇 가지 있다. 즉 국가 경제의 급속한 발전이나 국제질서의 갑작스런 변동이 좋은 예라 할 수 있다. 또한 국민의 동원력이 엄청나게 높아졌을 때나 국민의 의지력이 갑자기 제고되었을 때에도 전쟁이 일어날 가능성이 높다. 이 같은 혁명적인 권력의 이동은 현실에 불만을 가진 국가로 하여금 현상 타파를 꾀하게 만든다.

셋째, 극단적이고 편협한 민족주의 및 종족주의가 전쟁을 유발하기도 한다. 민족주의란 종족·종교·문화 및 역사가 같다는 이유로 같은 국민이란 내적 연대 의식을 갖는 것을 말한다. 민족주의가 건설적으로 발전하면 국가의 힘을 키우는 데 크게 기여하는 반면, 인류 역사가 증명하듯이 민족주의란 미명 하에 숱한 전쟁이 일어나기도 했다. 민족의 영광, 민족의 영웅, 민족의 숭고한 목적 같은 명분론은 이성적 판단에 의한 전쟁 반대론을 억제하기 일쑤다.

한국전쟁도 민족통일이라는 명분 아래 수행되었다. 민족공동체는 때로는 신비의 공동체로 승화된다. 인간은 흔히 신비의 공동체를 위하여 생명을 바치는 것을 미화한다. 로센 교수의 연구에 따르면, 최근 일어난 160건의 전쟁 중 70%가 민족 및 종족을 위해서라는 미명 아래 일어났다.

넷째, 전쟁을 사회 발전 과정에서 오는 필연적인 과정으로 보는 사회 진화론적 입장이다. 이들이 보기에는 국제사회도 생물계와 마찬가지로 경쟁을 통해서 발전해 간다. 약자는 제거되고 적응 능력이 있는 강자만이 생존하게 되는 것이다. 그러므로 전쟁은 필요악으로서 문명의 발전에 기여한다는 주장이다. 종족의 번영을 위한 영토 확장은 당연한 진화 과정으로서, 이는 전쟁을 필연적으로 수반하게 된다.

다섯째, 전쟁을 국가 간 커뮤니케이션의 실패에서 오는 결과로 보기도 한다. 국가는 상대방을 항상 이념적인 시각에서 바라본다. 또한 상대방을 볼 때도 특정 관념을 가지고 본다. 국제사회에서 냉전은 상대방을 왜곡한 데서 비롯된 것이다. 즉 오도된 인식이 상대방의 의도를 왜곡하게 되는 것이다. 이같이 왜곡된 상태에서는 상대방의 메시지를 진실로 받아들이기 어렵다. 이러한 왜곡된 인식의 연장은 흔히 전쟁을 유발하는 상태까지 몰고 가기 쉽다. 현대의 과학 문명, 교통·통신 및 상호 인적인 교환에도 불구하고 국가 간의 오해나 왜곡은 쉽사리 없어지지 않는다.

여섯째, 일부 학자들은 군비 경쟁이 종종 전쟁을 유발한다고 본다. 즉 계속되는 군비 경쟁은 상대방에 대한 두려움을 불러일으킨다. 특히 적대 국가의 군비 확장은 이러한 두려움을 부채질하여 결국 전쟁을 유발하게 된다. 또한 균형을 이루지 못한 군비 경쟁은 전쟁의 위험성을 한층 높인다.

일곱째, 정치인들이 종종 내적 결속을 꾀하기 위해 외국과의 전쟁을 일으킨다. 물론 많은 학자들이 이 이론을 반박하였고, 통계적으로 볼 때도 이 가설은 신빙성이 그리 높지 않다. 그러나 역사적으로 볼 때 1866년부터 1871년 사이 유럽에서 일어났던 전쟁은 독일 통합을 위한 전쟁이었다. 미국의 남북전쟁이 일어나기 전, 국무장관이었던 윌리엄 스워드는 링컨 대통령에게 남북전쟁을 피하기 위해 스페인과의 전쟁을 제안하기도 했다.

여덟째, 전쟁이 국가의 내적 갈등 및 붕괴로 인해 온다고 보는 견해도 있다. 러시아의 볼셰비키 혁명, 베트남 내전, 또는 니카라과의 내란 중에 외국인이 간섭하거나 직접 참여하는 전쟁이 있었다. 즉, 내적 갈등 및 분열은 흔히 외국 세력을 불러들인다. 이것이 때로는 국가 간의 전쟁을 야기하기도 한다. 또한 국내에 심각한 갈등이 있을 때, 강대국은 이러한 갈등이 외부의 사주를 받은 것이라는 미명 하에 침범을 감행하기도 한다.

아홉째, 상대적 박탈감으로 인해 내란이 일어나기도 한다. 즉 내란이나 민중 봉기가 일어나는 것은 자신들이 당연히 보상받아야 할 것을 수탈당했다는 의식을 강하게 갖고 있기 때문이다. 특히 후진국이나 개발도상국의 국민들은 상대적으로 기대감이 높다. 즉 시대의 변화와 사회의 발전은 시민들에게 높은 욕망을 키워 준다. 문제는 정부나 기존의 사회 단체가 이 같은 욕망에 응분의 조치를 취하지 못한다는 데 있다. 그 결과 내란이나 시민전쟁이 일어난다. 이러한 내란이나 민중 봉기는 열강의 간섭 내지 침략을 자초하기도 한다.

열 번째, 인간의 동물적 본성에서 전쟁의 원인을 찾기도 한다.

즉 인간은 천성적으로 싸우기를 좋아한다는 것이다. 생리적으로 남성의 경쟁 의식과 자학 의식이 국제 간 전쟁을 일으키는 원천이라는 논리이다. 즉 생태적 본성과 집단의 병적 심리 상태가 전쟁을 유발시킨다는 것이다. 전쟁이 일어날 때마다 민족의 영광과 시민의 자유 및 제국의 평화와 같은 상징으로 국민을 동원하고 전쟁을 합리화하지만, 기본적으로 이는 동물적 욕구를 충족시키기 위한 것이다.

열한 번째, 국내 경제 문제를 해결하기 위해 전쟁을 일으킨다는 견해도 있다. 전쟁은 과학 기술 및 산업 발전을 촉진해 왔다. 또한 인위적인 수요를 창출하기도 한다. 군과 산업은 아주 밀접한 연관이 있어서 군사 및 방위산업을 촉진시킨다. 이 같은 경제 구조는 종종 전쟁을 필요로 한다. 그리하여 직업 군인·경영인·정부 관리·정치인들을 결속시켜 전쟁을 야기하곤 한다.

이밖에도 전쟁의 원인을 두고 많은 이론과 가설들이 있다. 전쟁의 원인을 설명하는 이론은 비교적 단순하고 다양하다. 그러나 사실 전쟁은 대개 복잡한 이유에서 일어난다. 20세기에 일어났던 전쟁을 몇 가지만 예로 들어 보자. 먼저 1차 세계대전을 간단히 살펴보기로 하자.

1차 세계대전

1차 세계대전은 표면상으로는 1914년 6월 28일 오스트리아·헝가리 제국의 페르디난트 대공이 세르비아인에게 암살된 사건을 계기로 시작되어, 영국·프랑스 제국이 러시아 제국과 합세함으로써 끝난 전쟁이다. 모두 970만 명이 넘는 희생자를 낸 1차 세계대전은 오스트리아·헝가리 제국과 발칸 반도의 소국인 세르비아와의 충돌에서 시작되었으나, 실제로는 훨씬 복잡한 유럽의 정치 구조가 통솔력을 잃음에 따라 서서히 말려 들어간 전쟁이었다.

그 원인을 간단히 추려 보면 다음과 같다.

첫째, 독일 제국의 잘못된 정책 때문이었다. 비스마르크 재상이 통솔할 때의 독일 제국은 비교적 목적 의식과 힘의 관계를 분명히 인식하고 있었다. 전쟁을 해도 불필요한 전쟁은 삼갔다. 그러나 빌헬름이 통치하면서 독일은 무리한 팽창과 군사 정책으로 독일 제국을 고립되게 만들었다. 또한 군사 전략상 상대방의 방어 능력을 과소평가하고, 자국의 능력을 과대평가함으로써 정책적 실책을 범했다. 이 같은 잘못된 정책이 국민과 지도자들의 현명치 못한 민족주의 감정과 합세하여 독일의 패전을 자초한 것이다.

둘째, 오스만 제국 해체 이후 발칸 반도의 강력한 민족주의 열기와 이를 이용하려는 제국들 간의 경쟁심 또한 전쟁을 부추겼다. 체코·슬로바키아·루마니아·세르비아 등 소수 민족들은 생존을 위한 자구책으로 독일·오스트리아·러시아 등과 동맹 관계를 맺었고, 이들 제국 또한 소수 민족을 이용하여 자국의 팽창 정책을 실현하려 했다.

셋째, 독일은 러시아의 팽창 정책과 능력을 과대평가하였다. 실제로 당시 독일은 산업 능력이나 군사력에 비추어 상대적으로 강력한 국가였다. 문제는 독일이 러시아의 군사력이 엄청나게 증가되고 있다고 과대평가함으로써 국제 현실을 곡해하게 되었다는 것이다. 이런 잘못된 판단을 근거로 독일은 러시아가 더 강력해지기 전에 공격하는 것이 유리하다고 판단함으로써 러시아를 전면전으로 끌어들였다. 독일의 일방적 요구와 전쟁 선언은 결국 프랑스와 벨기에를 전쟁으로 끌어들였고, 이어 영국과 미국이 참여하는 세계대전으로 비화되었다.

넷째, 오스트리아·헝가리 제국의 쇠약과 이에 따른 예방 능력의 약화도 전쟁의 한 원인으로 작용했다. 오스트리아는 망해 가는 제국이었으나 종래의 영광을 꿈꾸는 착각에 사로잡혀 있었다. 그리하여 세르비아와 충분히 협상할 수 있었음에도 이를 거절하고 무리하게 세르비아를 점령함으로써 러시아를 자극하였다.

1차 세계대전은 결국 오스트리아와 세르비아 간의 국지전이 세계대전으로 확대된 경우로, 작은 전쟁이 아무도 원치 않았던 세계대전이 되고 만 것이다.

2차 세계대전

2차 세계대전은 공식적으로는 1939년 9월 1일 독일이 폴란드를 침공함으로써 시작되었다. 보기에 따라서 2차 세계대전의 시작은 아주 단순했다. 즉 광신적인 히틀러의 세계 정복 야망에서 비롯된 전쟁이라고 할 수 있다. 그러나 실제로는 훨씬 복잡한 요인을 가진 전쟁이었다. 이 전쟁의 원인을 간단히 살펴보자.

첫째는 물론 히틀러의 야망 때문이다. 히틀러는 해체된 독일군을 재무장하고 독일을 위대한 국가로 복원하려는 야심을 갖고 있었다. 또한 외국에 거주하고 있는 독일 민족을 재통합하고, 유럽과 소련을 지배한 후 대외 팽창을 계속하려고 했다. 이를 위해 오스트리아를 합병하고 체코·폴란드·프랑스 등을 정복한 데 이어 소련을 침공했다. 히틀러의 주장에 따르면, 독일은 보다 넓은 삶의 공간을 위하여 소련이 필요했다. 또한 소련을 지배하는 계급이 유태인이라고 착각한 히틀러는 유태인의 피는 독일을 약화시킨다는 미명 하에 600만 명이나 되는 유태인을 살해했다. 뿐만 아니라 임의로 숱한 국제 조약을 파기하고 무리한 군사 전략을 강행했다. 히틀러의 이와 같은 편협한 사고와 광기·실책 때문에 군에서 그를 암살하려는 계획도 있었으나 미수에 그쳤다.

둘째, 독일 국민에게서도 전쟁의 원인을 찾을 수 있다. 1차 세계대전에서 패전한 독일은 경제적으로 피폐해져 실업률이 높았다. 게다가 베르사유 조약에서 독일에게 물린 전쟁 배상금은 그 액수도 부담스러웠지만 무엇보다 독일 국민의 자존심을 자극하였다. 1차 세계대전 이전의 독일 제국은 번영하고 강력한 국가였다. 반면 전후의 초라한 독일의 모습은 국민들로 하여금 복수심과 증오심을 갖게 했다. 이로 인해 민주주의 헌법에 기초한 바이마르 공화국 체제 자체가 흔들리게 되었다. 히틀러의 병적인 심리도 국민 다수의 성원이 없다면 힘을 발휘하기 어렵다. 역사적으로 독일 국민은 유태인을 증오했고, 볼셰비즘을 두려워했으며, 독일을 패망시킨 서방국들을 미워했다. 그 때문에 그들은 나치당을 성원했고 외국과의 전쟁도 불사했다.

셋째, 독일에 대항하는 열강들의 상충되는 이해 관계와 분열도 한 원인으로 작용했다. 윈스턴 처칠은 2차 세계대전은 불필요했던 전쟁이라고 말했다. 다시 말해서 유럽인이 히틀러와 나치 운동을 제대로 알고 대처했더라면 피할 수도 있었던 전쟁이라는 것이다. 하지만 소련은 독일이 서부 유럽과 싸우기를 은근히 바랐고, 이탈리아는 제국 욕심에 에티오피아를 점령했으며, 일본은 아시아에서 패권을 거머쥐려고 전쟁을 일으켰다. 또한 프랑스와 영국은 서로 합의하기가 어려웠고, 미국에는 고립주의 바람이 일고 있었다. 이러한 국가 간 이해 관계의 차이가 히틀러의 활동을 용이하게 했던 것이다.

결국 2차 세계대전으로 5200만 명이 목숨을 잃었다. 특기할 것은 이 전쟁에서 인간은 새로운 과학 기술로 만든 원자탄을 사용하기에 이르렀다는 것이다.

걸프전

가장 최근에 일어났던 세계적 전쟁인 걸프전을 간단히 살펴보자. 걸프 전쟁의 발단은 1990년 8월 2일 이라크군이 쿠웨이트를 점령한 데서 비롯되었다. 쿠웨이트 점령이 성공하면 후세인은 세계 원유 공급의 24%를 장악할 수 있고, 만일 사우디아라비아까지 점령하면 세계 원유 공급의 44%를 장악할 수 있었다.

5개월 가량의 준비 끝에 미국을 중심으로 한 다국적군의 공격이 1991년 1월 17일을 기해 시작되었다. 무려 40여 일 동안 공중 포격과 함포 사격을 가한 뒤, 1991년 2월 24일 다국적군이 지상군 공격을 개시했다. 그러나 부시 대통령은 불과 며칠 뒤인 2월 28일 전투 중지를 선언했다. 이렇게 해서 후세인의 자기 개인의 야심을 아랍 민족주의로 승화하려고 했던 기도는 실패로 돌아갔다.

걸프 전쟁은 물론 후세인의 과욕에서 비롯되었지만 몇 가지 특징이 있다.

첫째, 걸프전은 병기의 우수성이 절대적 역할을 한 전쟁이다. 한국 전쟁, 중국 전쟁, 베트남 전쟁에서는 무기의 우수성보다 심리전

및 비정규전인 게릴라전이 큰 역할을 했으나 걸프전에서는 장비의 우수성이 결정적 역할을 했다.

둘째, 걸프전은 집단안전보장 체제를 완전하게 가동하여 성공한 전쟁이다. 미국은 전통적 동맹국인 영국과 프랑스 등 유럽 국가들을 주축으로 하여 국제연합을 동원하고 소련과 중국의 묵시적 승인을 받아서 명실공히 세계적 동의를 얻은 전쟁을 치른 셈이었다. 특히 아랍 국가인 이집트와 시리아까지 동원하여 후세인이 의도했던 아랍 민족주의의 결속을 차단했다.

셋째, 걸프전은 20세기에 일어난 전쟁 가운데 가장 잘못된 판단에 의거한 전쟁이었다. 먼저 이라크의 패전 요인을 여러 가지로 분석할 수 있다. 기술적인 면, 지휘 통제의 문제점 등이 그것이다. 그러나 무엇보다도 치명적인 요인은 미국에 대한 후세인의 오판이었다. 물론 미국인의 상당수가 전쟁을 반대했지만 후세인이 미국인의 기질을 이해했다면, 또 쿠웨이트와 사우디아라비아가 서방 경제에 미치는 영향을 계산하고 이해했더라면 그같이 무모한 짓을 하지는 않았을 것이다. 또 제국의 역할과 미국 대통령의 정치를 이해했더라면, 또는 감군 추세와 국방산업 간의 역학 관계를 이해했더라면 그 같은 무모한 짓을 하지 않았으리라고 본다.

20세기에 일어났던 세 개의 전쟁만을 고찰해 보아도 앞에서 열거한 전쟁의 모든 요인들이 작용하였음을 알 수 있다. 즉 국수주의 및 종족주의, 커뮤니케이션의 실패, 지도자의 병적 심리, 국내 경제 및 정치 상황의 악화, 적에 대한 오판, 군비 경쟁, 강한 이념 의식, 외교 정책상의 실책 등의 요인이 직·간접으로 작용한 것이다.

삼국 시대 역시 숱한 전쟁이 일어났던 만큼 위에 열거한 전쟁의 요인을 전부 발견할 수 있다. 개중에는 단순한 사건이 원인이 되어 일어난 전쟁이 있는가 하면, 복잡하고 다양한 요인으로 말미암은 전쟁도 있다. 최근에는 전쟁의 원인으로 이질 문명의 충돌론이 나와 많은 논쟁을 불러일으키고 있다.

새무엘 헌팅턴의 문명충돌론

하버드 대학교 교수인 새무엘 헌팅턴이 미국의 저명한 학술지인 『포린 어페어스(Foreign Affairs)』 1993년 여름호에 미래 전쟁 원인에 대한 가설을 발표했다. 헌팅턴 교수가 발표한 논문은 학계와 언론계에 상당한 파문을 던졌다. 여기서 그가 개발한 논리적 가설을 소개하기로 하자.

전쟁 원인에 관한 전통적인 이론에 헌팅턴은 새로운 전쟁 이론을 제기하였다. 그에 따르면 새로이 형성되어 가는 국제질서에서는 역시 민족 국가가 가장 중요한 국제 행위자로 존재하게 되지만, 전쟁의 원인은 과거와 같이 이념이나 경제적 이유가 아닌 문화적 요소에 기인한다. 즉, 미래의 전쟁이나 국제 분쟁은 주로 문명이 서로 다른 민족이나 국가들 사이에서 야기된다는 것이다. 한마디로 문명의 충돌이 세계의 정치를 지배하게 된다. 미래 전쟁의 단층선(fault lines)은 문명을 갈라놓은 지역이 될 것이다. 전쟁의 진화 과정에서 볼 때 현대 사회의 투쟁과 갈등은 이질화된 문명 사이에서 야기된다. 웨스트팔리아 강화조약 이후 서양은 주로 왕과 황제·귀족 등이 자기 세력을 신장하기 위하여 전쟁을 일으켰다. 즉 영토 확장이 중요했다. 그러나 역사가 발전하면서 민족 국가가 형성되자, 프랑스 혁명 이후에는 주로 민족 국가를 중심으로 전쟁이 일어났다.

이같이 민족 국가를 중심으로 일어났던 전쟁 중 가장 규모가 컸던 전쟁이 1차 세계대전이다. 그러나 러시아에서 볼세비키 혁명이 성공한 뒤로 변하기 시작, 그 뒤로는 파시즘·나치즘·공산주의·자유주의 등 이념을 둘러싸고 서양인들은 투쟁하였다. 냉전 체제가 종식되면서 서구를 중심으로 진행되었던 국제정치도 종식되었다. 이제 국제정치의 중심은 서방국과 비서방국, 또는 비서방국들 사이로 옮겨졌으며, 비서방국들은 서방국의 식민화 대상이 아니라 전 세계를 움직이는 주체로서 역사의 동반자가 되었다.

냉전 체제 하에서는 세계를 제1세계·제2세계·제3세계 등으로 나누었으나, 이러한 분류는 이제 큰 의미가 없다. 이제는 세계를 경제와 정치 발전을 중심으로 분류하기보다는 문화와 문명을 중심으로 분류하는 것이 더 현실적이다. 즉 문명은 문화적으로 가장 광범위하게 집단을 형성할 수 있는 능력이 있다. 문명은 언어·종교·습관·제도 또는 역사적 공통성을 갖고 전수되어 오고 있다. 인간은 문명을 중심으로 자기 일체감을 형성한다. 문명은 중국과 같이 큰 집단을 이룩할 수도 있고, 지중해의 앵글로폰같이 작은 집단을 형성할 수도 있다. 문명은 서유럽·아랍·남미 지역과 같이 여러 국가들을 포함할 수도 있고, 일본같이 단일 국가를 중심으로 형성될 수도 있다.

현대 세계는 토인비 교수가 지적했듯이 대개 6개의 중요 문명권으로 나뉜다. 좀더 세분하면 7~8개의 중요 문명권으로 나눌 수 있다. 즉 서유럽, 유교 문명권, 일본, 회교도, 힌두, 슬라브, 남미 및 아프리카 등이 그것이다.

미래의 중요한 전쟁은 상이한 문명을 나누는 문화적 단층선을 중심으로 야기될 것이다. 그 근거로 최소한 여섯 가지를 지적할 수 있다.

첫째, 문명의 차이는 현실적일 뿐만 아니라 인간에게는 기본적이기 때문이다. 즉 상이한 문명을 가진 사람들은 인간 관계, 우주관, 인간과 신의 관계에 대한 견해 차이가 심하다.

둘째, 세계가 좁아지면서 상이한 문명을 가진 사람들의 접촉이 빈번해지고 있다. 상이한 문명을 가진 사람들 간의 빈번한 접촉은 문명의 차이에서 오는 자아 의식을 더욱 강하게 만든다.

셋째, 경제적 근대화 과정과 사회적 변화는 인간 개개인이 느끼는 일체감을 파괴했을 뿐 아니라 국민과 국가 간의 일체감도 파괴하는 결과를 가져왔다. 국민과 향토, 국민과 국가 간의 일체감을 파괴한 후 이 공간을 종교가 메우게 되었다. 특히 종교는 여러 형태의 운동권으로 발전했다. 이러한 종교의 부흥 운동이 인간의 전통적 국경을 초월하여 발전하게 되었다.

넷째, 과거 서양은 두 가지 측면에서 세계적으로 문명 의식을 높여 놓았다. 즉 서양은 세계에서 가장 강력한 권력자로서 세계에 막강한 이미지를 구축했으나, 동시에 비서구인으로 하여금 문명의 자아 의식을 키우게 하고 각 문명의 내향성을 증진하게 만들었다. 그리하여 아세안으로의 복귀, 이슬람으로의 복귀, 힌두로의 복귀 등의 운동을 세계 각처에서 목격할 수가 있다. 특히 비서구권 지배 엘리트층에서 문화적 복고주의가 성행하게 되었다. 하지만 이와 동시에 대중들은 서구 문명을 더 흡수하고 있다.

다섯째, 문화적 특성과 차이는 정치적·경제적 특성이나 차이에 비해 변질 또는 융화하기가 어렵다. 정치 투쟁이나 경제적 갈등은 편을 만들기도 하고, 편을 바꾸기도 하고, 절충을 하기도 한다. 그러나 종교적 문명은 편을 바꿀 수가 없다.

여섯째, 세계적으로 지역주의가 힘을 얻고 있다. 성공한 지역주의는 문명의 연대감을 증대시키게 마련이고, 또한 지역주의가 성공하려면 문명의 공동 의식 아래 지역주의가 발전해야만 한다. 예를 들어 유럽 공동체는 기독교 문명 하에서 성공하였다. 반면 일본은 그 문명의 특수성으로 인해 지역주의를 성공시키기 어렵다. 결국 세계는 문화와 종교를 구심으로 한 경제 협력체를 각 지역에서 발전시키게 된다. 세계의 국민들이 경제 공동체를 발전시키면서 '우리와 너희'라는 의식을 종교와 인종의 구성에 따라 강하게 느끼게 만든다. 즉 이념의 종말은 전통적 일체감의 하나인 종족주의 또는 타자와의 적대 의식을 양성한다. 또한 각 국가들 사이의 종교와 문화적 차이는 정책의 차이를 수반하게 마련이다. 이러한 와중에 문명의 충돌은 두 가지 수준에서 생성된다. 즉 미시적인 수준에서 작은 규모의 집단들은 영토 확장을 위해 서로 투쟁하고, 거시적인 수준에서는 국가들 사이에 국제기구, 또는 경제력 내지 군사력을 사용해 특정 가치관을 팽창시키기 위한 투쟁을 하게 된다.

이제 문명 사이의 점화선이 냉전 체제 하의 이념적 경계선을 대치해서 세계적 위기의 점화선이 되어 버렸다. 유럽에서 철의 장막이 없어지면서 서양의 기독교 문명과 그리스정교회 문명, 또는 이슬람 문명 간에 갈등이 빚어지기 시작했다. 물론 기독교 문명과 그리스정교회 문명의 대립은 이미 15세기에 그 경계선을 만들어 냈다. 서양과 이슬람 간 투쟁의 점화선은 이미 14세기에 확립된 것이다. 대표적인 예는 11세기에서 13세기에 걸쳐 강행된 십자군 원정이다. 14세기에서 17세기까지는 오스만 제국이 이슬람을 대표해서 오스트리아 빈까지 침공하였다. 그러나 19세기 들어 오스만 제국이 쇠망하면서, 영국·프랑스·이탈리아가 북아프리카와 중동에서 세력을 구축하게 되었다.

2차 세계대전 후 아랍 민족주의가 회교주의를 통해서 표출되고, 서양이 페르시아 만에 에너지 공급원을 의존하게 되면서 서구와 아랍권의 투쟁은 끊이지 않고 있다. 앞으로도 이 지역은 전쟁의 위협으로부터 벗어나기 어려울 것이다. 중동·러시아·북아프리카 지역은 기독교 문명과 이슬람 문명이 맞섬에 따라 전쟁을 피할 수가 없다.

아시아 지역에서 힌두권과 이슬람권의 투쟁은 인도와 파키스탄의 투쟁으로 나타나고 있다. 또한 중국의 유교권과 티베트 등지에 산재해 있는 불교 문명권과의 투쟁도 계속되고 있다. 현재 중동에서의 아랍과 이스라엘 간의 전쟁, 또는 옛 유고 연방의 전쟁, 아시아에서의 투쟁 등은 종교 문명으로 에워싸고 있는 국경 사이에서 일어나고 있다. 물론 한 집단이나 국가가 다른 문명을 가진 국가와 전쟁을 할 경우, 자기와 유사한 문명권 집단을 동원하려고 하는 것은 너무나도 당연한 일이다. 냉전 종식 이후 이른바 '사촌 국가' 또는 동족 국가(Kin-country)의 개념이 종전에 존재했던 이념이나 전통적인 세력 균형자를 대치하고 있다.

이러한 사촌 국가의 개념에서 비롯된 투쟁의 예를 들어 보자. 첫째, 지난 걸프 전쟁은 한 아랍 국가가 다른 아랍국을 침공하여 발생했으나 결과는 아랍권과 서구와의 전쟁으로 발전하였다. 둘째,

체첸 사태와 같이 옛 소련에서 야기되고 있는 투쟁 관계이다. 셋째
는 옛 유고 연방에서 일어났던 내전이다. 이러한 사례들을 살펴볼
때, 1930년 스페인 내전 때 파시스트·공산당·민주주의자들이 간
섭했으나 현재 일어나고 있는 전쟁들은 종교를 중심으로 다른 나
라의 내전에 개입하는 형태로 나타나고 있다.

이러한 문명에 의한 격리 관계는 서양에 특수한 임무를 부여해
왔다. 현재 서양 문명은 다른 문명에 비해 그 영향력이 거의 절대
적이다. 이제 서구 국가들 사이의 군사적 투쟁은 생각하기 힘들다.
세계의 정치 또는 안보의 문제는 미국·영국·프랑스의 지시로 해
결되고, 세계의 경제 문제는 미국·독일·일본의 지도를 받고 있
다. 국제연합 안전보장이사회, 국제금융기구 내의 결정은 세계 공
동체라는 미명 하에 서구의 이해 관계에 따라 결정되고 있다. 즉,
세계 공동체가 미국과 서방 국가들의 이해 관계를 정당화시켜 주
고 있는 것이다. 서방 국가들은 국제기구·군사력·경제력을 총동
원하여 서구의 이해를 관철시키고, 서방 국가들의 가치관을 세계
에 심으려고 한다.

문제는 비서구 국가들이 이러한 현상을 감지하고 있다는 사실이
다. 기본적으로 가치관이 다른 서구 문명을 세계의 일반화된 문명
으로 전환하기에는 무리가 있다. 서구의 가치관이라 할 수 있는 개
인주의·자유주의·헌정주의·인권·평등·법에 의한 통치 등은 이
슬람·유교·일본·힌두교·불교·그리스정교회 문명과의 불협화
음을 수반하게 마련이다. 서구인들이 이러한 가치관을 세계에 보
편화하려고 할 때, 비서구인들은 이를 인권제국주의라 부르며 자
기들의 토착 문화에 더욱 집착하게 된다. 결국 이러한 현상은 미래

의 정치를 서방국과 여타 국가로 갈라놓게 된다. 다시 말해서 서구 문명과 비서구 문명 간의 충돌이 전쟁이라는 양상으로 표출될 가능성이 높아진다는 것이다.

이 같은 현상에 대한 비서구 국가들의 반응은 대체로 세 가지다. 첫 번째는 자기들만의 관계를 유지하는 고립 상태를 유지하면서 서구 문명의 침투를 차단하려고 노력하는 것이다. 두 번째는 서구 문명을 받아들이고 서구 진영에 합류하는 것이다. 세 번째는 유사한 문명국들끼리 협조하여 군사력과 경제력을 발전시키기는 하나 서구화를 피하고 토착적인 가치관을 유지하는 것이다.

이 같은 문명의 충돌 와중에 국가가 해체될 정도로 고통을 받는 나라들이 속출하고 있다. 이미 옛 소련과 유고 연방이 국가 해체 위기에 있고, 터키와 멕시코 등이 심한 문명의 갈등을 경험하고 있다.

이처럼 심한 갈등을 겪고 있는 나라들은 국민이 일체감을 가질 수 있는 문명에 대한 정의를 새로 수립해야 한다. 새로이 정의된 문명이 성공적으로 국민들에게 체화되려면 적어도 세 가지 요구가 충족되어야 한다.

첫째, 정치경제적 엘리트들이 이 운동에 적극 참여하고 이를 열광적으로 도와야 한다. 둘째, 국민이 양보하고 이를 받아들여야 한다. 셋째, 지배층이 새로이 정의된 문명을 받아들이는 집단을 포용할 능력이 있어야 한다.

비서구 국가들이 서구에 참여하기 어려운 이유와 장애물은 지역별로 정도의 차이가 있다. 라틴아메리카와 유럽은 비교적 서구화되기 쉽다고 할 수 있지만, 옛 소련의 국가들은 많은 장애를 갖고 있다. 그 중에서도 특히 장애물이 많은 문화권은 이슬람·유교·힌두와 불교 문화권이다.

비서구 문명권 중 가장 두드러진 현상은 유교 문명권과 이슬람 문명권 간의 협력 체제이다. 오늘날 신국제질서 하에서 서구권의 영향을 받고 있는 옛 소련과 동유럽은 예외없이 군비 축소를 하고 있다. 이에 반해 다른 문명권은 오히려 군사력을 증강시키고 있다. 신국제질서 하에서 군비 축소는 다른 형태의 문제를 야기하고 있다. 구질서 하에서 군비 축소의 목적이 미국과 소련의 군사력 균형을 유지하는 데 있었던 반면, 현재의 군비 축소는 서방국이 서방의 이해를 유지하고, 이에 대한 위협을 제거하는 방향으로 진전되고 있다. 그리하여 서방국과 유교·이슬람 문명권 간의 군비 통제를 위한 투쟁은 핵무기·생화학무기·미사일 등을 둘러싸고 야기되고 있다. 서방 국가는 무기 확산 금지를 골자로 하는 정책을 추진하고, 비서방 국가는 이같이 발전된 무기를 자신들도 소유할 권리가 있다고 주장하는 것이다. 특히 비서구 국가들은 발전된 무기를 서방 세력에 대처하는 처방제로 생각한다.

그 중에서도 가장 심각한 문제는 중국의 군사력이 지속적으로 팽창하고 있다는 것이다. 이러한 현상이 유교권과 이슬람권의 동맹으로 발전한다면, 서방권과 유교-이슬람권 간의 경쟁이 국제정세를 지배하게 된다. 그렇다고 해서 이 가설이 문명의 연대감이 모든 것을 대치한다고 주장하는 것은 아니다. 단지 문명 의식이 앞으로 인류의 투쟁 관계에 중요한 변수로 작용한다는 것이다. 비서구 문명권은 앞으로 능동적인 행위자로 국제정치에서 중요한 역할을 하게 될 것이다.

서구 문명은 서구화이자 근대화된 문명일 뿐이다. 비서구 문명은 서구화를 피하면서 근대화하려고 한다. 앞으로 중요한 것은 서구 문명권이 비서구 문명권을 이해하고 인정해 주는 포용력을 길러야 한다는 것이다. 즉 서구 문명권은 비서구 문명권의 종교와 철학 등을 이해하고, 이들의 이해 관계를 인정하도록 노력해야 한다. 특히 중요한 것은 서구권과 비서구 문명권 간에 존재하는 공통분모를 찾고 개발하는 것이다. 또한 미래에도 보편화된 문명이란 존재할 수 없기 때문에 상이한 문명을 가진 사람들이 상대방을 이해하면서 더불어 살아가는 방법을 배워야만 세계적인 전쟁을 피할 수 있다.

헌팅턴의 문명충돌론에 대한 반론

이제까지 헌팅턴의 문명충돌론을 요약했다. 헌팅턴의 가설은 우리로 하여금 인간 투쟁의 원인을 색다른 방향에서 조명하게끔 해 주었다. 특히 헌팅턴의 결론은 많은 시사를 한다. 하지만 옥에도 티가 있듯이 그의 논문에 대해 몇 가지 반론을 제기할 수 있다.

첫째, 헌팅턴은 종교로 장식된 문명의 관념이 이념을 대치하여 전쟁의 원인이 된다고 했지만 그렇게 단순화시키는 데는 많은 문제가 있다. 물론 탈냉전 이후 이념이 없어지면서 흔히 말하는 것처럼 경제적 실리에 의해 국제질서가 유지되고 있는 것은 사실이다. 그러므로 문명의 차이보다는 경제적 실리를 좇아 전쟁이 야기될 수도 있다. 그리고 이념이 잠시 없어지는 듯했으나 중국·베트남·북한 등 공산 국가들에서는 이념이 여전히 중요한 요소이다. 또한 다른 형태의 이념이나, 또는 기존의 이념이 미래에 다시 정치적 힘으로 등장하여 인류에게 갈등을 야기할 수도 있다. 또한 종교로 인한 투쟁은 냉전기에도 있었을뿐더러 인류 문명과 함께 항상 존재해 왔다. 현재 북아일랜드에서의 투쟁은 같은 기독교 문명권 내에서 지속적으로 표출되어 왔던 갈등 관계의 대표적인 예라 할 수 있다.

둘째, 헌팅턴은 일본을 특유한 문화권으로 정의하고 있는데, 이는 좀 무리가 있는 주장인 것 같다. 일본은 분명 유교와 불교가 조화된 문화권이다. 이러한 문화는 일본뿐만 아니라 아시아의 여러 국가에서도 찾아볼 수 있다. 단지 일본이 서방의 기술을 빨리 습득한 결과 특유한 능력이 생겼다고 보는 게 옳다. 만일 일본의 문명을 특유한 문화로 정의한다면 한국 또는 다른 아시아 국가들도 특유한 문화권에 집어넣을 수 있을 것이다.

셋째, 세계의 발전—특히 교통과 통신—과 문명의 교차 관계가 서로 다른 문명을 가지고 있다는 의식을 국민들에게 심어 주는 것은 사실이지만, 서로 다르다는 인식이 그들의 일체감을 증대시켜 전쟁이나 국가 간의 갈등을 초래한다고 보는 데는 무리가 있다. 교통과 통신이 발달하여 다른 문명권의 사람이 자주 왕래하면서 오히려 상대방을 이해하게 되어 투쟁 관계가 약화될 수도 있다. 인류 역사가 증명하듯이 문명 간의 교차는 투쟁의 역사도 되었지만 평화의 역사도 되었다. 상호 방문과 교류는 공동의 사회 과정을 창출할 수도 있다.

넷째, 비서구권에서 국민들은 서구화하는 데 비해 엘리트는 토착화하는 현상이 나타나기는 하지만, 이는 서구권의 지배력에 대한 반발에서 나타난 현상으로 잠정적인 것이지 항구화될 현상은 아니다. 만일 국민들이 서구화되면 결국 엘리트도 서구화되게 마런이다. 특히 엘리트들은 교육 수준이 높기 때문에 서구 문명의 장점을 인식하여 우수한 점을 수용하기 쉽다.

다섯째, 헌팅턴이 제시한 것처럼 문명들 간의 충돌이 전쟁을 야기하는 것은 사실이지만 인류 역사를 통해 볼 때 전쟁이 일어나는 원인은 아주 다양하다. 물론 헌팅턴도 이를 인정하고 있다. 아마도 미래의 전쟁에 문명의 충돌이 크게 작용할 수도 있을 것이다. 그러나 국가 간 이해 관계의 차이나 다른 정치적 이유로 인류가 전쟁을 일으킬 가능성도 분명 높다. 이데올로기가 붕괴된 현 시점에서 전쟁의 원인을 뚜렷이 지적할 수 없는 나머지, 궁여지책으로 인류 문명의 충돌을 전쟁의 결정적인 이유로 부각시켰는지도 모르겠다.

전쟁의 원인이 다양함에도 불구하고, 꼭 하나의 대이론(Grand Theory)을 통해서만 설명하려는 것은 다분히 서구적 발상이라고 할 수 있다. 마르크스는 경제 제도인 하부 구조로 인류 문명의 결정 과정을 설명하려고 했다. 레닌은 제국주의의 원인을 자본주의에서 찾았다. 꼬비노는 인종 및 민족을 문명의 결정체로 설명하려고 했다. 이는 서구인들이 인간성의 논리를 단순화해서 설명하려고 한 의도와도 비슷하다. 토머스 홉스·존 로크·데이비드 흄 등 많은 학자들이 사회 현상을 단순한 대이론으로 설명하려고 했으나 그 누구도 성공하지 못했다. 헌팅턴은 서구인으로서 서구인들이 즐겼던 방법으로 미래 전쟁의 원인을 설명하려고 했으나, 그 역시 사람들이 흔히 빠지는 함정에 빠지고 말았다.

헌팅턴의 가설이 훌륭한 착상이긴 하지만, 이미 1950년대에 케네스 월츠는 전쟁의 원인을 보는 시각에 따라 세 학파로 분류한 바 있다. 첫 번째 학파는 전쟁이 인간의 악한 본성 때문에 일어난다고 주장한 반면, 두 번째 학파는 국내 제도의 모순에서 전쟁의 원인을 찾았다. 이는 마르크스주의자나 고전적 자유주의자나 공히 같은 인식을 하고 있다. 그런가 하면 세 번째 학파는 건전한 국제질서의 부재로 전쟁이 일어난다고 보았다. 이들은 국제질서를 통해 전쟁을 없애고 평화를 유지하려고 끊임없이 노력했다. 그 결과 국제연맹과 국제연합을 창설했으나 전쟁을 방지하는 데 성공하지는 못했다.

인간은 끊임없이 전쟁을 겪으면서 전쟁 방지책을 논의했다. 집단안전보장 체제, 지역방어 체제, 강대국의 협조 체제, 세계정부론 등이 그것이다. 그러나 그 어떤 것도 전쟁이 일어나는 것을 막지는 못했다. 케네스 월츠도 결국 세 학파의 논리를 분석한 후, 전쟁의 원인을 단순화하기는 어렵다고 결론 내렸다.

따라서 문명의 충돌이 미래 인류가 겪을 전쟁의 중요한 원인이라는 헌팅턴의 가설에 이의를 제기할 수 있을 것이다. 그러나 그의 논문이 전쟁의 원인을 훌륭하게 설명했다는 것은 분명하다.

전쟁의 종류와 형태

전쟁 원인과 함께 전쟁의 형태나 종류도 다양하다. 첫 번째는 1·2차 세계대전에서 보았듯이, '총력전'이다. 이 총력전은 서구에서 오래전부터 행해져 온 가장 대표적인 전쟁 형태로 상대국을 무력으로 제압하려는 전면전으로서 상대방의 항복을 받고 수도를 점령한다. 이때 국가는 승리를 하기 위해 무엇이든지 동원하며, 전방도 후방도, 민간인과 군인도 구별할 수 없는 전쟁이다. 또한 패한 국가의 운명은 순전히 승자의 의도에 따라 결정된다.

강대국 간의 총력전은 적국뿐만 아니라 적국과 협조하는 나라도 전부 제압을 해야 하므로 대개 패권 전쟁으로 귀결된다. 따라서 총력전에서 승리한 국가는 패권 국가가 된다. 총력전은 승리하기 위하여 무엇이든 전부 이용해야 하는 전쟁이기에 가장 처참한 전쟁이 되기 일쑤다.

두 번째는 '제한 전쟁'으로서, 이는 전쟁 당사국 간의 목적과 수단, 그리고 전쟁의 범위가 비교적 제한되어 있는 전쟁이다. 유명한 서양의 전술가인 클라우제비츠는 "전쟁은 단순히 정치적 행위가 아니라 정치적 도구이며 정치 관계의 계속이고, 동일한 목적을 다른 수단으로 수행하는 것"이라고 했다. 이는 제한 전쟁의 성격을 명료하게 말해 준다.

제한 전쟁에서는 국가의 목표가 적의 영토를 점령하거나 항복을 받는 것이 아니기 때문에 분쟁의 요소가 된 쟁점만 해결되면 당사자들은 전쟁을 끝내는 것이 관례이다. 아마도 인류가 가장 많이 치른 전쟁이 이 제한 전쟁일 것이다.

세 번째는 해당 국가가 직접 시작한 전쟁이 아니고, 남의 나라를 통해서 개입하게 되는 '개입 전쟁'이다. 보통 이 전쟁은 초기에는 대리전의 양상을 띤다. 비교적 요충지에 있는 작은 국가들을 자기 편으로 만들기 위하여 이들의 내전에 방어적이건 공격적이건 간에 강대국이 간섭하는 것이다. 따라서 처음에는 주로 무기 이전으로 시작해서 정보를 교환하지만, 종국에는 비밀리에 군사작전에까지 개입하게 된다. 그리하여 제한적이긴 해도 직접 군사 개입으로 확대되는 경우도 있다.

네 번째는 흔히 '저강도 전쟁'이라고 부르는 비정규적인 전쟁이

다. 이 전쟁 당사자의 목표는 다양하고, 선택하는 전투도 주로 게
릴라전이나 테러와 같은 형태를 취한다.

2. 중국인들이 보는 전쟁 요인

삼국 시대에는 누차 언급했듯이 크고 작은 전쟁이 많이 일어났다. 이제 삼국 시대 이전부터 중국인들이 생각하는 전쟁의 원인에 대해서 간단히 살펴보자. 일찍이 태공망은 전쟁을 "난폭하고 질서를 어지럽히는 행동을 막고 사치를 그치게 하는" 수단으로 보았다. 즉 지배층의 지나친 사치가 전쟁을 야기한다고 본다.

전국 시대의 유명한 병가인 오기(吳起 : 오자)는 국가 간에 전쟁이 일어나는 원인을 "첫째는 명분을 다투기 때문이요, 둘째는 이익을 다투기 때문이며, 셋째는 증오심이 쌓였기 때문이고, 넷째는 나라 안이 어지럽기 때문이며, 다섯째는 기근이 들었기 때문이다"라고 지적했다.

춘추 시대 손무(孫武 : 손자)는 병법의 대가였다. 손자병법으로 알려진 손무의 저술은 훗날 조조가 주석을 달 정도로 많이 읽혔다. 조조뿐만 아니라 제갈공명·노숙·육손 등 당대의 명장들에게 손자병법은 필독서 중 하나였다.

손무는 "전쟁은 국가의 대사로서 백성의 생사와 국가의 존망이 관계되므로 신중히 검토하지 않으면 안 된다"고 하면서 전쟁을 함부로 하지 말라고 경고했다. 또한 "상황이 유리하지 않으면 행동하지 말며", "위급한 고비에 이르지 않으면 싸우지 말라"고 말했다.

또한 "적을 알고 자기를 알면 승리는 위태롭지 않을 것이며 천시를 알고 지리를 알고 있다면 언제나 승리할 것이다"라고 충고했다. 그러나 "백 번 싸워 이기는 것이 결코 최상의 방법이 아니다.

싸우지 않고도 적을 굴복시키는 것이 최상의 방법이다"라면서, 꼭 싸워야 한다면 "용병의 법칙으로는 적국을 파괴하지 않고 온전하게 목적을 달성하는 것이 가장 이상적이며, 적의 국토를 파괴하고 얻는 것은 그 다음의 방법이다. 적의 군대를 다치지 않게 하여 온전한 채로 포섭하는 것이 최고의 방법이며, 그것을 파괴하고 얻는 것은 차선책이다"라고 설파했다.

이처럼 손무는 전쟁에 승리하는 방법에 대해 가르쳤지만, 전쟁의 원인에 대하여는 오기와 같이 분명히 밝히지 않았다.

전국 시대에 제나라의 위왕 밑에서 활동한 손빈(孫殯)은 "전쟁이란 다만 정치적 목적을 달성하기 위한 하나의 보조 수단에 불과합니다. 군인들이 제멋대로 전쟁을 도발하게 해서는 안 됩니다"라고 말하면서 손무와 같은 결론을 내렸다. "만일 전쟁에서 승리한다면 멸망에 직면한 나라도 구할 수 있고, 거의 단절되려는 왕의 가계도 일으켜 세울 수가 있습니다. 그러나 만약 패배한다면 국토는 잘려 나가고, 나라는 존립 자체가 위태로운 지경에 빠지게 됩니다. 그러므로 전쟁은 아주 신중하게 심사숙고하지 않으면 안 되는 것입니다." 즉 "전쟁을 좋아하지 않는 것이 바로 군사를 운영하는 근본"이라는 것이다.

그러나 전쟁을 막을 수 있는 것은 전쟁뿐이라는 데는 이의가 없다. 손빈 역시 전쟁의 원인에 대해서는 구체적으로 논의하지 않고 있다. 논의하지 않았어도 대개 이들은 전쟁이 통치자에 의해 야기되는 것으로 보는 경우가 많았다.

3. 삼국 시대의 전쟁 원인

이제 삼국 시대에 일어났던 전쟁에 대해 살펴보자. 당시 일어난 전쟁은 제한 전쟁이 대부분이었으나, 총력전도 있었고 간섭 전쟁과 저강도 전쟁도 있었다.

『삼국지연의』는 "천하대세란 나누어지면 합해지고, 합해지면 또다시 나누어진다"로 시작하고 있다. 실로 인류 역사도 그랬다. 중국이 다시 나누어지면서 삼국의 문을 열게 된 첫 번째 대전쟁은 황건적과 한나라 정부군 간에 일어난 전쟁이었다.

황건적과 관군 간의 전쟁

한나라 황제인 영제가 환관의 손아귀에서 놀아나면서 조정은 문란해지고 사방에서 도적의 무리가 날뛰어 천하가 어지럽게 되었다. 사회가 불안해지면 사람들은 대개 종교를 통해 마음의 평안을 찾으려 한다. 당시 중국도 예외는 아니어서 각종 종교 단체가 성행했다. 특히 한말(漢末) 한중 지방에는 오두미도(五斗米道)가 세력을 떨쳤고, 하북 지방에서는 태평도(太平道)라는 종교 단체가 일어나 전국적으로 확산되고 있었다. 태평도의 지도자 장각은 부적과 약물을 나누어 주어 백성들의 병을 고쳐 주었으며, 스스로를 '대현량사(大賢良師)', 또는 '태평도인(太平道人)'이라고 칭했다.

장각이 무리들을 거느리고 집집마다 다니면서 병을 고쳐 주자 그를 따르는 사람들이 수만 명에 이르렀다. 장각은 36방을 세우고 대방엔 1만여 명, 소방엔 6천~7천여 명으로 제자들을 나누었다.

또 각 방마다 거사라는 이름의 우두머리를 두어 이를 통솔하도록 했다. 이들은 각자가 장군이라 부르면서 "푸른 세상이 망했으니 마땅히 누런 세상이 서리라. 갑자년에 이르면 천하는 크게 길하리"라는 유언비어를 퍼뜨렸다.

장각의 세력은 날로 팽창하여 청주·유주·서주·기주·형주·양주·연주·예주 등 8개 주의 사람들이 집집마다 '대현량사 장각'이라는 명패를 모시고 장각을 신처럼 여겼다. 이렇게 되니 장각은 천하를 삼킬 야심이 생기게 되었다. 그는 군사를 일으키고는 스스로를 천공장군(天公將軍)이라 일컫고, 아우 장보(張寶)는 지공장군(地公將軍), 또 다른 아우 장량은 인공장군(人公將軍)이라 칭하며 곳곳에 다음과 같은 격문을 붙였다.

"이제 한나라의 국운은 다 되었다. 머지않아 성인이 태어나리니 너희들은 하늘의 명에 따라 태평성대를 누리리라."

이러한 격문과 장각의 연설에 호응한 민중이 무려 40만에서 50만 명이 되었다. 이들은 무기를 들고일어났는데, 머리에 누런 수건을 동여맸다고 해서 이들이 일으킨 난을 '황건적의 난'이라고 부른다.

황건적들은 각지의 관아를 불지르고 태수·현령을 닥치는 대로 잡아 죽였다. 8개 주 각처에서 난을 일으킨 황건적의 기세는 대단했다. 이때 황제인 영제는 뇌물과 향락에 빠져 있었고, 권력을 쥔 환관들은 당황하여 어쩔 줄 모르며 뒷전으로 숨었다. 결국 황후 하씨의 오빠인 하진이 대장군이 되어 각처에 조서를 내리고 공격해오는 황건적을 막도록 했다. 이때 하진은 노식·황보숭·주전 등을 중심으로 삼군을 편성해 황건적과 싸우게 했다. 도처에서 격문을 보고 군사를 일으킨 제후들과 지방 토호들도 황건적의 토벌에 합세했다. 후일 삼국 시대의 주역들이 된 손견·조조·유비 등 수많은 영웅들이 이 전쟁에 참가했다.

봉기한 황건적의 수는 엄청나서 종국에는 백만 명이 넘었다. 그러나 관군과 제후들의 조직적인 공격을 받으면서 황건적은 무너지기 시작했다. 황건적의 군대는 결정적인 결함이 있었다. 관군을 지휘하고 있는 황보숭·노식·주전 등은 병법에 밝았고 제후들 역시 전쟁 경험이 많은 장군들인 데 반해, 황건적들은 수만 많았지 오합지졸이었던 것이다. 또한 황건적에는 대군을 통솔할 만한 유능한 지휘관도 없었고, 전략에 뛰어난 참모도 없었다. 따라서 조직적이고 전쟁 경험이 풍부하며 용병술에 능한 관군의 상대가 되지 못했다. 게다가 총사령관인 장각이 병으로 죽게 되면서 황건적은 구심점을 잃고 급속히 무너졌다.

황건적의 난은 실패로 돌아갔지만, 이 난으로 이미 쇠약해질 대로 쇠약해진 한나라가 멸망으로 치달으면서 삼국 시대의 서막이 오르게 되었다.

황건적의 난이 일어난 요인은 몇 가지로 요약할 수 있다. 첫째, 한나라 권력층의 부패를 들 수 있다. 한말에 이미 외척과 환관 사이의 권력 투쟁은 극에 달했다. 하지만 황제들은 나이가 어려서 아무 것도 몰랐거나, 아니면 뇌물과 향락에만 관심이 있었다. 황제뿐만 아니라 권력을 쥔 외척이나 환관들도 부패하기는 마찬가지였다. 상부에서 하부에 이르기까지 관리들이 권력자의 매관매직에 의해 임명되었기에 정부의 부패는 말할 수 없이 심했다. 또한 권력자들의 사치가 극심해서 백성들의 눈살을 저절로 찌푸리게 했다.

이러한 부정부패는 중앙 정부에서 지방 정부에까지 만연되었다.

둘째, 이러한 권력의 부패는 사회의 부패로 확산되었다. 백성들이 상류층을 더 이상 존경하지 않게 되면서 계급 간의 갈등이 심해졌을 뿐만 아니라, 도적질·약탈 등이 횡행하여 사회 불안이 극심했다. 게다가 질병이 번지고 가뭄과 흉년에 굶주리는 백성들이 날로 늘어났다.

셋째, 부정부패와 사회 갈등으로 인해 민초들은 상대적으로 심한 박탈감을 느끼게 되었다. 극심한 상대적 박탈감은 백성들로 하여금 황건적에 합류하게 만들었다. 또한 이들은 종교 단체에 참여함으로써 이러한 박탈감을 극복하려고 했다.

넷째, 황건의 지도자인 장각의 개인적인 욕심이다. 장각은 교세가 팽창하자 천하를 뒤엎고 스스로 황제가 되겠다는 야심에 사로잡혔다. 어찌 보면 망상이나 광기에 가까운 욕심이라 하겠다. 장각은 터무니없는 욕심을 갖기도 했지만 현실을 제대로 파악하지 못한 지도자였다. 일시에 세력이 팽창하긴 했어도 백성들은 아직도 몇백 년을 지켜 온 한나라에 대한 충성심이 있었는데, 장각은 이를 간파하지 못했던 것이다. 후일 원소나 조조와 같은 인물들이 막강한 세력을 갖고 있으면서도 한나라에 대한 충성을 말했던 것과 좋은 대조가 된다고 하겠다.

또한 후한의 지배적인 사상은 유가 사상이었다. 비록 황제가 부패하고 환관과 외척이 권력을 남용하고 있다고 하더라도, 백성의 충·효 사상은 매우 강했다. 장각은 이같이 뿌리깊은 백성의 정서를 파악하지 못하고 망상에 빠져 터무니없는 욕심을 부렸던 것이다.

사수관과 호로관 전쟁

황건적의 난 이후 일어났던 사수관과 호로관 전쟁은 동탁과 반동탁군의 싸움이었다. 동탁이 낙양에 진주해서 한나라 정권을 장악하고 소제를 폐위하고 헌제를 옹립하는 등 전횡을 휘두르며 폭정을 일삼자, 백성들의 원망이 극에 달했다. 동탁은 스스로 상국의 자리에 오르는가 하면 부하들을 풀어 낙양 사대부들의 재물을 약탈하고 미녀들을 모아 방탕한 생활을 했다.

학정을 못 이겨 월기교위(越騎校尉 : 팔교위의 하나로 도성 밖에 주둔하는 군대를 통솔함)로 있던 오부가 동탁의 암살을 기도했으나 실패하고 말았다. 이 사건으로 동탁은 자신의 신변을 보호하기 위하여 호위군을 강화한다.

한편 사도(司徒) 왕윤을 위시한 사대부들이 동탁을 제거할 방법을 논의했다. 이때 조조가 동탁을 암살할 것을 제의하고 스스로 이를 시행하려 했으나 실패하자 낙양을 탈출한다. 조조는 도중에 체포되었으나 뜻을 같이하는 진궁의 도움으로 탈출하여 무사히 고향으로 돌아갈 수 있었다.

고향으로 돌아온 조조는 부친의 자금 지원과 향리 유지들의 도움을 받아 동탁을 타도하기 위한 세력을 규합하는 한편, 전국의 제후들에게 동탁을 타도하자는 격문을 보냈다. 조조의 격문을 보고 모여든 17로 제후들이 진류의 들에 진을 치게 되었다. 17로 제후들은 원소를 맹주로 삼고 동탁을 공격하게 되는데, 이때 벌어진 전투가 바로 사수관과 호로관 전쟁이다. 장사태수 손견이 연합군의 선봉을 맡고, 원소의 아우 원술이 각 군의 보급을 책임지게 되었다. 선봉인 손견은 자기가 이끌고 온 군마로 사수관을 공격했다. 이때 손견은 허창·허소의 난 이래 그를 따르던 장병들과 황개·한당·정보·조무 등 탁월한 장수들을 거느리고 있었다. 이들은 하나같이 황건적의 난과 구성(區星)의 난을 거치면서 훌륭한 장수로 성장했다.

연합군의 공격 소식을 접한 동탁은 여포를 후원군 대장으로 보내려고 했다. 이때 화웅이 "닭 잡는 데 어찌 소 잡는 칼을 쓰겠습니까?" 하고 스스로 지휘관이 되기를 자청했다. 화웅은 관서(關西) 출신으로 당시 이미 이름이 난 장수였다. 동탁은 기뻐하며 화웅을 효기교위(驍騎校尉)로 책봉하고 마군·보군 5만 명을 딸려 사수관으로 급히 내보냈다. 이때 부장으로 이숙·호진·조잠 등이 화웅을 보좌했다.

당시 손견이 연합군의 선봉장이었으나, 후미에 주둔했던 제북(齊北)의 포신이 첫 공을 차지하려고 아우 포충과 함께 먼저 화웅의 군대를 공격했다. 화웅은 대장 포충을 한 칼에 베어 죽이고 그의 군대를 무참히 짓밟았다.

뒤따른 손견의 군사가 이르자, 화웅은 지연전을 썼다. 손견이 사수관을 계속 공격했으나 성이 원체 견고한 데다 화웅이 굳게 지키니 소모전만 계속되었다. 지연전이 계속될 때 중요한 것은 병마를 먹일 양초(糧草)의 조달이다. 이때 양초의 조달을 책임진 원술이 손견이 큰 공을 세울 것을 두려워해 양초를 보내 주지 않았다. 그로 인해 손견의 선봉군은 굶주림에 시달리느라 사기가 크게 떨어졌다. 이 틈을 타서 화웅의 군대가 야간 기습을 하니, 손견의 군대는 대패하고 말았다. 동탁군과 연합군 사이에 벌어진 사수관 첫 전투에서 연합군이 패배하고 만 것이다.

한편 반동탁 연합군은 서쪽으로 진격하여 장막·교모·원유·유대는 산조에 진을 치고, 원술은 남양에, 공주는 영천에, 한복은 업에 주력 부대를 주둔시켰으나 감히 선두에 나서서 공격하기를 주저하고 있었다. 맹주인 원소의 진영에서 장수가 여러 명 나가 화웅과 결전을 벌였으나, 모조리 화웅의 칼에 목이 떨어졌다.

그러나 연합군이 전열을 정비하여 화웅을 공격함으로써, 결국 화웅은 사수관 전쟁에서 전사하고 만다. 『삼국지연의』에서는 당시만 해도 이름이 없었던 관우가 화웅을 베겠다고 나서니 조조가 뜨거운 술 한잔을 권했다고 씌어 있다. 관우는 술을 받아 자리에 놓고 말을 달려나가더니 화웅의 목을 베어 들고 와서 아직 식지 않은 술을 마셨다고 한다. 그러나 정사에서는 화웅이 손견의 용맹스런 진군 때 손견에 의해 참수되었다고 기록되어 있다. 손견의 용맹에 동탁도 기가 질려 이각을 보내 손견과 사돈을 맺고 화의하자고 제안했을 정도였다.

한편 화웅이 죽자 사수관을 지키고 있던 이숙은 동탁에게 급히 원군을 청했다. 급해진 동탁은 20만 대병을 일으키고 두 길로 나누어 제후들의 연합군과 맞서게 했다. 이각과 곽사에게는 5만을 주어 사수관으로 가게 하고, 자신은 이유·여포·번조·장제 등과 나머지 15만을 이끌고 호로관으로 간 것이다. 호로관으로 진격한 이유는 연합군의 허를 찌르기 위해서였다.

이에 대응하기 위하여 원소도 8로의 제후들을 빼내어 호로관으로 진격하게 했다. 하내태수 왕광, 동군태수 교모, 산양태수 유유, 북해태수 공융, 상당태수 장양, 서주자사 도겸, 북평태수 공손찬 등 모두 여덟 명이었다. 나머지 9로 제후들은 계속해서 사수관을 공격하되, 이들을 조조가 중간에서 조정하게 했다.

마침내 8로군이 여포를 일제히 공격했다. 여포는 공손찬의 군사를 공격하던 중 장비·관우·유비와 마주쳐 싸우다가 패퇴하자, 호로관으로 도망쳐 방어만 하였다. 여포가 싸움에 지자, 동탁은 천자를 앞세워 낙양에서 장안으로 수도를 옮겼다. 그런데 동탁은 낙양을 떠나기 전에 부호들의 재산을 노략질하고 사대부의 묘지를 파헤쳐 금은보화를 거둬들여서는 장안으로 퇴군했다. 결국 사수관과 호로관은 제후들의 연합군에게 함락되고 말았다.

동탁이 장안으로 퇴각할 때 낙양의 궁궐을 불태우고 사대부들을 노략질하였기에 백성들의 원성이 높았다. 이에 조조는 원소에게 연합군을 동원해서 동탁을 치자고 건의했으나 원소는 어물어물하며 이를 허락하지 않았다. 조조는 할 수 없이 자기가 데리고 온 군사들만을 이끌고 진격했다. 조조는 단독으로 낙양 서쪽 성고를 공격했지만 서영의 군대에게 격전 끝에 패하고 말았다. 비록 조조가 하후돈·조홍·조인 등의 용장들을 거느리고 있었지만 군사가 1만에 지나지 않았기 때문에 형양태수 서영과 여포가 거느린 대군과의 싸움은 중과부적이었던 것이다.

장안으로 퇴군하는 동탁군을 뒤쫓던 조조의 군대는 패했으나 제후의 연합군들은 낙양성을 점령하는 데 성공했다. 불타 버린 낙양성에 제일 먼저 입성한 장수는 다름 아닌 손견이었다. 낙양은 대대의 황제들이 잠들어 있는 곳이기에 손견은 부하들에게 우선 파괴된 능묘를 수리하라고 명했다. 그런데 능묘를 수리하던 중 우물에서 건져 올린 궁녀의 시신에서 '전국옥새'를 발견하게 된다. 전국옥새를 손에 넣자 손견은 마음이 변해 병을 칭하고는 고향으로 퇴

군했다. 기세등등했던 17로 연합군은 제후들의 복잡한 이해 관계
와 조조의 패전으로 각기 흩어짐으로써 사수관과 호로관 전쟁은
마침내 끝이 났다. 그로 인해 동탁은 계속 한나라 조정을 지배할
수 있게 된다.

사수관·호로관 전쟁이 일어나게 된 원인은 몇 가지로 지적할
수 있다.

첫째, 동탁의 횡포와 권력의 전횡이다. 동탁의 폭정은 극에 달해
백성들 사이에 원성이 높았다. 제후들이 들고일어나기에 앞서 동
탁을 암살하려는 모의도 있었다. 당시 일반 백성들뿐 아니라 당대
엘리트들의 공적(公賊)이 된 동탁을 아마도 기회만 있으면 죽이고
싶은 사람들이 많았을 것이다. 동탁은 이러한 사정을 잘 알았기에
신변 호위를 엄하게 했다.

둘째, 사수관·호로관 전쟁은 전국 시대의 전략가인 오자가 첫
번째로 꼽았던 전쟁 이유인 명분의 전쟁이라 할 수 있다.

17로 제후의 맹주가 된 원소는 다음과 같은 맹약의 글을 읽었다.

"한실이 불행하여 황실의 기강과 법통을 잃으니, 역적 동탁이 그
틈을 타 지존을 해하고 백성을 학대한 지 이미 오래라. 이에 원소
등은 나라까지 잃게 됨을 두려워하며 널리 의병을 모아 국난에 대
처하려 한다. 우리 동맹군은 마음을 합치고 힘을 다하여 신하 된
자의 절의를 지키고 결코 두 가지 뜻을 품지 않을 것이다. 만약 이
맹세를 어기는 자가 있으면 그 목숨을 떨어뜨리고 남겨 기름이 없
으리니 황천 후토와 조종의 밝은 영령이시여, 이 뜻을 굽어 살피소
서."

후한 말의 중국은 유교가 지배했던 시기였다. 충과 효는 인간이

지켜야 할 기본 규범이었다. 그러나 동탁은 이 규범을 어기고 천자를 마음대로 폐하고 또한 살해했다. 동탁이 소제를 폐위하고 헌제를 옹립한 것은 당시 윤리로서는 용서할 수 없는 범죄 행위였다. 원소의 격문대로 동탁은 "지존을 해하고" 동시에 "백성도 괴롭혔다." 조조가 격문을 띄웠을 때 17로 제후들이 동시에 이 전쟁에 참가하게 된 것은 동탁을 쳐야 한다는 명분이 뚜렷했기 때문이다. 결국 사수관·호로관 전쟁은 이 명분에 의해 야기된 전쟁이다.

셋째, 사수관·호로관 전쟁은 동탁에 대한 제후들의 판단 착오에서 일어난 전쟁이었다. 동탁은 본래 서량 사람으로 당시 야만인들인 오랑캐와 같이 생활을 많이 했다. 그 때문에 촌스럽고 성품이 거칠었다. 유가가 지배적이었던 당시 사대부들은 이런 동탁을 미숙하게만 보았다. 그러나 동탁은 전쟁 경험이 많았고, 무엇보다 천자를 호위하고 있었다. 또한 동탁이 키운 서량병은 철갑 부대가 많고 아주 용맹했다.

그럼에도 제후들의 연합군은 동탁의 능력을 너무 과소평가했다. 제후들은 자기들이 들고일어나면 동탁을 쉽게 물리칠 수 있다고 생각했다. 그래서 조조가 격문을 보냈을 때 쉽게 모여든 것이다. 이처럼 쉽게 모인 제후들은 각자의 이해가 엇갈리자 쉽게 분열되었다.

관도대전

삼국 시대에 가장 치열했던 전쟁 중 하나가 바로 원소와 조조가 패권을 다투었던 관도대전이다. 관도대전은 그때까지 중국에서 일어난 전쟁 중 가장 큰 전쟁이었다.

당시 조조는 이각과 곽사가 싸우는 틈을 타 도망친 한의 헌제를 옹위하면서 이각과 곽사의 잔당을 섬멸했다. 또 피폐한 장안을 떠나 조조의 고향인 위와 가까운 허도로 도읍을 옮겼다. 조조는 장막의 반란을 진압했고, 여포군을 섬멸했으며, 여포 또한 죽였다. 나아가 원술의 군대를 섬멸해서 회남 지역을 정복했고, 유비군을 물리치고 서주를 손에 넣었다. 또한 황건적 잔당을 섬멸하고 청주병을 구성해 하후돈으로 하여금 지휘하게 했다.

조조가 헌제를 끼고 천하를 호령하면서 세를 확장해 나갈 때, 원소도 하북에서 세력을 키워 나가고 있었다. 원소가 한복을 휼계(譎計 : 간사하고 능청스러운 꾀)로 속여서 기주에 입성하자, 한복은 생명의 위협을 느끼고 도망침으로써 기주는 손쉽게 원소의 땅이 되었다. 기주를 점령한 뒤 원소는 공손찬과 마지막 자웅을 겨루게 되었다. 두 사람은 사실 오랫동안 경쟁하던 사이였다. 그러나 원소가 공손찬 군대를 섬멸하고 공손찬이 전사하는 것으로 두 사람의 장기간에 걸친 경쟁은 마침내 끝이 났다. 공손찬을 제거함으로써 원소는 기주·청주·유주·병주 등 4개 주를 차지하게 되었다. 당시 원소가 자리잡고 있었던 하북 지역은 영토만 방대한 것이 아니라 인구도 많았다. 뿐만 아니라 수많은 용장들과 문신들이 원소 휘하에 모여들었다. 당시로서는 중국 대륙에서 원소의 세력이 가장 컸다.

관도대전은 이처럼 급속히 세가 커진 조조와 원소 간에 벌어진 패권 전쟁이었다. 천하를 쟁패하기 위한 피할 수 없는 운명적 대결인 셈이다. 그런 만큼 관도대전은 총력전의 양상을 띠었다.

서기 200년 원소는 조조와 자웅을 겨루기 위해 업을 떠나 여양에 본진을 구축했다. 원소가 조조에 대한 공격을 늦추는 동안, 조조는 서주의 유비를 섬멸하고 유비의 장수인 관운장의 항복을 받았다. 『삼국지연의』에서는 이 과정을 미화해 관운장이 조조에게 항복하기 앞서 세 가지 조건을 제시하는 것으로 나온다. 첫째, 자신은 조조가 아닌 한나라에 항복하는 것이고, 둘째 유비의 두 부인을 예우할 것과, 셋째 유비의 소식을 알게 되면 곧바로 그를 찾아간다는 것이었다.

물론 이것의 사실 여부는 확인할 수 없지만, 조건부 항복을 하는 관우의 모습과 또 이를 받아들이는 조조의 영웅다운 모습은 두고두고 회자되고 있다. 그 후로 관우와 조조의 인간 관계는 비록 적이었지만 오랫동안 계속되다가, 결국 관우의 목을 오나라로부터 받은 조조가 몸체를 만들어 후하게 장례 지내 줌으로써 끝난다.

원소는 최고의 장수인 안량을 대장으로 삼아 황하를 건너 조조의 전진기지였고 유연이 지키고 있던 백만의 조조군을 공격했다. 이 싸움에서 안량이 조조군을 계속 격파하자, 조조는 고심 끝에 당시 객장으로 있던 관운장을 보내서 안량과 대적하게 했다. 이때 관운장은 안량의 목을 베고 원소군을 무찌른다. 한편 조조는 하남 북방의 관도에 본진을 세우고 있으면서 서황을 시켜 원소의 배후를 공격하려 했다.

안량이 죽었다는 소식을 들은 원소는 다시 유비와 그의 상장인 문추에게 군사를 7만 주어 황하 건너편인 연진을 공격하게 했다. 이곳에서 조조의 장수 장요와 서황이 문추를 맞아 격전을 벌였으나 조조군이 불리했다. 조조는 보급 부대를 미끼로 원소군의 전열을 뒤흔든 다음 다시 문추군을 공격했다. 이때 다시 관운장이 서황

군에 가세해 문추를 죽인다. 『삼국지연의』에는 관운장이 문추도 죽였다고 하지만, 정사에는 안량을 죽였다고만 씌어 있다.

이 싸움에서 유비가 원소에게 의탁하고 있음을 알게 된 관우는 안량과 문추를 베는 것으로 조조에게 진 빚은 다 갚았다고 생각하고 단신으로 유비를 찾아 떠난다. 『삼국지연의』는 이 장면을 아주 절묘하게 묘사해 삼국지를 읽는 사람을 흥분하게 만들고 있다. 관운장은 그야말로 필마단기로 천릿길을 달려 유비를 찾아간다.

마침내 조조와 원소는 관도에서 결전의 날을 맞이한다. 조조군은 관도에 방어진을 쳤고, 원소군은 관도 북방 양무에 진을 쳤다. 비록 백마(白馬)·연진(延津) 싸움에서 조조군이 이겼다고는 하나 전체 병력이나 물자 면에서 원소 쪽이 훨씬 우세했다. 이때 원소군의 병력은 70만, 조조군은 7만으로 정면으로 싸우기에는 병력 차이가 엄청나게 컸다. 하지만 이것은 『삼국지연의』에 씌어 있는 것이고, 실제로는 원소군이 10만 정도이고 조조군은 2만 정도였던 것으로 추정된다. 여하튼 당시 중국 인구와 비교해 보더라도 거대한 군사력의 접전이 아닐 수 없다.

전력이 이처럼 우세했음에도 불구하고, 원소의 모사 전풍과 저수는 원소에게 지연전을 쓰라고 촉구했다. 저수는 "우리가 수적으로 우세하지만 적은 정예군입니다. 한동안 지키기만 하여 조조군의 군량이 떨어지기를 기다리는 것이 상책이라고 생각합니다"라고 원소에게 간했다. 그러나 원소는 역정을 내면서 두 참모에게 근신하라고 명하면서 싸움을 재촉했다. 백마와 연진에서 참패하고 최고의 장수인 안량과 문추를 잃은 것에 분노한 탓에 마음이 조급해진 까닭이었다.

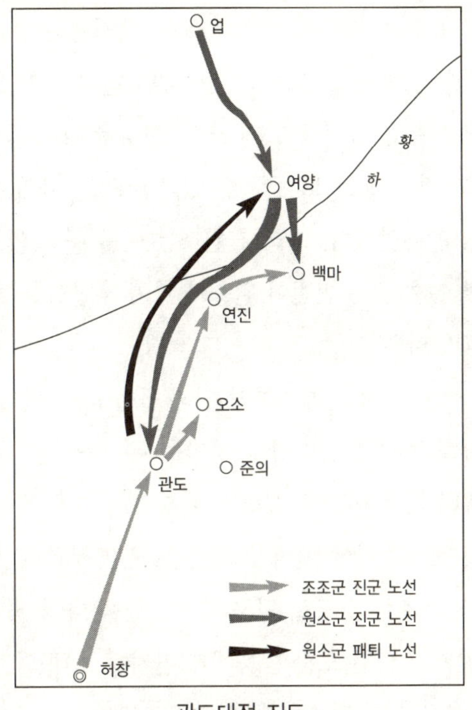

관도대전 지도

조조는 군량이 부족했기 때문에 조기 결전을 위한 정공법으로 나갔다. 조조는 장료·서황·허저·이전 등의 명장을 거느리고 진군했다. 초기에는 장수들의 용맹을 시험하는 싸움이었다. 조조가 장요를 보내면 원소는 장합을 보내서 대결했고, 조조가 허저를 보내면 원소는 고람을 보내는 식이었다.

한편 여러 장수들이 섞여 접전하는 틈을 타서 조조는 하후돈과 조홍에게 각각 군사 3천을 주어 적진을 기습하게 했다. 좋은 작전이라 생각했으나 심배의 석궁 부대가 성 위에서 불화살을 쏘아 대는 바람에 조조군은 거의 궤멸되기에 이르렀다. 조조는 기병대까지 동원했으나 전세 회복에 실패, 관도로 퇴진할 수밖에 없었다.

서전에서 승리를 거둔 원소에게 모사인 허유가 "조조가 관도에 주둔하고 있는 틈을 타서 허도를 급습, 천자를 모셔 들이도록 합시다. 천자만 우리 편으로 모셔올 수 있다면 조조 따위는 겁날 것이 없습니다"라고 제안했다. 그러나 원소는 이를 듣지 않고 조조군을 계속 공격했다. 허유는 번번이 원소가 자기 제안을 거절하는 데 불만을 품게 되었다.

조조군은 석궁 부대를 공격하기 위해 돌을 쏘아 던질 수 있는 발석거(發石車)를 동원하여 마침내 성벽을 무너뜨리는 데 성공했다. 그 때문에 원소군은 이것을 벽력거라 부르며 크게 두려워했다. 그러나 싸움이 장기화함에 따라 조조군은 군량 부족에 시달리게 되었다. 마침내 조조는 허도로 퇴군해서 전열을 다시 정비할 생각으로 허도를 지키고 있던 모사 순욱에게 편지를 보내 의견을 물었다.

그러자 순욱은 이를 단호하게 만류하는 편지를 보내왔다.

"원소는 전군을 총동원하여 일거에 결말을 내려 하고 있습니다. 우리는 지약으로 지강과 맞서고 있음은 사실입니다. 그러나 여기서 물러서면 상대방을 도와주는 결과밖에 안 됩니다. 지금이야말로 천하를 잡을 수 있느냐 없느냐 하는 갈림길에 서 있음을 명심하시기 바랍니다."

순욱의 편지를 받은 조조는 다시 원소와 결전할 결심을 굳히게 되었다. 마침 그때 조조에게 좋은 기회가 찾아왔다. 원소의 측근 모사인 허유가 조조에게 귀순해 온 것이다. 허유는 본래 조조와 어렸을 때 한 고을에서 자란 친구였으나, 원소의 세력이 먼저 커지자 원소에게 가담한 인물이었다. 그러나 허유는 자신의 계책을 원소가 받아들이지 않는 데다 원소의 우유부단함에 실망하고 있었다. 더욱이 자신이 재물을 탐한다고 원소에게 고자질하는 등 원소의 모사들 사이에 내분이 심하자 조조에게 귀순하기로 결심한 것이다. 허유가 귀순해 온다는 소식을 듣고 조조는 맨발로 뛰어나가 허유를 맞이했다. 허유는 원소 진영의 허허실실을 정확히 알고 있었다. 정보가 어두운 당시에 적의 허허실실을 꿰뚫고 있었던 허유는 대단한 가치가 있는 인물이었던 셈이다.

허유는 조조의 작전회의에서 계책 하나를 내놓았다.

"오소(烏巢)의 군량을 불태워 버리면 원소군은 사흘도 못 버틸 것입니다. 군량 운반은 순우경 등이 책임을 지고 있으나 경계가 아주 소홀하므로 기동군을 편성하여 급습하면 매우 손쉽게 뜻을 이룰 수 있을 것입니다."

조조는 즉시 이 제안을 받아들여 조홍에게 본진 수비를 맡기고 스스로 군사 5천을 이끌고 오소로 진격했다. 조조군은 적군의 의복과 깃발로 위장을 하고 말에게 재갈을 물려 소리내지 못하게 한 다음, 한밤중에 오소를 기습하여 원소군의 식량과 양초를 모조리 불태워 버렸다. 순우경이 저항했으나 너무나 급작스럽게 당한 변이라 군은 섬멸당했고, 순우경은 포로가 되었다. 순우경의 군이 섬멸당하자 전세는 순식간에 역전되었다.

오소가 함락되었다는 보고를 받고 당황한 원소는 장합과 고람을 시켜 조조의 본진을 공격하게 했지만 패배했다. 게다가 장합과 고람은 원소에게 돌아갔을 때 책임 추궁 당할 것을 두려워하여 조조에게 항복하고 말았다. 이들의 항복과 원소군의 패퇴로 역사적인 관도대전은 마침내 끝이 났다. 원소군은 황하를 건너 하북으로 회군할 수밖에 없었다.

이 관도대전의 패배로 원소는 함께 진격했던 군사 10여만 명과 저수·전풍·허유 등 훌륭한 모사, 그리고 안량·문추·장합·고람 등 최고 장수들을 모두 잃음으로써 다시는 세력을 회복할 수 없게 되었다.

관도대전 이후 원소가 죽고, 원소의 아들 형제간에 내분에 일어나 결국 조조에게 모두 괴멸당했다. 이로써 하북의 기주·청주·유주·병주는 모두 조조의 땅이 되어 위나라가 가장 강력한 국가로 등장하게 되었다.

당시 국제정세로 볼 때 관도대전은 피할 수 없는 전쟁이었다. 대표적인 전쟁 이론의 하나가 바로 세력의 심한 전이가 전쟁을 야기한다는 것이다. 당시 조조와 원소의 세력은 급속도로 팽창하고 있었다. 위나라의 조조나 하북의 원소가 공히 패권을 추구하고 있었고, 동시에 패권 세력이 될 수 있는 요건을 갖추고 있었다. 이러한 세력의 급속한 전이가 관도대전을 야기했던 것이다. 당연히 전쟁에서 승리한 조조의 위나라는 패권 세력으로 떠오르게 되었다.

관도대전이 일어나게 된 또 하나의 원인은 원소의 자신감 때문이었다. 헌제를 옹위할 기회를 잃은 것을 두고두고 후회했던 원소는 공손찬을 섬멸한 후 조조를 쳐부술 자신감이 생겼다. 이 같은 원소의 후회와 자신감이 어우러지면서 조조와의 전쟁을 불사하게 만들었던 것이다.

관도대전에서 힘이 열세에 있었던 조조가 승리하고 힘이 우세했던 원소가 패전한 것은 오늘날 우리에게 많은 것을 시사한다. 세력이 더 컸음에도 불구하고 원소가 실패하게 된 요인을 살펴보면 다음과 같다.

첫째, 원소는 너무나 자신만만하게 전쟁을 치렀다. 전쟁에서는 순간의 전투가 전세를 확 바꾸는 경우가 종종 있다. 원소군은 10만이었던 반면 조조군은 2만에 불과하자, 원소는 교만에 빠져 방심하는 실수를 저질렀던 것이다. 정치인이나 전쟁의 지휘관에게 오만과 방심은 치명적인 과오이다. 설령 민주주의 제도 하에서 국민의 선택을 받은 지도자라도 교만에 빠지면 인기가 추락하게 되어있다.

둘째, 원소는 자신의 일가 친척만을 믿고 임용하는 오류를 범했다. 원소는 4개 주를 통솔하면서 중요한 지역은 전부 자식들에게 맡겼다. 이것이 후일 자식들 간에 권력투쟁이 일어나게 만들고, 결국 나라를 망치게 하는 원인으로 작용했다. 우리 나라에서도 자식과 친척만을 믿고, 또한 자식에게 기업을 넘겨주는 관행이 일반적이다. 그 결과 자식대에 와서 기업을 망치는 경우가 너무도 많다. 이들에게 원소의 운명은 훌륭한 교훈이 되겠다.

셋째, 원소는 뛰어난 인재를 적재적소에 쓰지 못했다. 당시 원소에게는 많은 인재가 있었다. 그러나 원소는 이들 인재들을 적재적소에 쓰지 못했을 뿐만 아니라 많은 인재들이 원소로 인해 죽기까지 했다. 이러한 사태는 급기야 인재들이 그에게 등을 돌리게 만들었다. 허유가 그랬고, 장합 또한 그랬다. 장합은 후일 위나라를 위해 큰 공을 세웠을 뿐만 아니라 끝까지 위에 충성을 다했다. 장합같은 사람이 원소를 배신하게 된다면 실로 원소는 거느릴 사람이 그리 많지 않다. 모사 허유는 원소에 실망해 조조에게 귀순하고 원소의 모든 정보를 알려 주었다. 조조가 오소에 쌓아 둔 식량을 불태울 수 있었던 것은 오직 허유의 정보 덕분이다.

더욱이 원소의 모사들 사이에서 내분이 끊이지 않았다. 이러한 싸움도 근본적으로 따지고 보면 원소가 인재들을 적재적소에 쓰지 못한 결과라 하겠다. 부하들 간에 의견 차이는 늘 있게 마련이다. 중요한 것은 지도자가 이를 적당히 중재하고, 또한 올바른 결정을 내려야 한다는 것이다. 지도자는 결정하기 전에 심사숙고해야 하지만, 일단 결정하면 단호히 이행해야 한다. 그러나 원소는 너무나 변덕스러웠고, 매사를 스스로 결정하는 바람에 모사들의 잠재력을 활용하는 데 실패했다.

반면 원소에 비해 열세였던 조조가 승리한 데는 나름대로 이유가 있었다.

첫째, 세력이 강한 원소군을 분산시키는 작전과 함께 오소 공격과 같이 급소를 찌르는 작전을 썼기 때문이다.

둘째, 수적으로 열세였던 조조군은 죽기를 작정하고 싸워야 했으므로 결과적으로 배수진의 효과가 있었다. 즉 물러날 곳이 없는 작전으로 인해 군사들은 최선을 다해 싸웠다.

셋째, 조조는 모사들의 의견을 존중하고 인물을 적재적소에 활용했다. 그 결과 조조의 모사들과 장군들은 단결되어 있었고, 조조에 대한 충성심도 강했다.

일찍이 원소가 4개 주를 정복하고 세력을 확장하자 이를 걱정하는 조조에게 젊은 모사인 곽가는 원소와 조조를 비유해서 조조의 승리를 예언한 적이 있다. 곽가는 "첫째, 원소는 번거로운 예를 좋아하고 지나치게 꾸미는 폐단이 있습니다. 그러나 주공께서는 일의 알맹이만 취하시고 나머지는 되어 가는 대로 맡기십니다. 둘째,

원소는 거스름으로 움직여야 하는데 주공께서는 따름으로 이끌 수 있습니다. 셋째, 원소는 관대함으로 사람을 모으는 데 비해 주공께서는 매서움으로 잘못을 바로잡고 계시니 다스림에 있어 주공께서 앞서 있습니다. 넷째, 원소는 겉으로는 재주 있는 이를 도탑게 대하나 안으로는 시기하며, 사람을 쓰는 데 친척을 많이 뽑아 씁니다. 이에 비해 주공께서는 겉으로는 요란스럽지 않으나 속으로는 쓸 사람의 재주를 밝게 알아보며, 사람을 쓰는 데도 오직 재주에 따라 고릅니다. 다섯째, 원소는 여러 가지로 일을 꾀하나 결단하는 일이 적지만 주공께서는 한 가지 계책을 얻으시면 이를 곧 이행하기 때문입니다. 여섯째, 원소는 모든 일을 오직 자기 이름을 드높이기 위해 하나 주공께서는 지성으로 다른 사람을 대접하니 이는 덕으로써 원소를 이기고 계신 것입니다. 일곱째, 원소는 가까운 사람만 보살피고 먼 데 사람은 소홀하게 대하는데 주공께서는 모든 사람을 두루 근심하시기 때문입니다. 여덟째, 원소는 남이 참소하는 말을 들으면 의혹을 일으켜 마음이 어지러워지지만 주공께서는 그렇지 않습니다. 마음을 가라앉히고 차분히 헤아려 행하시니 이는 주공께서 원소보다 밝음을 뜻합니다. 아홉째, 원소는 자기 주관에 따라 옳고 그름을 뒤섞어 버리는데 주공께서는 법과 도가 한가지로 엄하고 밝습니다. 열 번째, 원소는 허세를 부리기만 좋아할 뿐 군사를 움직이는 요점을 알지 못합니다. 하지만 주공께서는 적은 군사로 많은 군사를 이기시며 군사를 부림에 귀신같이 밝으시니 원소는 감히 거기에 미치지 못할 것입니다"라고 했던 것이다.

　이 같은 조조와 원소의 차이는 관도대전의 승패를 가르는 데 중요한 역할을 했다. 이러한 차이점은 삼국 시대를 움직인 사람들에게도 중요했지만, 현대 사회에서도 마찬가지로 중요하다고 하겠다.

적벽대전

삼국 시대에 가장 유명한 전투가 바로 적벽대전이다. 『삼국지연의』도 적벽대전을 묘사하는 데 많은 지면을 할애하고 있다. 소설에는 온갖 현란한 얘기들이 나온다. 물론 많은 이야기가 나관중이 꾸민 것이겠지만, 분명한 것은 적벽대전이 삼국을 정립시킨 계기가 되었다는 사실이다.

서기 208년 유비군을 격파한 조조는 유표의 아들인 유종의 항복을 받아들이고 형주를 차지했다. 형주는 당시 전략적으로 매우 중요한 지역이었다. 그만큼 지키기도 어려운 곳이 바로 형주였다. 후일 유비가 형주를 차지한 후 관운장이 형주를 지켰으나, 그 역시 형주를 잃고 말았다. 관운장도 잃어버린 형주를 어린 유종이 지키기는 어려웠을 것이다.

형주는 오늘날 호남과 호북 지방에 연하여 있는 곳으로, 물자도 풍부하고 교통의 요지였다. 또한 장강 중류에 위치해 있기 때문에 조조의 입장에서 보면 이곳에서 남하해 강동을 정벌하기 쉬운 지역이었다. 제갈공명이 삼분천하 계책에서 말했듯이 반대로 형주를 차지하면 중원을 정벌하기가 용이했다.

형주까지 차지한 조조는 손권에게 신하가 되라는 협박 서한을 보냈다. 이 서한을 받고 손권 진영은 주화파와 주전파로 갈리는 등 갈등이 빚어졌다. 이때 손권은 형주와 조조의 상황을 파악하기 위하여 주전파의 대표적 인물인 노숙을 하구로 파견했다. 노숙은 유비에게 손권과 동맹을 맺어 조조를 막아야 한다고 주장했다. 별로

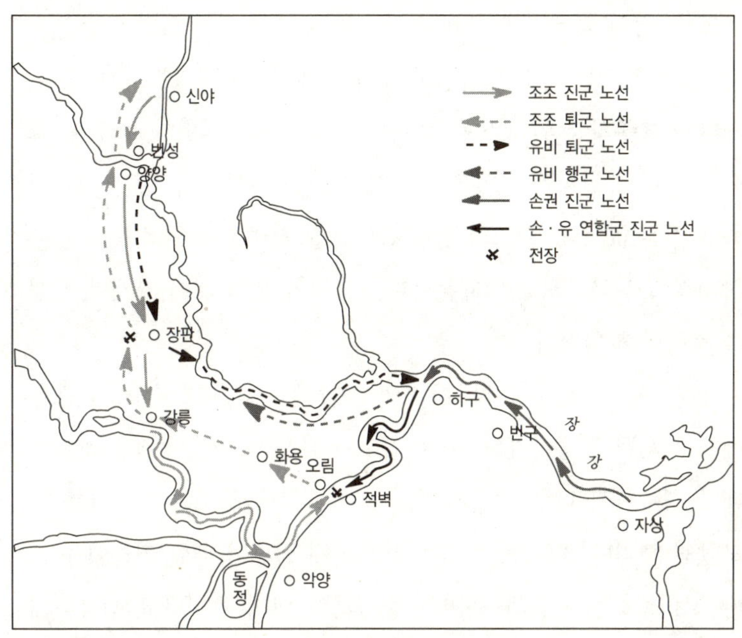

적벽대전 지도

선택의 여지가 없었던 유비는 이에 동의하고 제갈량을 사신으로 동오에 보냈다. 결국 제갈량의 설득으로 동오와 유비는 동맹을 맺고 조조와의 전쟁을 결의한다.

『삼국지연의』에는 조조군이 80만이라고 했으나, 실제 조조군은 10만에서 20만 정도이고 손권의 군사는 3만, 유비가 거느린 군대는 대개 1만에서 2만 정도로 추정된다. 이처럼 적벽에서 조조의 군세는 손권·유비의 동맹군보다 압도적으로 강했다. 그러나 조조군이 주유의 화공 전법에 말려들어 크게 패함으로써 조조는 천하통일의 기회를 영원히 잃게 되었다.

삼국 정립의 계기가 된 적벽대전이 일어난 원인을 살펴보면 다음과 같다.

첫째, 당시 국제정세 하에서 급속한 세력 전이가 있었기 때문이다. 당시 조조는 원소를 격멸하고 나서 세력이 급속도로 강해졌다. 게다가 형주까지 얻게 되자 세력이 급성장하게 되었다. 이같이 급속한 세력의 전이가 있었음에도 당시 이를 저지할 수 있는 메커니즘이 전혀 없었다. 조조의 힘이 강대해진 반면 다른 세력들의 힘은 상대적으로 약화되었기 때문이다. 그 결과 세력 전이 자체가 전쟁을 재촉하게 되었다.

둘째, 적벽대전은 손권·유비의 저항 능력에 대한 조조의 오판에서 비롯된 전쟁이기도 하다. 원소와 같은 막강한 세력을 격파한데다 형주마저 너무나 쉽게 무너졌기 때문에 조조는 오나라를 얕보았던 것이다. 더욱이 유비는 조조에게 번번이 패한 인물이었다. 따라서 조조는 손권과 유비의 동맹군이 별게 아니라고 생각하게 되었다.

셋째, 조조의 개인적인 욕심이 적벽대전을 야기했다. 조조는 천하를 통일하려는 야심을 갖고 있었다. 조조는 급변하는 천하 대세에서 기회를 잃고 싶지 않았다. 결국 패권을 쥐려는 조조의 집념과 결심은 적벽대전을 일으키는 가장 중요한 요인이 되었다.

적벽대전은 당시까지 인류가 치른 전쟁 중 가장 규모가 큰 전쟁 중 하나였다. 『삼국지연의』에서는 조조군을 83만이라 쓰고 있고, 조조 자신은 백만 대군이라고 엄포를 놓기도 했다. 반면에 손권과 유비의 연합군은 5만 정도에 불과했다. 하지만 실제로 조조군의 수는 적게는 10만이고 많게는 30만 정도로 추측되는데, 아마도 당시 인구나 병사들의 동원 능력을 고려하면 10만에서 25만 정도가 아닐까 생각한다. 이같이 범위를 좁혀 계산해도 당시로서는 엄청난 군사가 동원된 셈이다.

어떻게 계산하든지 조조의 군사가 손권·유비의 연합군보다 압도적으로 많았다는 것은 틀림없는 사실이다. 이처럼 수적으로도 우세한 데다 조조는 당시 최고의 병법가였고, 출중한 모사와 장수들도 많이 거느리고 있었다. 이러한 상황에서 조조가 패전했다는 것은 역사적 수수께끼이기도 하고, 후대에 끊임없이 전해 오는 재미있는 얘깃거리가 되기도 한다.

그러면 압도적 힘을 갖고도 적벽에서 조조가 패한 이유를 살펴보기로 하자.

첫째는 조조의 자만심과 교만을 들 수 있다. 조조는 관도전에서 원소가 저지른 실수를 적벽전에서 되풀이한 셈이다. 원소의 하북을 완전히 점령하고 형주를 손쉽게 얻은 조조는 자만에 빠졌다. 이는 손권에게 보낸 서한에서도 잘 나타난다.

"나는 천자의 명을 받들어 지칙을 앞세우고 죄 있는 자를 치러 왔소. 우리 군사의 깃발이 한 번 남쪽에 나부끼니 유종은 스스로 두 손을 묶어 항복했고, 형주 양양의 백성들도 바람에 쓸리듯 모두 귀순하였소. 이제 내게는 사나운 군사가 백만에 뛰어난 장수만도 천이나 있소이다. 장군께 바라는 바는 강하에서 나와 만나 사냥을 하면서 함께 유비를 치자는 것이오. 그런 연후 그 땅을 나누고 길이 화친을 맺는다면 그 아니 좋은 일이 있겠소이까? 부디 멀찍이 보고만 계시지 말고 속히 좋은 회답을 내려 주시기 바라오."

이 편지를 받은 손권 진영 내에서는 주전파와 주화파 간에 큰 논쟁이 벌어졌다. 편지에서 보이듯이 조조의 자만심과 허세는 대단했다. 주유는 "지금 조조는 비록 많은 군사를 이끌고 왔다 하나 여

러 가지로 병가에서 꺼리는 일들을 많이 저지르고 있습니다. 북쪽
이 아직 평정되지 않아 마등과 한수가 근심거리로 남아 있는데도
오히려 남쪽을 치고 있는 것이 그 첫째요, 북쪽 군사는 수전(水戰)
에 익숙하지 못한데 말을 버리고 배에 의지해 동오와 싸우려 드는
게 그 둘째입니다. 또 한참 추운 겨울철에 군사를 움직여 군마를
먹이고 재우는 데 쓰이는 풀이 없는 게 그 셋째요, 멀리 중원의 군
사를 남쪽의 강호로 끌고 와 기후 풍토와 물이 맞지 않은 까닭에
병이 많이 날 것이니 그것이 넷째입니다. 조조는 이와 같이 군사를
부리는 사람이면 누구나 꺼릴 일을 한꺼번에 몇 가지나 어기고 있
습니다”라며 조조의 교만함을 손권에게 지적했다. 조조의 자만에
의한 무리한 군사 동원을 지적한 이야기가 아닐 수 없다. 주유의
논리 정연한 주장에 손권 내의 주전파와 주화파 간의 논쟁은 끝이
났다.

조조의 자만심은 극에 달해 전쟁 와중에 장간을 주유에게 보내
항복을 권하기에 이른다. 물론 장간이 주유 진영에 가서 정보원의
역할도 할 것이라 여길 수 있으나, 굳은 결의를 하고 전쟁에 임한
적의 총사령관에게 항복을 권한다는 것은 적을 무척 얕보는 처사
가 아닐 수 없다. 장간이 주유와 동문수학한 친구였고, 설령 주유
와 막역한 사이라 할지라도 이미 항복을 결정하기에는 때가 너무
늦었다.

조조의 자만심은 적장인 황개의 투항서를 쉽게 믿는 데서도 엿
볼 수 있다. 아무리 주유가 ‘고육계(苦肉計 : 적을 속이기 위해서 제
몸을 괴롭히면서까지 짜내는 계책)’를 써서 황개를 매질했다고 하지
만, 황개는 손견 때부터 오나라를 섬긴 개국공신이다. 조조는 평

소 의심이 많고 생각도 깊은 인물이다. 당시 유가적 윤리관에 비추어 보더라도 황개가 전쟁을 시작하기도 전에 자신에게 투항해 오리라고 쉽게 생각한 것은 조조가 황개를 너무 가볍게 본 결과라 하겠다. 조조는 관운장의 경험도 한 인물이다. 결국 조조는 황개의 항복을 너무 믿은 나머지 주유의 '화공법'에 고스란히 당하고 말았다.

둘째, 조조군은 멀리서 원정을 온 까닭에 풍토병에 걸려서 많은 병사가 죽었다. 당시 '주혈흡충병'이라는 무서운 전염병이 조조군 쪽에 급속히 확산되었던 것이다. 반면 손권의 군대는 자기 지역에서 치른 전쟁이라 지리적 이점을 잘 이용하였고 풍토병에도 걸리지 않았다.

셋째, 조조군은 주유가 지적했듯이 대륙의 군대로서 주로 말을 탄 육군이 주력 부대였기 때문에 장강을 끼고 치러야 하는 해전에는 익숙하지 않았다. 가뜩이나 풍토병에 시달리고 있었던 조조군은 배멀미 등 익숙하지 않은 해전으로 인해 더 큰 어려움을 겪었다. 반면 손권의 군대와 유비의 군대는 장강에서 자라고 훈련을 받은 해군을 중심으로 편성된 군대였기에 수는 적어도 유리한 위치에서 싸울 수 있었다.

넷째, 조조군은 배멀미가 심하자 배를 안정시키기 위해 배와 배를 쇠사슬로 묶어서 흔들리지 않게 했다. 요새로 말하면 배를 항공모함 비슷하게 만든 것이다. 『삼국지연의』에서 이를 배와 배를 연결하는 '연환계(連環計)'라고 적고 있는데, 이처럼 배를 쇠사슬로 묶어 놓았기에 주유는 화공을 효과적으로 쓸 수 있었다. 즉 배의 한쪽에 불을 지르면 쉽게 불이 다른 쪽으로 옮겨붙을 수 있었던 것이다. 황개가 거짓으로 항복해서 조조의 배를 쉽게 태울 수 있었던 것도 이같이 배를 묶어 놓았기 때문이다. 『삼국지연의』에서는 방통이 조조에게 흔들리는 배를 묶어 놓도록 계략을 내놓았다고 하나 이는 소설의 내용이고, 실제로 조조는 배가 흔들려서 배멀미를 심하게 하는 병사들을 위해 배가 흔들리지 않도록 연결했다고 한다. 결국 이것이 화근이 되어 조조군은 주유의 화공에 속절없이 당하고 말았던 것이다. 이때 제갈량이 동남풍을 빌었다고 적고 있으나, 묶인 배는 한번 불이 붙으면 동풍이든 서풍이든 바람만 있으면 타게 되어 있다.

다섯째, 조조군은 수적으로는 우세했지만 많은 군대가 형주 함락 등으로 급하게 편입된 상태이기 때문에 충성심은 약했다. 또한 고향을 멀리 떠나온 터라 사기가 떨어져 있었다. 반면에 손권과 유비의 군대는 고향을 지켜야 했기에 죽기를 각오하고 싸울 수밖에 없었다. 실로 싸움의 승패를 가르는 것은 병력의 수가 아니라는 것을 적벽대전은 실증해 주었다.

적벽대전에서 크게 패한 조조는 눈물을 삼키며 허도로 귀환했다. 적벽대전과 관도대전은 큰 차이점이 있다. 관도대전은 패권을 결정하는 전쟁이었다. 따라서 여기서 패한 원소는 다시 일어날 수 없었다. 이에 반해 적벽대전에서 조조가 패하기는 했으나, 거대한 군세의 일부만 잃은 것으로 조조의 패권은 여전히 유지되었다. 또한 위나라는 진나라에 의해 멸망할 때까지 가장 강력한 나라로 군림했다.

또한 적벽대전은 삼국을 정립하게 만드는 분수령이 되었다. 적벽대전의 실패로 조조는 천하통일의 기회를 잃었다. 이후 조조는 손권이나 유비와 여러 차례 싸움을 벌였으나 별 소득이 없었다. 그러다가 결국 한중 지방을 유비에게 빼앗기게 되었다. 조조의 아들 조비가 집권한 뒤로도 오나 촉과 여러 차례 전쟁을 치렀으나 신통한 결과는 없었다. 이때 정립된 위·촉·오 삼국은 오랫동안 솥의 세 발처럼 유지되었다.

적벽대전에서 가장 큰 이득을 본 세력은 다름 아닌 유비였다. 손권과 조조의 싸움 뒤 형주를 차지하게 된 것이다. 유비는 나아가 새로 세운 기반 위에 익주를 차지하고, 다시 한중을 조조에게서 탈취했다. 그러나 형주를 둘러싼 손권과 유비의 갈등은 후일 이릉대전으로 그 결말을 보게 된다.

이릉대전

삼국 시대에 적벽대전 다음으로 큰 전쟁은 오와 촉 사이에 벌어진 이릉대전이다. 이미 언급했듯이 손권과 유비는 형주를 놓고 알력이 끊이지 않았다. 219년 유비가 한중을 차지하고 한중왕에 오르자, 오나라는 형주를 돌려 달라고 강력히 요구해 왔다.

촉과 오는 상수를 경계로 동쪽의 강하·장사·계양 3군은 손권에게 돌려주고 서쪽의 남군·영릉·무릉 등 3군만 유비가 영유하는 것으로 잠정적으로 해결을 보았으나, 오나라는 이에 대해 불만이었다. 본래 형주 땅은 손권이 주유의 반대에도 불구하고 유비에게 빌려 준 땅이었기 때문이다.

당시 형주를 지키던 관우는 강릉에서 북진하여 조인이 지키는 번성을 포위하게 되었다. 이때 조인을 구하기 위하여 조조가 우금을 대장으로, 새로 투항한 방덕을 부장으로 삼아 구원군을 보냈다.

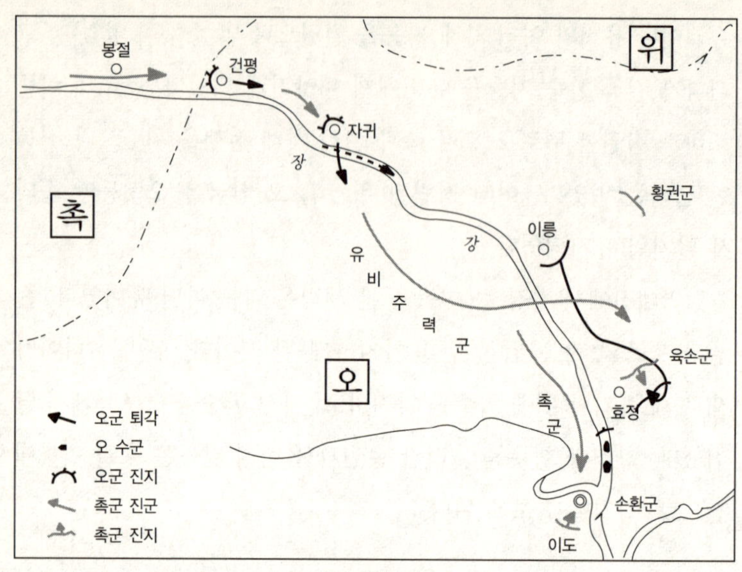

이릉대전 지도

관우는 가을의 장맛비를 이용하여 구원군을 괴멸시키고, 방덕을 포로로 잡아서 참수했다. 이에 우금은 관우에게 항복해 왔다. 이 항복으로 우금은 일생 동안 쌓은 공이 하루아침에 무너지고 남은 생애를 조비에게 조롱받으며 살게 된다.

　당시 관우의 세력이 북쪽에까지 뻗어 나가자, 이를 두려워한 조조는 한때 도읍을 옮길 생각까지 했다. 그러나 관우군이 북쪽으로 진군하면서 남방 방비가 허술한 틈을 타 여몽이 형주로 진군해서 이를 빼앗았다. 갈 곳이 없어진 관우와 아들 관평은 맥성에서 성도로 도망치다가 오나라 군사들에게 잡히고 말았다. 손권은 관우에게 항복을 권했으나 관우가 불복하자 참수해서는 관우의 목을 조조에게로 보냈다. 이에 조조는 관우의 수급을 거두어 후히 장사 지내 주었다. 조조도 그 뒤 얼마 지나지 않아 병을 얻어 죽게 된다.

관우의 죽음과 형주의 손실로 오와 촉의 관계는 급속도로 악화되었다. 이때 조비가 제위를 찬탈하자, 221년 유비는 한실을 계승한다는 명분을 내세우며 제위에 오르고 연호를 장무(章武), 국호를 '한(漢)'이라고 했다. 그래서 우리는 촉을 촉한이라고 부르기도 한다.

관우의 복수와 형주 탈환을 위해 유비는 오나라를 공격할 준비를 했다. 조운은 촉한의 주적은 위나라의 조비이지 손권이 아니며, 그와의 관계는 개인적 원한 관계라면서 말렸으나 유비는 이를 듣지 않았다.

221년 유비는 마침내 동정군(東征軍)을 일으켰다. 손권은 사죄를 하면서 화해를 요청했으나 유비는 이를 받아들이지 않았다. 우선 유비는 오나라의 효정을 공격했다. 대대적인 유비의 공격을 받은 손권은 조비에게 신하 되기를 청하면서 위가 유비를 북쪽에서 공격해 줄 것을 요청했다. 그러나 영리한 위의 새 황제 조비는 촉을 치기로 오에 약속했지만 군대는 움직이지 않고 오히려 양쪽의 싸움에서 어부지리를 취하려 했다.

222년 유비는 세 갈래로 출병했다. 이때 낭중에 있던 장비가 부하인 범강과 장달에게 살해당하는 사건이 발생했다. 유비의 수군은 이릉으로 진격하고, 육군은 효정으로 진주했다. 또한 마량을 무릉으로 보내 오계의 이민족을 회유하게 했다.

한편 손권은 육손을 기용하여 유비에게 맞섰다. 유비는 초반에 연전연승했다. 그러나 육손은 장수들의 불만에도 불구하고 나가서 싸우지 않고 지키기만 했다. 결국 전쟁은 교착 상태에 빠지고 말았다. 촉병은 원정군이라 장기전에 돌입하자 사기가 떨어지면서 동요하기 시작했다. 이를 알아차린 육손이 유비군을 공격했으나 또

다시 패배했다.

그 후 유비는 강을 따라 백 리에 전함을 띄우고 계곡과 산림이 무성한 고지대에 영채를 세웠다. 장기전으로 피로한 데다 더위를 피하기 위하여 계곡에 진을 쳤던 것이다.

유비군이 장강을 끼고 진을 쳤다는 소식을 들은 위의 조비는 유비가 패하리라고 예측했다. 이때 오나라 장수 육손이 계곡을 끼고 진을 친 유비 진영에 불을 놓아 유비 진영을 모조리 불태워 버렸다. 유비는 간신히 목숨을 건져 백제성으로 피신했고, 강북의 군을 지휘하던 황권은 퇴로가 막히자 위나라에 투항하고 말았다.

손권은 백제성으로 물러난 유비를 더 이상 공격하지 않았다. 위의 조비가 그 틈을 타고 오를 공격해 올까 봐 두려웠던 것이다. 이로써 이릉대전은 막을 내리고, 형주는 오와 위에 분할되었다.

이릉 전쟁이 일어난 원인은 두 가지로 볼 수 있다.

첫째는 관우를 죽인 오나라에 대한 유비의 복수심이다. 관우와 장비는 유비에게 일생 동안 고락을 같이한 형제 그 이상의 존재였다. 관우나 장비는 유비를 늘 따라다니면서 유비에게 힘을 보탰다. 어찌 보면 이들이 없었다면 유비는 결코 대업을 이룰 수 없었을 것이다.

흔히 셋이 힘을 합하면 천하를 얻는다고 말한다. 실로 유비·관우·장비는 인간 사회에서는 보기 드문 형제요, 군신 사이였다. 특히 관우는 조조가 금은보화와 작위를 주며 자기 사람으로 만들려고 엄청나게 공을 들인 인물이다. 그러나 관우는 끝내 유비에게로 돌아갔다. 관우가 죽고, 장비가 죽고, 유비가 죽기까지 불과 몇 년밖에 걸리지 않았다. 이들의 얘기는 실로 2천 년이 지난 오늘날에도 우리의 심금을 울린다.

물론 조운의 말대로 유비는 군주로서 국가를 생각했어야 했다. 유비를 매력적인 인간으로 만들었던 인간적인 정은 유비의 눈을 멀게 했다. 이 같은 유비의 복수심과 인간적인 명분이 전쟁을 일으킨 한 원인으로 작용했던 것이다.

둘째, 전략적 지역인 형주를 회복하기 위해서이다. 이미 제갈량이 삼분천하의 융중 대책에서도 말했듯이, 형주는 중원을 차지하는 데 있어 전략적인 지역이었다. 형주는 장강을 끼고 있는 데다 장안이나 허도와도 비교적 가까운 거리에 위치해 있기 때문이었다. 형주를 빼앗긴 측은 산골 지역인 익주와 한중에 머물게 되어 중원으로 진출하기가 더욱 어려워졌다. 따라서 유비는 형주를 반드시 되찾아야 했다. 다행히도 유비는 익주와 한중을 차지함으로써 군사와 장수가 충분히 있었다. 이때 유비가 동원한 군사는 5만이 넘었다.

그러나 유비가 이릉대전에서 패함으로써 촉한은 치명적인 손실을 입었다. 많은 군사를 잃음으로써 다시는 회복할 수 없게 된 것이다. 또한 촉은 이 전쟁으로 인해 황권·마량·풍습·장남을 비롯한 인재들을 많이 잃었다. 위·오에 비해 가뜩이나 인재가 부족했던 촉은 이릉대전으로 인해 더 많은 인재를 잃게 된 것이다. 이릉대전 이후 제갈량이 10여 년에 걸쳐 병사와 인재를 모으려고 애를 썼으나 쉽지 않았다.

그러면 유비가 이릉대전에서 패하게 된 원인을 살펴보기로 하자. 첫째 전쟁의 동기부터 잘못되었다. 위나라는 촉과 오를 합친 것보다 배나 강한 나라였다. 촉은 손권과 힘을 합해야 이른바 '순

망치한' 의 방어전을 펼 수 있는 나라였다. 더욱이 외국과 전쟁을
할 때는 이념적이거나 십자군적인 기치는 절대 금물이다. 냉철하
게 국가 이익을 고려해야만 한다. 아무리 당시가 유교 사상이 지배
적인 사회였다고 하더라도 아우의 원수를 갚기 위해 전쟁을 치른
것은 소설의 아름다운 얘기가 될 수는 있어도 국가의 지도자로서
취할 행동은 못 된다.

게다가 형주는 본래 유비가 빌린 땅이고, 관우를 죽이기는 했어
도 오나라는 계속해서 촉과 화평하려고 애썼다. 따라서 유비는 국
가적 목표와 대내외적 환경을 고려해 정책을 세웠어야 했다. 하지
만 유비는 사사로운 감정과 분노를 이기지 못하고 전쟁을 일으켰
기에 명분도 없었고 외부의 도움도 받지 못했다.

둘째, 군사력도 강하고 초반전에 잇따라 승리를 거두자 유비는
자만심에 사로잡혀 교만해졌다. 즉, 관도에서 원소가 밟았고 적벽
에서 조조가 밟았던 전철을 유비도 이릉대전에서 그대로 되풀이한
것이다. 여러 사람이 거리를 멀찌감치 두고 진을 치라고 충고했음
에도 유비는 이를 듣지 않고 계곡과 숲에 진을 침으로써 결국 화공
을 자초했다.

또한 오나라의 장수 육손은 비록 젊고 아직 천하에 이름을 떨치
지 아니했으나 지혜로운 장수였다. 그러나 유비는 육손이 어리고
이름이 없다고 너무나 얕잡아보고 방심했다. 이러한 유비와 유비
군의 교만이야말로 이릉대전의 결정적 패인이었다.

셋째, 유비의 군사들은 너무 먼 곳에서 원정을 온 데다 그곳 환
경에 적응하는 데 실패했다. 장기전이 될수록 원정군은 불리하게
마련이다. 반면 냉철하고 지모가 있었던 오나라 장수 육손은 지리

적 이점을 십분 활용했다. 육손이 화공 전략을 성공시킬 수 있었던
것도 지리적 이점이 있었기에 가능했다.

삼국 시대에는 이밖에도 수많은 전쟁이 일어났다. 6차에 걸친 제
갈공명의 북벌 전쟁, 조조와 손권이 맞서 싸운 합비전, 강유에 의
한 몇 차례 전쟁 등이 그것이다. 그러나 위에 열거한 전쟁이 삼국
시대에는 대표적인 전쟁이었고 또한 대규모 전쟁이었다. 이릉대전
이후 중국은 인구가 급격히 감소되어 대규모 전쟁을 일으키기 어
려워졌다.

이제 위에 말한 예를 중심으로 당시 전쟁의 원인을 논해 보자.
삼국 시대의 전쟁을 살펴보면, 라이트가 제시한 네 가지 전쟁 유형
이 전부 존재함을 알 수 있다. 또한 월츠가 제시한 세 가지 영역에
의한 원인도 전부 존재했다. 뿐만 아니라 존스가 제시한 11가지 전
쟁의 원인도 전부 찾아볼 수 있다.

황건적의 난은 백성들의 상대적 박탈감에서 비롯된 반란에서 시
작되어 결국 제후들이 참여하는 전쟁으로 확대되었다. 백성들이
상대적 박탈감을 심하게 느끼게 된 원천은 당시 정부에 만연해 있
던 부패와 정부의 무능 때문이었다.

후한 말 조정은 환관과 외척 세력에 의해 지배되었다. 훌륭한 정
치인이나 현사들은 전부 조정에서 쫓겨나고 간신들만이 남아 정치
를 좌지우지했다. 타락하고 부패한 이들 정치인은 백성들의 삶을
도외시했다. 이것은 결국 체제를 바꿔 보려는 난으로 발전했고, 제
후들의 군대에 의해 진압되었다.

동탁을 타도하기 위해서 17로 제후들이 일으킨 전쟁은 오자가

말했던 명분의 전쟁이었다. 황제를 마음대로 폐위시킨 동탁을 성토하기 위한 전쟁인 것이다. 동탁이 소제를 마음대로 폐위시키고 헌제를 옹립한 것은 유가 사상으로 볼 때 불충에 해당한다.

이 전쟁은 또한 당시 국제질서 속에서 힘의 부조화 내지 불균형에서 비롯된 전쟁이기도 하다. 동탁은 당시 국제질서를 마음대로 변화시키려고 했다. 이로 인해 세력의 급작스런 전이가 생겼고, 제후들은 이를 막기 위해 들고일어났던 것이다.

한편 관도대전은 일종의 패권 전쟁이었다. 갑작스레 성장한 하북의 원소가 당시의 국제질서를 타파하고 새로운 질서를 확립하기 위해 일으킨 전쟁이다. 원소는 조조가 천자를 먼저 맞이한 것에 불만이 많았다. 그러나 중요한 것은 원소가 기주를 손에 넣고 4개 주를 평정함으로써 급작스럽게 힘이 커지자 현상을 타파하려는 의도로 전쟁을 일으켰다는 사실이다.

적벽대전은 조조가 원소 세력을 괴멸한 데 이어 형주를 차지하자 압도적인 힘으로 천하통일을 하기 위해 일으켰던 전쟁이다. 반면 세력균형 체제를 유지하려는 손권과 유비의 연합군은 조조의 남침을 견제하기 위하여 이에 맞섰다. 적벽대전의 패배로 조조는 천하통일의 꿈을 접어야 했던 반면, 손권과 유비는 원하던 삼국의 세력균형 체제를 확립할 수 있었다. 이처럼 적벽대전은 급작스런 세력의 전이를 막으려는 세력과 현상을 타파하려는 패권 세력 간의 전쟁이었다.

이릉대전은 유비의 개인적인 욕심이 야기한 전쟁이다. 형주라는 전략적인 기지를 잃기도 했으나 아우인 관우의 복수를 해야 한다는 유비의 집념으로 인해 일어난 전쟁인 것이다. 즉 개인의 특유한 신념 체계가 야기한 전쟁의 대표적인 예라 하겠다.

이밖에도 제갈공명이 남방에 진군하여 맹획을 일곱 번 사로잡았다가 일곱 번 놓아 주었다는 이야기가 『삼국지연의』에 화려하게 펼쳐진다. 이 전쟁은 한족의 입장에서는 야만족의 평정이라고 보겠지만, 맹획의 입장에서는 민족 독립을 위한 투쟁이었다. 삼국 시대에 북쪽이나 남쪽 지역 모두에서 야만인들과의 전쟁이 있었다. 이들 전쟁은 현대적인 의미에서 민족의 자존을 획득하고 독립하려는 의도에서 시작된 작은 전쟁들이었다.

제갈공명이나 강유의 여러 차례에 걸친 북벌은 한 왕조의 회복이라는 명분을 내걸고 일으킨 전쟁이다. 다른 한편으로는 약한 나라를 지켜야 한다는 방어전의 성격도 강했다.

그런가 하면 손권과 조조가 맞붙은 합비전은 유비측의 외교 전략에 손권이 말려들어 일어난 전쟁인 동시에 영토를 확장하려는 손권의 욕심에서 비롯된 전쟁이기도 하다.

당시 일어난 전쟁을 고찰해 보면, 여러 가지 이유가 있지만 통치자들의 잘못된 현실 인식과 개인의 욕심 때문에 일어난 경우가 가장 많다. 어찌 보면 삼국 시대에 일어난 전쟁은 개인의 본성에서 야기된 경우가 가장 많았다고 볼 수 있다. 오자가 지적했듯이 당시 전쟁은 명분을 위한 전쟁, 이익을 다투는 전쟁, 증오심이 쌓인 전쟁, 나라 내부가 어지럽기 때문에 싸우는 전쟁, 마지막으로 기근으로 인한 전쟁이었다.

삼국 시대의 전쟁 양태도 여러 가지였다. 관도대전은 원소와 조조 간에 국가의 존망을 걸고 벌였던 총력전이었다. 그러나 이 관도대전과 사마소가 등애와 종회를 진군시켜 촉을 정벌했던 전쟁, 사

마염이 두예를 출전시켜 오나라를 정벌했던 전쟁을 제외하면 총력
전은 자주 있었던 전쟁의 양태는 아니었다.

오히려 당시 가장 빈번하게 일어났던 전쟁은 제한 전쟁이었다.
이는 전쟁 당사자 간에 전쟁의 목적과 수단, 또한 전쟁의 범위가
제한되어 있는 전쟁이다. 적벽대전을 비롯해 오장원(五丈原) 전투,
가정(街亭) 전투 등 수많은 전쟁이 서로 싸우다가 적당한 시기에
싸움을 멈추었다.

물론 이때에도 저강도 전쟁인 게릴라전이나 테러 전쟁이 종종
일어났다. 그러나 이 시대에는 저강도 전쟁이 보편적인 전쟁 수단
이 아니었다.

개입 전쟁은 삼국이 정립되기 전에 종종 일어났다. 장로를 치기
위한 전쟁이 결국 조조와 유비의 전쟁으로 이어졌고, 한중의 장로
와 익주 유장의 갈등이 결국 유비가 익주를 차지하는 전쟁으로 귀
결되었다. 그러나 삼국이 정립된 이후에는 이러한 대리 전쟁이 거
의 일어나지 않았다.

지금까지 살펴보았듯이 삼국 시대에 일어난 전쟁의 원인은 다양
했고, 전쟁의 양태도 다양했다. 그러나 제임스 슈테진저가 『왜 국
가는 싸우는가?』라는 유명한 저술에서 지적했듯이, 인간의 욕심에
서 비롯된 전쟁이 가장 많았다.

8장

삼국 시대의
전투 전술 이야기

삼국 시대에는 전쟁이 많이 일어났던 만큼 전술도 많이 발달했다. 중국인들의 전투 방법은 중국인들의 환경에 맞게 발전했다. 또한 당시 모사들이나 장군들은 육도삼략이나 손자병법, 오자병법 등에 무척 익숙해 있었다.

손자는 전쟁에서 다섯 가지 근본 원칙을 제시했다. 첫째는 도(道)로써 전쟁을 하려면 대의명분이 있어야 한다는 것이고, 둘째는 하늘로 기상이나 기후를 고려해야 하며, 셋째는 땅으로 지리적 이점을 고려해야 한다는 것이다. 넷째는 장수로, 모름지기 장수는 지략과 신망과 인격과 용기와 위엄이 있어야 한다. 다섯째는 법으로, 이는 질서와 규칙을 의미한다.

손자는 전쟁을 속임수라고 가르치면서 "전쟁은 속이는 방법이다. 그러므로 유능하면서도 무능한 것처럼 나타내고, 방법을 쓰면서도 쓰지 않는 것처럼 나타내고, 가까우면서도 먼 것처럼 나타내고, 멀면서도 가까운 것처럼 나타내며, 이로움을 줄 것같이 하여 끌어내고, 혼란시키고서 취하며, 충실하면 대비하고, 강하면 피하며, 성나게 하여 흔들어 놓고, 낮추어서 교만하게 하며, 편안하면 수고롭게 만들고, 화친하면 이간시키며, 그 무방비함을 공격하고, 그 뜻하지 않은 데 나가니, 이는 용병 하는 사람의 이기기 위함이니, 가히 먼저 전하여져서는 안 된다"고 쓰고 있다.

전쟁이 속임수라는 것은 옛날이나 지금이나 마찬가지다. 또한 동양이든 서양이든 전쟁에서 승리하기 위해 속임수를 쓰는 것은 너무나 당연하다. 전쟁은 반드시 이겨야 하는 게임이기에 수단과 방법을 가릴 수 없다.

삼국 시대 역시 전쟁에서 지략이나 속임수는 핵심이었다. 이와 함께 자연환경을 최대한 이용하는 것이 전술의 기본 원칙이었다. 제갈량이나 사마의 등 훌륭한 지도자는 하나같이 속임수의 달인들이었다. 제갈량의 속임수에 계속 당하던 사마의는 오장원 전투에서 제갈량의 속임수에 더 이상 속지 않기 위해 제갈량의 도전에 일절 응하지 않았을 정도였다.

이렇게 제갈량의 속임수에 당했던 사마의도 속임수의 천재였다. 228년 맹달이 다시 위나라를 배반하고 제갈량의 북진에 동참하려고 하자, 사마의는 엄청나게 빠른 속도로 군을 상용에 진주시켜 맹달을 놀라게 만들었다. 이때 물론 사마의는 맹달의 반란군을 괴멸하고 맹달을 처형했다.

이처럼 신속하게 진군했던 사마의가 10년 후 요동에서 공손연의 반란을 진압하려고 진군했을 때는 유유히 진군하고, 또 성을 포위했을 때도 결코 서두르지 않았다. 이를 보다못한 부하가 맹달을 칠 때는 무척 서두르다가 이번 전투에서는 좀처럼 공손연군을 공격하지 않는 이유가 무엇이냐고 묻자, 사마의는 "그때는 지금과 상황이 전혀 다르다. 싸움이란 결국 속임수인 것이다. 상황이 다르면 그에 대한 작전도 달라져야 한다. 오늘 적군은 수가 많을 뿐 아니라 비가 그들을 편들어 주고 있다. 이런 때는 유유한 태도를 취하며 적군을 안심시키는 것이 상책이다. 목전의 이익만을 보고 싸움을 거는 것은 어리석은 작전에 불과하다"고 답했다.

　이같이 삼국 시대 전술의 요체는 자연환경과 속임수였다. 이제 삼국 시대에 자주 이용되었던 전술들을 살펴보자.

1. 화공법(火功法)

화공법은 불을 질러서 적병을 물리치는 전술이다. 앞서 말했듯이 손자병법은 속임수와 자연환경을 이용한 전술을 강조했는데, 이는 어찌 보면 중국인들이 오래전부터 사용했던 전투 방법이다.

삼국 시대에 화공법은 자주 사용되었던 전법으로 큰 전쟁마다 이용되었다. 삼국 시대에 처음으로 일어난 큰 전쟁은 황건적의 난으로 인한 전쟁이다. 이때 관군 사령관은 황보숭·노식·주전 등이었다. 황보숭과 주전은 황건적의 사령관인 장각의 아우 장보와 장량의 주력 부대와 대전을 치르게 되었다.

영천 땅의 넓은 들판에서 싸우다가 관군에게 번번이 패한 장보와 장량은 장사의 깊은 산골로 후퇴하여 진을 치게 되었다. 이들은 급하게 이동했던 탓에 막사를 제대로 세울 수 없어 마른 풀을 베어 군사들이 거처할 초막을 지었다.

때마침 바람이 계곡 쪽으로 불자, 황보숭의 군대는 계곡의 모든 길을 막고 마른 풀을 모아서 불을 질렀다. 불길이 황건적의 초막으로 급속히 번지자, 장보와 장량의 군대는 당황해서 도망치기 시작했다. 그때 조조의 군대가 황건적을 공격하여 큰 공을 세웠다.

유비가 형주 땅인 신야성에서 조조의 군대를 맞아 싸우게 되었을 때다. 제갈량이 유비의 참모가 되고 나서 첫 번째로 치른 전투였다. 당시 조조는 엄청난 기세로 남하하고 있었다. 조조는 하후돈·이전·우금 등 명장들을 대장으로 삼아 신야로 진군하고 있었다. 유비군은 이들을 박망파라는 강을 끼고 있는 계곡에서 맞이했다. 때마침 가을 바람이 몹시 불고 있었다.

유비군의 조운은 보잘것없는 군대로 하후돈을 막다가 지는 척하며 도망치면서 하후돈의 군대를 계곡으로 유인하는 작전을 썼다. 이렇게 조운은 싸우다가 도망가기를 거듭하며 박망파의 계곡으로 물러났다. 조운의 군사가 골짜기가 좁고 양편이 모두 억새와 갈대로 뒤덮여 있는 곳에 이르렀을 때, 하후돈은 비로소 함정에 빠진 것을 깨닫고 퇴각하려 했다. 그러나 때는 이미 늦어 대군이 물밀듯 진군해 오고 있어 후퇴하기가 어려웠다.

그때 유비군이 갈대에 불을 질렀다. 불은 바람을 타고 삽시간에 번졌다. 조조군은 불에 타서 죽고, 말발굽에 치여 죽고, 서로 밀려서 죽는 등 그야말로 아비규환이었다. 대열 후미에서 우금이 운반하고 있던 양초와 식량도 모조리 불타 버리고 말았다. 이처럼 제갈량이 조조군을 섬멸했던 첫 번째 박망파 전투 역시 화공을 사용한 것이었다.

『삼국지연의』에서 가장 현란하게 기술되어 있는 화공전은 다름 아닌 적벽대전이다. 적벽대전에서는 그야말로 수많은 사건이 전개된다. 방통의 꾀로 조조군의 배를 묶어 놓은 연환계, 장간과 주유의 이야기, 황개의 고육계, 제갈공명의 동남풍 유도 등 흥미진진한 이야기가 펼쳐진다. 그러나 실제로 이러한 일들이 있었는지를 입증할 수는 없다. 아마도 많은 부분이 나관중의 창작품일 것이다.

그러나 적벽에서 주유가 화공을 사용한 것, 황개가 거짓으로 항복하여 배에 불을 지른 것, 또한 배들의 요동을 막기 위해서 배들을 묶어 놓은 것 등은 분명한 역사적 사실이다. 황개가 거짓으로 항복하고는 조조군의 배에 불을 질러서 성공할 수 있었던 것도 배

와 배가 전부 쇠사슬로 연결되어 있었기 때문이다. 동남풍도 제갈
량이 빈 것이라기보다는 당시 계절에 따른 바람의 흐름을 잘 알았
던 제갈량이 주유에게 알려 줌으로써 이행한 작전일 수 있다. 분명
한 사실은 적벽대전에서 조조의 압도적인 군사력을 손권·유비 연
합군이 분쇄할 수 있었던 것은 화공 전법이 주효했기 때문이라는
것이다.

화공 전법을 써서 승리를 거둔 또 다른 전투는 이릉대전이다. 관
우가 죽고 장비가 살해당한 후, 유비는 대군을 동원해서 오나라를
공격했다. 초반에는 유비군이 압도적인 승리를 거두었다. 유비는
군대를 둘로 나눠 황권으로 하여금 장강 북쪽을 지키게 함으로써
위나라의 공격에 대비하는 한편, 자신은 군사들을 이끌고 장강 남
쪽으로 진군해서 700리나 되는 긴 전선을 형성했다. 이릉에서 육손
군과 유비군이 대치했으나 육손군이 방어만 하면서 전투는 자연
장기전이 되었다. 6월의 더운 날씨와 지연전을 피하기 위해서 촉
군은 강변과 계곡에 진을 치게 되었다.

때는 6월로 바람이 마침 강하게 불고 있었다. 육손은 기회를 놓
치지 않고 숲 속에 진을 친 유비군을 향해 불을 질렀다. 불은 바람
을 타고 급속히 퍼지면서 유비 진영을 강타했다. 이로 인해 촉군은
섬멸되었고, 유비는 백제성으로 물러났다. 유비는 이릉에서 패한
것이 원인이 되어 병사하고 말았다.

유비가 죽자, 제갈공명은 등지를 오나라에 파견해 다시 동맹을
맺었다. 이를 안 위 황제 조비가 오를 치려고 224년에 군사를 일으
켰다. 그러자 사마의는 조비에게 "오는 장강의 험함을 끼고 있어
배가 아니면 건널 수가 없습니다. 폐하께서 어가를 움직여 몸소 나

가시려면 먼저 크고 작은 싸움배부터 마련하셔야 합니다. 그리하여 채영 쪽으로 회 땅에 드신 뒤 수춘을 빼앗고 광릉에 이르시어 강구를 건너도록 하십시오. 그런 다음 얼른 남서를 우려 빼는 게 오를 치는 데에도 상책이 될 것입니다"라고 충고했다. 조비는 사마의의 제안대로 준비하고, 오를 향한 진군을 명하고 스스로 지휘관이 되었다.

이에 놀란 손권은 서성을 총사령관으로 임명하고 조비의 군사에 대적하게 했다. 이때 서성이 조비를 물리친 결정적인 방법이 바로 화공법이었다. 조비가 군을 진군시키고 장강까지 진출하여 밤을 보낼 때 서성은 갈대를 준비했다. 때마침 바람이 불기 시작했다. 서성은 얼른 군사들에게 불을 지르라고 명령했다. 불은 바람을 타고 위군의 전함을 불사르기 시작했다. 불은 조비가 탄 배에까지 옮겨붙어 활활 타오르기 시작했다. 조비는 할 수 없이 배를 버리고 말을 탔으나 다시 정봉이 이끄는 군대의 공격을 받아 무참하게 패했다. 조비는 어쩔 수 없이 허도로 돌아왔다. 이처럼 오나라의 서성 역시 조비의 군대를 화공법으로 물리쳤다.

남만의 맹획이 반란을 일으켜 촉의 남쪽 3군을 침범하자, 공명은 원정을 하기로 결심했다. 이때 공명이 맹획을 일곱 번 사로잡았다가 일곱 번 놓아 준 얘기는 너무나도 유명하다. 앞서 말했듯이 공명이 남만의 맹획을 치기 위한 전쟁이라고 하나, 맹획의 반란은 독립을 위한 일종의 민족주의 운동이었다.

당시 제갈공명이 오과국(烏戈國)과 전투를 할 때 올돌골(兀突骨)의 군대는 등갑을 입고 있었다. 등갑은 등나무를 기름에 반년 이상 담가 두었다가 말리고, 다시 기름 속에 담갔다가 말리고 해서 굳어진 등으로 갑옷을 지은 것으로 칼로 베기도 어려웠다. 또한 강물에 잘 떠서 강을 건널 때 배가 필요 없었다.

그러나 올돌골 군대가 입은 등갑 갑옷은 기름에 말렸기에 불에 무척 약하다는 치명적인 약점이 있었다. 공명은 오과국 군대에 거짓으로 패하는 척하며 계속 후퇴하다가 마침내 계곡이 험한 반사곡에 이르렀다. 반사곡으로 오과국 군과 맹획의 군대가 몰려오자, 제갈량은 화공법을 썼다. 촉군은 계곡에 진입한 올돌골의 군을 향해 일제히 횃불을 던졌다. 불이 골짜기에 닿자마자 땅에 묻혀 있던 화약이 폭발했다.

엄청난 군대를 불로써 죽인 공명은 "내가 비록 나라에는 공이 있을지 몰라도 반드시 목숨이 줄겠구나. 저 많은 사람을 한꺼번에 죽이고 어떻게 오래 살기를 바랄 수 있으리!"라고 말하며 눈물을 흘렸다.

제갈공명과 사마의는 여러 차례 전투를 벌였다. 공명은 5차 북벌 때 다시 기산으로 진출했다. 여러 번 공명에게 당한 터라 사마의는 이번에는 꾀로써 공명과 전투하는 것을 포기하고 촉군에 일절 대항하지 않았다. 사마의가 정면 대결을 피하고 방어만 하자, 공명은 군사들로 하여금 그 지역의 논밭을 거두어 일부 가꾸게 하고, 나머지는 백성들로 하여금 농사짓게 했다. 즉 장기전에 대비하여 둔전제를 실시한 것이다. 이 보고를 받은 위나라 장수들은 공명이 장기전을 준비하니 이어서 치자고 건의했다. 그러나 사마의는 이를 받아들이지 않았다.

위연의 군대가 진 앞에 와서 사마의가 쓰던 투구를 땅에 굴리면서 위군에 욕설을 퍼부으며 싸움을 걸었다. 이를 본 군사들이 분개

해서 사마의에게 싸우기를 재촉했다. 그러나 사마의는 "성인께서 이르시기를, 작은 것을 참지 못하면 큰일을 어지럽히게 된다 했다"며 굳게 지키기만 하라고 명했다.

이같이 방어만 하고 있는 사마의를 유인하기 위하여 공명은 온갖 꾀를 냈다. 목우유마(木牛流馬)로 식량을 운반하다가 이를 위군에 의도적으로 뺏기기도 하고, 농사짓던 군대가 위군에게 패하여 도망치기도 했다. 촉군이 거듭 패하는 것을 보자 사마의도 점차 마음이 움직이기 시작했다.

이때 위나라 병사들이 상방곡(上方谷)으로 촉병들이 매일 군량을 나른다는 보고를 해왔다. 사마의는 촉군이 상방곡에 쌓아 둔 양초를 없애기로 결심하고 촉군을 공격했다. 촉군은 거듭 패하여 상방곡 계곡으로 후퇴했다. 사마의가 촉군을 쫓아 계곡 안으로 진입했을 때, 그곳에는 마른 풀더미가 가득 쌓여 있었다. 사마의는 그제서야 함정에 빠진 것을 알고 급히 퇴군을 명령했으나, 촉군이 일제히 함성을 지르며 계곡 입구를 막아섰다. 사마의가 이끄는 위군은 진퇴양난의 위기에 빠지고 만 것이다. 산 위에서는 계속해서 불화살이 날아오고, 상방곡 계곡에 묻어 두었던 지뢰가 여기저기서 터지면서 사방이 불길에 휩싸였다.

사마의는 말에서 내려 두 아들을 껴안고 "우리 삼부자가 이곳에서 함께 죽게 되었구나!"라고 소리쳤다. 실로 제갈량의 화공 전법이 사마의를 죽이려는 순간이었다. 그러나 이때 하늘에서 엄청난 소나기가 쏟아져 불이 꺼졌다. 그 틈을 이용해 사마의 삼부자는 계곡을 빠져 나가 목숨을 건질 수가 있었다. 이 말을 전해 들은 제갈량은 길게 탄식하면서 "일을 꾀하는 건 사람이되 이루는 것은 하늘이다. 억지로는 어찌할 수 없구나"라고 말했다고 한다.

이같이 삼국 시대에 화공법은 자연을 이용한 군사 작전으로 자주 이용되었다.

2. 공성계(空城計)

공성계는 급할 때 가짜 진영을 포진하여 적이 불시에 곤욕을 치르게 함으로써 위기를 모면하는 방법과, 계획적 철수로 적을 유혹하여 깊이 끌어들인 후 포위 섬멸하는 방법이 있다.

삼국 시대에는 궁여지책으로 이 공성계를 종종 사용했다. 하후돈의 군대가 박망파에서 유비군의 화공으로 크게 패하고 도망치자, 이번에는 조조가 대군을 이끌고 박망파에 이르렀다. 조조는 아우인 조인과 조홍에게 정병을 10만 주어 신야성을 공격하게 했다. 그런데 선봉장인 허저가 신야성에 당도하니 사대문이 활짝 열려 있고 군사가 한 명도 없었다. 뿐만 아니라 백성들도 전혀 눈에 띄지 않았다. 이를 본 조인을 비롯한 위병들은 유비가 백성을 거느리고 도망쳤다고 생각하고, 성에서 밤을 보내고 날이 밝으면 다시 유비를 쫓기로 했다. 그날 밤 위나라 군사들은 밥을 지어 먹고 잠자리에 들었다.

밤이 되자, 바람이 몹시 불었다. 그런데 갑자기 성안에 불길이 솟았다. 불은 거친 바람을 타고 사방을 온통 불바다로 만들었다. 서문·남문·북문이 전부 불길에 휩싸였는데 오직 동문만 불길이 보이지 않았다. 조인을 비롯한 위나라 군사들이 동문을 통해 급히 도망쳤다. 그때 촉군이 함성을 지르며 덮쳐 왔다. 조인과 위나라 군사들은 길을 찾아서 달아나는 데 급급했다.

이때 촉군이 쓴 작전이 바로 공성계이다. 성을 전부 적에게 넘겨주고 밤중에 안심하고 자는 사이 미리 준비해 놓은 마른 풀과 화약으로 불을 지르고 적을 공격하는 것이다. 병력이 적었던 촉군은 이렇게 해서 큰 군대를 물리칠 수 있었다.

적벽대전이 끝난 후 조조는 조인을 남군 사령관으로 임명해 이를 지키게 하고 허도로 돌아갔다. 그러나 조조는 가면서 조인에게 오나라 군사들이 쳐들어올 때를 대비해서 비책을 남겼다. 예상대로 주유의 군대가 남군성으로 쳐들어왔다.

남군에 이른 주유가 장대에 올라 남군성 안을 살펴보니 성벽 위에 기치가 가득 꽂혀 있었으나 지키는 군사는 별로 눈에 띄지 않았다. 그런데도 북소리가 요란하게 울리면서 적장 조홍이 군사를 몰고 나왔다. 오나라 장수 한당이 조홍과 겨루게 되었다. 조홍이 견디지 못하고 달아났다. 이를 보고 위나라 장수 조인이 싸우러 나왔다. 오군 쪽에서는 주태가 달려나와 조인과 겨루게 되었다. 그러나 조인 또한 주태에게 패하여 달아나기 시작했다.

주유는 때를 놓치지 않고 적군을 쫓아 남군성까지 추격했다. 이때 조인과 조홍은 성안으로 도망가지 않고 서북쪽을 향해 도주했다. 한당·주태의 뒤를 따른 주유가 남군성에 이르렀을 때 성문이 활짝 열려 있었다. 주유는 이미 성을 관찰했던 터라 성안에 군사가 그리 많지 않다고 생각하고 뒤따르는 군사들에게 "모두 나를 따르라! 적을 뒤쫓는 일은 성을 차지한 뒤라도 늦지 않다"고 명령을 내렸다.

주유가 앞장서서 성안에 들자, 이제까지 숨어 있었던 조인의 부장인 진교가 대나무통을 두들겨 큰 소리를 냈다. 그러자 성벽에 숨어 있던 궁수들이 일제히 일어나 주유군에게 화살을 퍼부었다. 놀란 주유가 함정에 빠졌음을 알고 도망치려 했으나 화살이 주유의 갈빗대에 적중했다. 화살을 맞은 주유는 그만 말에서 떨어지고 말았다. 이때 성안에 숨어 있던 위나라 장수 우금이 주유를 사로잡으려고 뛰쳐나왔다. 그러나 오나라 장수 서성과 정봉이 얼른 달려와서 주유를 구해 도망쳤다.

이 공성계로 인해 오와 위의 남군 전투 형세는 순식간에 바뀌었다. 성안에 숨어 있던 조조의 군사들이 뛰쳐나오자 오나라 군사들은 큰 혼란에 빠져 도망치기 바빴다.

이것 말고도 제갈량과 사마의 사이에 벌어진 전투에서 쓰인 공성계가 유명하다. 228년 마속의 실수로 가정을 잃게 된 공명은 퇴로가 막힐까 우려하여 촉군에게 한중으로 퇴각할 것을 명령했다.

공명은 각 장수들과 병력의 배치를 끝낸 후, 스스로 군사 5천을 이끌고 군량과 마초를 안전한 곳으로 옮기기 위해 서성으로 갔다. 공명이 한창 군량과 마초를 실어내고 있을 때 사마의가 15만 대군을 이끌고 서성으로 급히 진군하고 있다는 파발을 받았다. 촉군은 깜짝 놀랐다.

그러나 곧 냉정을 회복한 공명은 "모든 깃발은 눕히거나 감추고, 군사들은 성안의 길목을 지키되 함부로 나다니지 않도록 하라. 목소리를 높여 떠드는 자는 목을 베리라. 그 다음 성문을 활짝 열고, 문마다 20명의 군사를 백성들로 꾸며 물 뿌리고 비질하며 있게 하라. 위병이 가까이 이르더라도 결코 함부로 움직여서는 아니 된다"고 명령했다.

서성 문밖에 이른 사마의 군대는 성문 위의 누각에 홀로 앉아 웃음 띤 얼굴로 거문고를 뜯고 있는 공명을 발견하고 의아해했다. 사마의는 전쟁에 따라다닌 지 수십 년 되었으나, 이런 전쟁은 처음

보았던 것이다. 사마의는 의심이 더럭 나서 전군에게 철군 명령을 내렸다. 이때 둘째 아들 사마소가 제갈량이 성이 비었기 때문에 이런 꾀를 부리는 것이니 공격하자고 말했다.

그러나 사마의는 "제갈량은 평생 삼가고 조심하는 사람이다. 이제껏 한 번도 위험을 무릅쓰고 일을 꾸민 적이 없다. 이제 크게 성문을 열어 둔 것은 반드시 매복이 있다는 뜻이다. 만약 우리가 들어가면 그 계책에 빠지고 만다"고 말하고 철군 명령을 내리고 자신도 도주했다.

이처럼 제갈량이 빈 성을 가지고 사마의의 대군을 물리친 계략은 실로 후세에도 이야깃거리가 될 만한 전술이었다. 제갈량은 이 전술을 쓴 후 "이제 이 전술은 다시 못 쓰겠다"고 말했다. 반면 사마의는 너무 아는 것이 탈이 되어 승기(勝機)를 놓치고 말았다. 후일 사마의는 당시 서성에 군마가 2500명밖에 없었다는 보고를 받고 "나는 아무래도 공명을 따를 수가 없구나!"라고 탄식했다고 한다.

3. 반간계(反間計)

전쟁에서는 반간계나 거짓 정보를 흘리는 경우가 종종 있다. 삼국 시대에도 그랬다. 특히 당시는 오늘날과 같이 통신이 발달해 있지 않아서 거짓 항복을 하는 수가 자주 있고, 또한 이에 속는 척하고 역이용하는 경우도 종종 있었다.

손자병법을 보면 첩자를 사용하는 방법이 다섯 가지 있다고 한다. '향간(鄕間)'이란 적국의 백성을 자신의 첩자로 이용하는 것이고, '내간(內間)'이란 적국 관리를 매수하여 자신의 정보 공작원으로 삼는 것이다. '반간(反間)'이란 자신을 정탐하러 온 적의 첩자를 굴복시켜 오히려 자신의 공작원으로 삼아서, 역으로 적에게 허위 정보를 제공하게 하고 자신은 정확한 적의 정보를 입수하는 것이다. '사간(死間)'이란 이중 간첩으로 적에게는 허위 정보를 주고 아군에게는 정확한 정보를 제공하는 것이다. 이러한 자는 결국 적의 손에 죽게 된다. '생간(生間)'이란 적국을 자유롭게 드나들 수 있는 인물로부터 정보를 얻는 것이다.

이같이 중국인들은 오래전부터 여러 종류의 첩자를 활용했다. 삼국 시대에는 전쟁이 자주 일어났지만 정보가 어두워 첩자를 수시로 사용해야만 했다. 이때 적에 대한 헛소문을 퍼뜨리거나, 적을 교만하게 만들어 방심하게 하는 교병계(驕兵計)는 대부분 첩자를 통해 이루어졌다.

삼국 시대 첩자를 사용한 예를 몇 가지만 들어 보자. 조조가 원소의 아들들인 원상과 원희를 치기 위해 병주로 진격했을 때의 일이다. 이전과 악진이 병주를 치려 했으나, 고간이 호구관을 굳게 지키고 있어 진격하기가 어려웠다. 조조는 과거 원소의 부하로 있다가 자신에게 투항한 여상과 여광을 고간에게 거짓으로 투항시켰다.

여광과 여상은 고간에게 "저희들은 원래 원씨의 장수들이었으나 어쩔 수 없어 조조에게 항복했던 자들입니다. 그런데 조조는 처음 제 편으로 끌어들이려고 달랠 때와는 달리 저희들을 박대하므로 이제 다시 옛 주인을 찾아 돌아온 것입니다"라고 말했다.

고간은 처음에는 이들을 믿지 않으려 했다. 그러나 여광과 여상이 갑옷을 벗고 천연덕스럽게 "조조의 군사는 방금 도착했기 때문에 아직 그들의 마음이 안정되지 못했음을 틈탈 수 있습니다. 오늘 밤 진채를 급습하여 쳐부수도록 하십시오. 저희들이 마땅히 앞장서겠습니다"라고 말하자, 이들의 말을 믿게 되었다.

밤이 으슥해지자, 고간은 조조의 진영을 기습하기 위해 여광과 여상을 앞세우고 병사 1만여 명과 함께 조용히 진군했다. 조조의 진채를 공격하려 하자, 등뒤에서 갑자기 함성이 일며 복병이 사방에서 몰려왔다. 고간은 그때서야 속은 줄 알고 여광과 여상을 찾았으나 이들은 이미 없어진 뒤였다. 고간은 급히 성으로 돌아갔으나 성은 이미 조조군에게 점령당한 뒤였다.

적벽대전 때 조조군은 오나라 군대와 장강을 끼고 대치하고 있었던 까닭에 적의 동정을 알 수가 없었다. 이에 조조는 사항계(詐降計 : 거짓으로 항복하는 것)를 쓰기로 하고 실수로 죽인 채모의 아우 채중과 채화를 주유 진영으로 항복하라고 보냈다. 조조에게 채모가 억울하게 죽었기에 이들의 항복을 주유가 믿으리라고 생각했던 것이다.

채중과 채화가 주유 앞에서 울며 "저희들의 형 채모는 아무 죄

없이 조조 그 역적 놈에게 죽었습니다. 우리 두 사람은 그런 형의 원수를 갚고자 이렇게 찾아와 항복을 드립니다. 거두어만 주신다면 선봉이 되어 목숨을 걸고 싸우겠습니다"라고 말했다.

주유는 이들을 거두어 감녕의 부하로 삼았다. 그러나 이들이 가족을 데리고 오지 않은 것을 보고 거짓 항복한 것임을 알아차렸다. 주유는 이들을 이용해서 오히려 조조에 대한 황개의 서항서(항복 문서)를 믿게 만드는 계획을 세웠다. 노장군이었던 황개를 주유는 명령에 복종하지 않는다는 이유로 부하들 앞에서 옷을 벗기고 죽도록 때렸다. 이는 다름 아닌 황개의 '고육계'로, 그는 나라를 위해 주유와 짜고 험한 매질을 참아 냈던 것이다. 매질을 심하게 당한 후, 황개는 감택을 통해 조조에게 서항서를 보냈다.

의심 많은 조조가 감택을 믿을 리 없었다. 이때 채화와 채중이 오의 진중에서 보낸 편지가 도착했다. 편지에는 황개가 모든 장수들 앞에서 주유의 명으로 곤장 50대를 맞고 기절까지 했다는 내용이 다른 정보와 함께 적혀 있었다. 조조는 채중과 채화가 보낸 편지를 읽고 비로소 감택과 황개의 항복을 믿게 되었다. 이를 통해 후일 오나라의 황개는 조조의 배에 불을 지르는 데 성공할 수 있었다. 즉 조조는 오나라의 정보를 얻기 위해 채중과 채화를 거짓 항복하게 만들었지만, 주유는 오히려 이를 역이용해서 화공전을 성공시켰던 것이다.

이릉 전쟁이 시작되기 전의 일이다. 손권은 육손을 지휘관으로 임명하기에 앞서 젊은 손환을 좌도독에, 호위장군 주연을 우도독에 임명하고는 수륙 양군 5만씩 주어 촉군의 진주를 막도록 했다. 그러나 손환군은 유비군에게 패해 이이·사정·담웅 등 장수와 수

많은 장졸을 잃었다. 반면 주연이 이끈 수군은 강물 위에 영채를 차리고 있어 상하지 않은 채 남아 있었다.

이때 촉의 장수 오반이 군사 몇 명을 오의 우도독 주연에게 거짓 항복시키고 정보를 흘렸다. 촉군이 그날 밤 오군의 허술한 틈을 타 손환의 진채를 갑자기 들이칠 계획이라는 정보였다. 주연은 손환을 돕기 위해서 장수 최우에게 군사 1만 명을 딸려 밤중에 손환 진영으로 진군시켰다. 손환을 구하기 위해 진군하던 최우는 손환의 진채 쪽에서 불길이 이는 것을 보고 마음이 더욱 다급해져서 앞뒤 살피지도 않고 진군을 재촉했다. 그러나 얼마 가지 않아 매복해 있던 촉의 장수 장포와 관흥의 공격을 받고는 그만 촉군의 포로가 되고 말았다. 이 소식을 들은 우도독 주연은 놀라서 급히 배를 몰고 달아났다. 주연은 거짓 항복한 촉의 역정보를 믿고 부하를 출전시켰다가 크게 낭패를 본 것이다.

석정 전투에서 위와 오가 싸울 때의 일이다. 양주자사로 있던 대도독 조휴가 급히 위 황제 조예에게 표문을 올렸다. 표문의 내용인즉 "동오의 파양태수 주방이 고을을 들어 항복하겠다고 하며 사람을 보내왔습니다. 주방은 그 사람을 통해 일곱 가지 일을 들어 동오를 깨뜨릴 수 있다고 내세우며 빨리 군사를 내기를 권하고 있습니다. 신 홀로 처결할 일이 아닌 듯싶어 삼가 아뢰오며 하명을 기다립니다"라는 것이었다.

대신들은 이 문제에 서로 엇갈리는 의견을 내놓았다. 건위장군 가규는, 주방은 지모가 있는 오나라 장수이므로 이는 분명 거짓 항복이라고 주장했다. 반면 사마의는 주방의 항복은 진정한 항복이므로 이 기회를 이용해 오를 정벌하자고 주장했다.

이같이 상반된 주장에 황제 조예는 만약의 경우에 대비하여 가규에게 조휴를 도와 주방의 거짓 항복에 대비하게 하면서 군사를 세 갈래로 나눠 오를 정벌하기로 결정했다. 조휴는 환성을 치고, 가규는 양성을 치며, 사마의는 조예와 함께 강릉을 치기로 한 것이다.

오나라 사령관인 육손은 제갈근을 비롯한 장수들에게 강릉으로 진군하는 사마의 군대를 막게 하고, 다른 지역은 자신이 직접 방어하기로 했다. 지름길로 신속하게 진군했던 조휴의 대군이 마침내 환성에 이르렀다. 주방은 즉시 성에서 나와 조휴를 맞이했다. 이때 조휴는 주방에게 오를 칠 일곱 가지 계교를 황제에게 진언했으나 주방 장군의 항복을 거짓 항복으로 의심하는 사람이 많다고 말했다. 그러자 주방은 자신을 의심한다면 죽음으로 진실을 보일 수밖에 없다면서 칼을 빼어 자신의 목을 찌르려고 했다.

놀란 조휴가 이를 황망히 말렸다. 그러나 주방은 재차 자기 목을 치려 했다. 조휴는 주방을 진실로 믿는 마음이 생겨 다시 적극적으로 말렸다. 이에 주방은 자기 머리카락을 잘라 땅바닥에 던지면서 "나는 충심으로 공을 기다려 왔는데 공은 나를 우스개로 삼으셨구려. 이제 부모가 내려 주신 머리카락을 잘라 내 충성된 마음을 드러내 보일 뿐이오"라고 말했다.

이 같은 주방의 태도에 조휴는 주방을 진심으로 믿게 되어 군대를 석정으로 진군시켰다. 이때 가규가 찾아와 오나라 병력의 대부분이 환성에 몰려 있는 듯하니 다른 부대를 기다렸다가 협공을 하자고 권했다. 그러나 조휴는 버럭 성을 내면서 가규를 진채에 가두었다.

가규가 예상했던 대로 조휴가 석정으로 진군했을 때 그곳에는 이미 육손이 서성 장군을 시켜서 매복하고 있었다. 주방의 말만 듣고 군대가 없는 줄 알고 석정에 진군했던 조휴의 군대는 오군의 습격에 대패하고, 조휴는 겨우 목숨을 건져 도망쳤다. 물론 전투 와중에 거짓 항복한 주방은 없어졌다. 조휴가 대패했다는 소식을 들은 사마의도 할 수 없이 철군했다. 석정 전투에서 주방의 거짓 항복을 믿은 조휴 때문에 패배한 위나라는 오나라를 정복해야겠다는 욕심을 당분간 접을 수밖에 없었다. 한편 조휴는 많은 군사를 잃고 패전한 것에 상심하다 등창이 터져 죽고 말았다. 사람을 믿다가 치른 대가치고는 너무나 컸다.

서기 228년 공명이 2차 출사표를 내고 북벌을 위해 진창으로 진격했을 때의 일이다. 당시 촉군은 진창을 굳게 지키는 학소 장군과 위나라 장수 왕쌍의 활약으로 고초를 겪고 있었다. 이때 촉의 장수 강유가 위군 사령관 조진에게 거짓 항서를 보냈다.

본래 강유는 위나라 사람이었으나 공명의 계략으로 촉에 투항한 인물이었다. 강유는 조진에게 촉에 투항한 것은 당시 어쩔 수 없는 처지에서 행한 짓이고, 이제 진실로 뉘우치고 조국에 복귀하겠다고 썼다. 거짓 항서였지만 정황으로 봐서 그럴싸한 항서였다. 조진은 이러한 강유의 항서를 믿고 행동했다가 제갈량군에게 크게 패하고 말았다.

이처럼 당시 전쟁에서 첩자를 자주 이용한 것은 정보가 어두웠던 시절이었던 만큼 어쩔 수 없었던 측면이 있다. 정보는 전쟁에 절대적으로 필요한 요소였기에 자기편을 거짓으로 항복시켜서라도 얻어야만 했던 것이다. 게다가 전쟁이 자주 일어났던 삼국 시대에는 항복이라는 제도를 통해서 군사도 얻었고 인재도 얻었기에 이러한 거짓 항복이 자주 이용되었다.

이처럼 거짓 항복을 통해 적의 정보도 얻었지만 가짜 정보도 흘릴 수가 있었다. 당시 적과 의사소통을 할 수 있는 방법은 지도자들의 직접 회담이나 첩자들과의 대화를 통해서였다. 따라서 첩자를 이용해 허위 소문을 퍼뜨려 군인들이나 지휘관들을 이간질시킬 수도 있었다.

이와 같은 첩보전은 현대전에도 이용되고 있다. 거짓 항복, 거짓 탈출로 적진에 가서 인심을 교란시키는가 하면 국론을 분열시키는 것이다. 또한 이중 간첩을 역이용하고, 적에게 허위 정보를 흘리거나 허위 소문을 퍼뜨림으로써 적진을 혼란에 빠뜨린다.

중국인들은 "전쟁은 속임수"라는 손자의 가르침을 교훈으로 삼아 첩보전을 특히 잘 이용하는 나라이다. 우리는 어릴 때 "떼놈들은 엉큼하다"는 말을 자주 들었다. 이는 중국인들이 잘 속이기 때문에 그만큼 상대하기 어렵다는 이야기이다. 또한 단수가 높기에 헤아리기 어렵다는 말도 된다. 이는 중국인들이 많은 전쟁을 치르면서 얻은 문화적 산물이라 하겠다.

4. 물길 작전

앞서 말했듯이 중국인들은 전쟁을 할 때 자연조건을 잘 이용했다. 불을 자주 사용했지만, 때로 물을 사용하기도 했다. 물을 막아 놓았다가 적이 오면 터놓아서 적병을 물로 질식시키거나 전세를 흩뜨려 놓는 것이다. 현대전에서도 가끔 댐을 파괴해서 적의 진입로를 차단하는 작전을 쓴다.

조조가 관도대전에서 승리하고 원소가 죽은 뒤 원소의 아들들을 상대로 싸울 때의 일이다. 조조는 기주성을 탈환하기 위해 공격을 했지만, 당시 기주성은 원소의 모사였던 심배가 죽을 힘을 다해 방어하는 데다 성이 높고 견고해서 좀처럼 쳐부수기가 어려웠다. 게다가 조조군이 성에 접근할 때마다 활과 쇠뇌가 비 오듯이 날아와 공격하기가 여간 힘들지 않았다.

그때 한때 원소의 모사였던 허유가 조조에게 "장하의 물을 두었다 무엇에 쓰실 작정이시오? 그 물만 끌어들여도 기주는 금세 결딴나고 말 것이외다"라고 진언했다. 조조는 허유의 제안을 받아들여 곧 실행에 옮겼다. 먼저 장하의 물을 기주성으로 끌어들일 물길을 파게 하고, 조조는 낮에 쓰던 군대의 열 배를 동원해서 밤에 물길의 깊이와 너비를 늘렸다. 그 결과 날이 밝았을 때는 물길의 너비와 깊이가 이장이 넘었다. 이 물길로 장하의 물을 끌어대니 기주성은 곧 몇 자나 되는 물 속에 잠기고 말았다. 성이 물에 잠기면 양식이나 마초가 곧 썩게 되어 성안의 군사들이나 백성들은 굶어죽을 수밖에 없다. 드디어 심배의 조카 심영이 성문을 열어 주니 기주성은 조조군에게 점령당하고 말았다.

하후돈이 박망파에서 유비군에게 패하자, 조조는 조인과 조홍에게 병사 10만을 주고 신야성을 공격하도록 했다. 신야성에 진주를 했으나 앞서 말했듯이 밤중에 불이 나서 조인과 조홍의 군사는 전부 동문으로 빠져 나와서 도망치게 되었다. 그러나 공명은 이미 관운장에게 군사 1천을 주어 백하강 상류에 매복하고는 흙자루와 모래자루를 쌓아서 강을 막도록 한 터였다.

동문을 빠져 나와 후퇴하던 조인과 조홍의 군대가 마침내 백하강에 이르게 되었다. 다행히 강물이 얕은 것을 보고 조인이 군사들에게 강물을 건너도록 지시했다. 그러나 군사들이 강의 중간 지점에 다다랐을 때, 상류에 숨어 있던 관운장의 군대가 강물을 막고 있던 흙자루를 한꺼번에 무너뜨렸다. 막혀 있던 물길은 거센 기세로 하류를 휩쓸어 강을 건너던 조조군의 말과 사람들을 순식간에 삼켜 버렸다. 수많은 군사가 물귀신이 되고 만 것이다. 이때 조인과 조홍이 몰고 왔던 10만 군사의 태반이 신야성의 불길과 백하강의 물살에 휩쓸려 목숨을 잃었다.

관운장이 천하에 이름을 알리기 시작한 것은 원소와의 전쟁에서 안량을 죽인 뒤부터이다. 그러나 그의 명성이 가장 빛났던 것은 그가 방덕을 죽이고 우금을 생포했을 때였다. 이때 사용한 작전이 바로 물길 작전이다.

유비가 한중왕에 오른 뒤, 오호대장이 된 관우가 형주의 군사를 동원해 북진을 시작했다. 당시 번성과 형주 이북을 지키던 위나라 장수는 조조가 가장 믿는 조인이었다. 조인의 군사도 당시 이름이 있던 만총이 보좌하고 있었다. 이는 그만큼 조조가 양양과 번성을 중요하게 생각했기 때문이었다. 당시 양양은 형주의 교통과 상업의 중요한 요충지였다. 조인과 관우의 싸움이 시작되었지만, 조인은 관우의 계략에 빠져 대패했을 뿐만 아니라 부장인 하후존과 적원을 잃고 양양성마저 뺏기고 말았다.

관우는 기세를 몰아 번성으로 진군했다. 이때 방어를 주장한 만총의 만류에도 불구하고, 장군 여상이 군마를 이끌고 번성을 나가서 관우군과 대적하다가 군사의 절반을 잃고 번성 안으로 쫓겨들어갔다. 다급해진 조인은 조조에게 급히 글을 써서 보냈다. 내용인즉 "관운장이 대병을 일으켜 양양을 빼앗고 지금은 번성을 에워쌌습니다. 일이 매우 위급하니 바라건대 어서 좋은 장수를 보내 구원해 주십시오" 하는 것이었다.

조조는 우금을 정남장군(征南將軍), 방덕을 정서도선봉(征西都先鋒)으로 삼고 7로군의 대군을 조직해서 구원군으로 보냈다. 우금·방덕군과 관우의 군대는 여러 차례 접전을 벌였으나 뚜렷한 결말을 내지 못한 채 장기전에 돌입하였다. 우금은 7로군을 전부 모아서 번성 북쪽의 10여 리 지점에 산과 계곡을 끼고 진을 쳤다.

관우는 산꼭대기에 올라가서 적진을 살피더니 우금이 진을 친 중구천 상류에 흙과 모래주머니로 댐을 쌓았다. 때맞춰 가을비가 계속 내렸다. 관우가 이 비를 막았다가 밤중에 한꺼번에 내보내니 사방팔방으로 큰 물떼가 폭포처럼 쏟아져 내려갔다. 그곳에 자리 잡고 있던 우금의 군사들과 말들은 속수무책으로 떠내려갈 수밖에 없었다. 물은 눈 깜짝할 사이에 평지를 강으로 만들었다.

다음날 해가 뜨고 날이 개자, 관우군은 미리 준비해 둔 배를 몰고 위나라 군사들을 공격했다. 위나라 군사들은 병기도 버리고 작은 산 위로 기어올랐으나 촉군이 쏜 화살에 크게 희생되었다. 우금은 더 이상 버티지 못하고 관우에게 항복하고 말았다. 일생 동안 많은 공을 세운 용장인 우금의 명성이 하루아침에 물거품이 되어 사라지는 순간이었다. 이로 인해 우금은 후일 위나라로 돌아가서도 조비의 조롱을 받다가 결국 분사했다.

방덕은 끝까지 항거했으나 관우의 장수인 주창에게 사로잡히고 말았다. 관우는 방덕에게 항복하라고 말했다. 방덕은 본래 마초의 수하로, 마초가 장로에게 의탁했을 때 같이 한중으로 간 인물이다. 장로가 유비를 치기 위해 마초를 파견했을 때 방덕은 병에 걸리는 바람에 마초를 따르지 못하다가 후일 조조의 부하가 되었다. 이 같은 이유에다 방덕의 형이 성도에서 고위직에 있었기에 방덕의 항복을 권했으나 방덕은 듣지 않고 욕설을 퍼부었다. 화가 난 관우는 방덕의 참수를 명했다.

물길 작전으로 우금을 생포하고 방덕을 처형하자, 관운장의 위세가 천지를 뒤흔들듯 했다. 이 전쟁을 보고 조조가 한때 수도를 안전한 곳으로 옮기는 문제를 고려했을 정도였다.

5. 땅굴 작전

땅굴 작전은 일명 '고슴도치 작전'이라고 불리며, 우리 나라 사람들에게도 아주 익숙한 군사 작전이다. 이는 화공전이나 물길전과 같이 자연환경을 이용한 작전으로, 땅속에 굴을 파고 적의 후미로 진출해서 적을 공격하는 것이다. 땅굴 작전은 삼국 시대뿐만 아니라 중국 역사에서 종종 사용되었던 작전이다.

원소가 패권의 기반을 마련할 수 있었던 것은 공손찬과 기주를 쟁취하기 위한 싸움에서 승리하고 나서이다. 원소는 공손찬과의 싸움에서 여러 번 승리를 거두었다. 퇴각을 거듭하던 공손찬은 유주성에 성을 높이 쌓고는 원소의 공격을 방어했다. 이같이 성을 높이 쌓고 방비하는 공손찬의 군에 대하여 원소는 성 밑으로 땅굴을 팠다. 원소군은 땅굴로 기어들어가서는 공손찬이 거처하는 누각 아래에 이르러 일제히 뛰쳐나와서는 성안을 공격하면서 불을 질렀다. 퇴로가 막힌 공손찬은 결국 가족을 모두 죽이고 자신 또한 스스로 목숨을 끊었다. 원소는 이렇게 땅굴 작전으로 공손찬을 완전히 섬멸하고 하북을 평정했다.

조조와 원소가 관도에서 자웅을 겨룰 때의 일이다. 원소군이 토담을 쌓고는 조조 진영을 내려다보며 활을 쏘아 댔다. 그러자 조조군은 발석거를 동원해서 돌을 쏘아올려 원소의 토담성을 무너뜨리고 원소군을 공격해 왔다. 이에 놀란 원소군은 발석거를 벽력거라고 불렀다.

원소는 막대한 군사력을 갖고 있었지만 곤경에서 빠져 나가기 위해서 땅굴 작전을 다시 쓰기로 했다. 이른바 '굴자군'이라는 두더지 부대를 따로 만들어서는 조조의 영채에 이르는 땅굴을 파게 한 것이다. 원소군이 비밀리에 땅굴을 파고 있었으나 이 작전은 곧 조조군에게 알려지게 되었다.

조조군은 땅굴 작전에 대비해 자기 진영에 깊은 참호를 팠다. 원소군은 그것도 모르고 땅굴을 계속 파다가 조조군의 참호 벽에 걸려 몸이 드러나게 되었다. 그리하여 그동안 애써 판 땅굴이 아무 소용이 없게 되고 말았다. 공손찬을 공격할 때 유용했던 원소의 땅굴 작전은 조조군에게는 완전히 실패로 돌아간 것이다.

조조가 원상을 칠 때의 일이다. 원상이 조조군에게 패해 도망친 뒤, 조조는 기주를 차지하기 위하여 업성을 공격했다. 이때 업성을 지키던 자는 심배로, 그는 지모도 있지만 업성을 지키려는 의지가 아주 강했다. 이에 조조는 3군을 호령하여 업성 둘레에 토성을 쌓게 하는 한편 몰래 땅굴을 파들어갔다. 조조의 항장이던 풍례가 군사 3백여 명을 이끌고 밤중에 계속 땅굴을 팠다.

성을 지키던 심배가 성문 위에서 내려다보니 조조 쪽에 불이 하나도 켜 있지 않았다. 대개 양군이 대진하고 있을 때면 등불이 보이거나, 아니면 병사들의 모닥불이라도 보이게 마련이다. 그런데 조조 진영에 불이 하나도 없는 것을 보고 심배는 조조군이 땅굴을 파고 있음을 짐작했다. 이에 심배는 성안의 수문을 부수고 돌로 박아 놓았다. 그러자 돌 사이로 새어 나간 물이 땅굴을 채워 풍례와 땅굴을 파던 군사 3백 명이 모두 수몰되어 죽고 말았다. 이로써 조조의 땅굴 작전은 완전히 실패로 돌아갔다.

이처럼 땅굴 작전이 종종 쓰였으나 노력에 비해서 성공 가능성

은 낮은 편이었다. 이러한 이유로 당시 땅굴 작전은 비교적 사용
빈도가 높지 않았다.

6. 물질 공세 작전

물질 공세 작전이란 전투시 물건을 뿌려서 적군의 마음을 흩뜨리는 작전이다. 삼국 시대는 난세인 데다 병력을 충원할 때 어떤 원칙이 있는 것도 아니어서 군대의 기율이 제대로 서지 못했던 탓에 이 작전이 주효할 때가 있었다.

동탁이 죽은 후 이각과 곽사가 천자를 끼고 잠시 후한을 통치했을 때의 일이다. 이들을 피해서 도망치던 헌제는 막판에 산적에 의존해서 이각과 곽사를 막으려고 했다. 양봉과 동승은 천자에게 한섬·이락·호제를 부르도록 했다. 헌제의 부름을 받은 이들은 산적 생활을 청산하고 양봉·동승과 힘을 합쳐 홍능으로 쳐들어갔다. 갑작스런 공격에 이각과 곽사는 견디지 못하고 도망가고 홍능이 천자의 거주지가 되었다.

도망친 이각과 곽사는 인근 지역을 돌아다니며 백성들을 노략질하는 한편, 젊은 장정들을 군에 편입시켜 세력을 다시 키웠다. 이에 헌제는 이락을 보내서 이각과 곽사를 치게 했다. 이락은 위양에서 이각과 곽사의 군대를 공격했다. 승세를 탄 공격이라 이각과 곽사의 군대가 불리했다. 이때 곽사가 꾀를 내어 약탈해서 모은 물건들을 모조리 길바닥에 뿌렸다.

이락이 거느린 병사들은 본래 산적 출신들이라 길바닥에 널려 있는 물건들을 보자 싸움하던 것도 잊어버리고 물건 줍기에 바빴다. 물론 이들의 군율은 엉망이어서 이락의 명령이 먹혀들 리 없었다. 이락의 군사가 흐트러진 것을 보고 이각과 곽사가 병사들에게 공격 명령을 내렸다. 물건 줍는 데 정신이 팔린 이락의 군사를 어지러이 치자 이락의 군은 대패하게 되어 전세는 순식간에 역전되었다.

원소와 조조가 자웅을 겨룬 관도대전의 서전이던 연진 전투에서 있었던 일이다. 백마 전투에서 안량이 죽자, 원소는 문추와 유리를 대장으로 삼아 연진으로 보냈다. 문추는 당시 천하에 이름을 떨치고 있던 맹장이었다.

이에 대응해 조조는 곡식과 마초를 앞세우고 진군하는 흔치 않은 방법을 썼다. 조조군은 원소군의 공격을 받아 식량과 마초를 모조리 빼앗겼다. 조조는 진군하면서 이번에는 말을 모조리 풀어놓았다. 이미 군량과 마초를 많이 획득하고 수레와 병장기도 많이 얻은 문추의 군사들은 이번에는 말을 붙잡느라 정신이 없었다. 싸움은 뒷전이고 말을 잡느라 이리저리 뛰어다닌 탓에 군율이 흐트러지고 군령도 부대 간에 제대로 전해지지 않았다. 또한 군대의 앞뒤가 뒤섞여 혼란하기 짝이 없었다.

이때 조조가 공격 명령을 내렸다. 조조군이 급히 공격을 가하자 말을 쫓느라 정신이 없었던 원소군은 크게 어지러워졌다. 문추가 용장이기는 하나 이렇게 무질서한 군대를 가지고 전투를 하기란 어려웠다. 그때서야 며칠 동안 조조군으로부터 빼앗은 물건들이 조조의 전략에 말려 들어간 결과였다는 것을 알았으나 이미 때는 늦었다. 할 수 없이 문추는 몸을 추슬러 도망쳤다. 이 연진 전투에서 문추는 결국 목숨을 잃었고, 원소군의 사기는 크게 떨어졌다.

조조가 위하에서 서량병을 거느린 마초와 한수를 상대로 싸울 때의 일이다. 조조군은 마초 군대와 싸워서 여러 번 패하였다. 이에 조조는 떨어진 사기를 올리고 마초·한수군을 치기 위하여 군을 재정비하고 위하를 건너 마초를 공격하기로 했다.

조조군이 막 위하를 건너 뭍으로 상륙하려는데, 기다리고 있던 마초군이 기세 좋게 조조군을 덮쳐 왔다. 조조도 막 강을 건너려는데 후미에서 마초가 군을 직접 이끌고 공격해 왔다. 마침 용맹스러운 허저가 조조를 등에 업고는 배에 올라 도망치려고 했다. 하지만 허저가 아무리 용맹스럽다 한들 사방을 둘러싼 마초군을 당해 내기는 어려웠다. 실로 조조의 목숨이 위태로운 상황이었다.

이때 위남(渭南) 현령으로 조조 군중에 있던 정비가 남쪽 산 위에서 싸움을 관망하다가 마초가 급하게 조조를 뒤쫓는 광경을 보게 되었다. 정비는 곧 조조를 구하기 위해서 진채 안에 모아 두었던 소와 말을 전부 바깥으로 내몰았다. 들판에 임자 없는 말과 소가 뛰어다니자, 이를 본 서량 병사들은 몸을 돌려 소와 말을 쫓느라고 전투는 안중에도 없었다. 이들에게는 조조를 쫓는 것보다 소와 말이 더욱 탐이 났던 것이다. 이들이 말과 소를 잡는 데 정신이 팔려 있는 동안 조조는 무사히 마초군에게서 도망칠 수가 있었다. 간신히 도망치는 데 성공한 조조는 한숨을 돌린 후 "오늘 별것 아닌 역적 놈 때문에 꽤나 애를 먹었네그려"라며 수하 장수들을 위로했다.

한중에서 유비와 조조가 다툴 때의 일이다. 오계산(五鷄山) 아래에서 조조와 유비가 대치하게 되었다. 조조측에서는 서황이 나오고 유비측에서는 유봉이 나와서 결투를 벌였는데, 유봉은 서황의 적수가 되지 못했다. 유봉이 패해서 도망치자 조조군이 함성을 지르면서 유비군을 덮쳤다. 유비군은 패퇴하며 한수 쪽으로 도망쳤다.

유비군은 도망가면서 병장기와 마필을 전부 내버렸다. 조조군은 길에 버려진 무기와 마필을 줍느라고 전열이 흐트러졌다. 이를 눈치챈 조조가 땅에 떨어진 물건을 줍는 자를 처형하겠다고 급히 명령을 내렸다. 그리고 전열을 정비하기 위해 퇴각하라는 명령을 내렸다. 그 틈을 놓치지 않고 유비군이 뛰쳐나오며 공격을 해왔다. 오른쪽에서는 조자룡의 군사가, 왼쪽에서는 황충이 거느린 군사가 공격을 하니 조조군은 몹시 어지러워졌다. 어찌 보면 조조의 지나친 의심과 헤아림 탓에 군을 급히 물리게 되었고, 이로 인해 유비군에게 공격의 기회를 주었다고 볼 수 있다.

조조는 퇴각하면서 위연·장비·엄안의 공격을 받아 결국 양평관까지 밀려나게 되었다. 조조의 패인은 병사들이 촉병이 버리고 간 병기와 마필을 주웠기 때문이 아니라, 오히려 꾀 많고 의심 많은 조조가 결과를 앞질러 짐작하고 급하게 퇴각 명령을 내린 데 있다고 하겠다. 제갈공명은 이처럼 속임수에 능한 조조의 마음을 물건을 가지고 역이용함으로써 승리를 거둘 수 있었다.

삼국 시대는 전쟁이 잦았던 탓에 인구가 많이 줄어들어 병사들의 질이 천차만별이었다. 또한 잦은 전쟁으로 인해 국가나 사회가 빈곤해 물자가 아주 귀했다. 따라서 물질 공세 작전은 적을 교란시키는 데 아주 효과적인 방책이었다. 그러나 이러한 작전은 현대전에서는 그다지 효과가 없을 것이다.

7. 기습전과 매복계

전쟁에서 일반적으로 사용하는 전술이 바로 기습전과 매복전이
다. 손자도 적이 준비되어 있지 않을 때 공격하라고 말했듯이, 삼
국 시대의 전투에서 기습전은 보편적으로 사용된 작전이다. 손자
또한 자연환경을 이용하라고 했다. 자연을 이용한 전술 중 하나
가 바로 매복계이다. 즉 자연을 이용해 숨어 있다가 후미에서 공
격하는 것이다. 당시 기습전과 매복전은 거의 모든 전투에서 사
용되었다.

유비가 생애 처음으로 큰 승리를 거두게 된 것도 매복계 덕분이
다. 황건적을 치기 위해 군사를 모은 유비·관우·장비는 태흥산
에서 황건적과 전투를 벌인 끝에 첫 번째 승리를 거두었다. 이 승
리로 유주를 구하게 되어 유주목인 유언의 환대를 받고 있었는데,
청주태수 공경에게서 급히 구원을 요청하는 서찰이 왔다. 편지를
받은 유언은 병마 5천을 유비에게 주며 청주를 구원해 주라고 명
했다.

난생처음 5천이나 되는 병마를 거느리고 청주로 간 유비는 청주
성을 에워싼 황건적과 한바탕 싸웠으나 원체 군사가 적은 탓에 승
리를 거두기가 어려웠다. 유비는 잠시 기다렸다가 추정이 본대를
거느리고 도착하자, 관우와 장비에게 군사 각각 1천을 주고는 지
정한 곳에 매복케 했다.

유비와 추정은 날이 밝자 다시 군대를 이끌고 청주성으로 진군
했다. 이를 본 황건적은 유비군의 몇 배나 되는 대군으로 유비군을

공격해 왔다. 유비군은 한바탕 싸우다가 짐짓 패한 체 군사를 돌려 달아나기 시작했다. 유비의 매복계를 알 리 없는 황건적은 자기들이 이긴 것이라 믿고 쫓아왔다. 그런데 10리도 못 가 한 산허리에 이르렀을 때 일제히 징소리가 나며 좌우에서 관우와 장비의 복병이 함성을 지르며 달려나왔다. 도망치던 유비군도 말머리를 돌려 역습을 해왔다.

황건적이 수로는 압도적이었으나 장비·관우의 기습병 수가 엄청나 보이는 데다 별안간 당한 기습이라 당황하여 자기편이 있는 청주성 쪽을 향해 도망쳤다. 청주성 안의 태수 공경이 이 기회를 놓치지 않고 성문에서 나와 황건적을 일제히 공격했다. 앞뒤로 적을 맞게 된 황건적은 도저히 당해 낼 길이 없자 도망치고 말았다. 그제서야 청주성의 포위는 풀리게 되었다. 유비는 생애 첫 번째의 큰 전투를 매복계로 승리한 것이다.

조조가 2차로 장수를 정벌하러 남정(南征)을 시작해서 안중현으로 진군했을 때의 일이다. 이때 유표도 군사를 일으켜 장수와 안중현에서 합세하게 되었다. 안중현에 이른 조조는 몰래 기병을 길 양편에 매복시켰다. 날이 밝자 조조군은 장수와 유표의 연합군과 대면하게 되었다. 장수와 유표가 조조군을 보니 그 수가 얼마 되지 않았다. 조조군의 수가 적음을 보고 얕본 장수와 유표는 조조의 군사들이 매복해 있는 험지로 쳐들어갔다. 장수와 유표의 군사들이 험지 깊숙이 들어왔을 때, 조조는 미리 매복시켜 놓은 기병으로 양쪽에서 이들을 들이쳤다. 이 기습으로 유표와 장수의 군은 일시에 무너지고 말았다.

이처럼 조조는 수많은 전투에서 매복계를 사용해 승리를 거두었다. 당시 훌륭한 장수들이나 모사들은 지리적 이점을 이용한 매복계를 흔히 썼다. 특히 병력이 적을수록 매복계를 사용해서 병력의 열세를 극복하고자 했다.

다음으로 기습전을 이용한 사례를 보기로 하자. 손권과 조조가 합비를 둘러싸고 전투를 벌였을 때의 일이다. 214년 장강을 건넌 손권은 대군을 동원하여 환성을 공격하였다. 여강태수 주광은 합비에 급히 구원을 청하며 성을 굳게 지켰다. 그러나 오나라의 공격으로 환성은 무너지고 태수 주광은 전사했다. 합비에서 장료가 구원하러 떠났으나 환성이 무너진 것을 알고는 합비로 회군했다. 그 뒤 장료는 손권군과 싸워 이기기는 했지만 병력이 적어 힘에 부치자 조조에게 구원을 청했다. 조조는 마지막으로 오를 정벌하기로 결심하고 대군을 몰아 합비로 진군했다. 이때 손권의 모사인 장소가 손권에게 조조는 먼 길을 왔으므로 지친 틈을 타서 급히 공략해 예봉을 꺾어야 한다고 말했다.

이에 손권은 조조군의 날카로운 예봉을 누가 꺾으러 가겠느냐고 물었다. 이때 능통이 가겠다고 나섰다. 손권이 군사가 얼마나 필요하냐고 묻자 능통은 3천이면 된다고 말했다. 손권은 기뻐하며 이를 허락했다. 다음날 능통은 군사 3천을 이끌고 조조가 있는 곳으로 진격하다가 장료를 만나 한바탕 겨뤘으나 별로 큰 성과를 거두지 못했다. 그러자 손권은 젊은 장수에게 혹시 변이라도 생길까 걱정해서 능통을 회군시켰다.

이때 감녕이 "오늘 밤 제가 백 명만 데리고 조조의 영채를 짓밟아 보겠습니다. 만약 그 백 명 중에 한 사람만 잃는 일이 있어도 공으로 치지 않을 것이니 허락해 주십시오" 하고 손권에게 요청했다. 손권은 이를 기꺼이 허락했다.

한밤중이 되어 조조군이 잠들었을 때, 감녕이 거느린 백 명의 기마병이 징을 치고 큰 소리를 지르면서 조조 진영의 중군으로 쳐들어갔다. 조조군은 한밤중이라 적의 수를 알지 못했기 때문에 놀라서 우왕좌왕했다. 이 틈을 타 감녕의 군대는 조조군을 마음대로 휘저었다. 그 바람에 조조의 진채는 아수라장이 되고 말았다. 가까스로 북소리를 울리고 횃불을 밝히고 적이 어디 있는가를 살피는데, 감녕이 이끄는 100명의 기마병은 조조군을 수없이 목베고 찌른 후에 남문으로 빠져 나왔다. 조조군은 매복이 두려워서 감히 감녕을 뒤쫓지 못했다. 감녕군이 돌아와 군사를 헤아려 보니 단 한 명도 손실이 없었다.

이처럼 삼국 시대에 기습전은 아주 많이 사용되었다. 제갈공명이 유명한 출사표를 유선에게 봉정하고 1차 북벌을 시도했을 때, 위연은 굉장한 기습 작전을 공명에게 제시했다. 이때 공명은 남안·안정·천수 등 3군을 함락시킨 다음 기산 쪽으로 우회하여 장안으로 진출하려 했다. 이는 어찌 보면 안전하기는 하나 평이한 작전이었다. 이에 대해 위연은 공명의 대부대가 비교적 평탄한 포사도를 통해 진천 방향으로 진출한다면 위의 대부대가 이를 막기 위해서 진창 쪽으로 출병시킬 것이므로, 자신이 자오곡으로 빠져 북쪽으로 진출하여 장안을 기습하여 뺏고 동관에서 제갈량의 주력 부대와 합류하면 좋을 것이라고 말했다. 자오도는 길이 험해서 군대를 거느리고 넘기 힘든 산맥이므로 위군은 그 길로 촉군이 감히 넘어오리라고 생각지 못할 것이기 때문에 기습 작전이 될 것이라는 이야기였다.

그러나 공명은 위연의 계책을 받아들이지 않았다. 자오곡은 가는 길이 너무나 험해서 만일 위군이 복병을 숨겨 두었다가 공격하면 촉군 5천이 전멸당할 우려가 있다고 생각해서였다. 이러한 공명의 결정에 대해 후대의 사가들은 많은 의문을 제기했다. 실은 전한(前漢) 초기 한신이 초나라의 항우를 공격할 때 바로 이 자오도를 통해 장안을 급습해 성공한 사례가 있었기 때문이다. 여하간 위연의 기습 공격 계획은 이렇게 좌절되고 말았다. 위연은 이 일로 공명을 비겁하다고 비난하면서, 공명과 사이가 벌어지게 되었다.

234년 6차 북벌을 꾀할 때, 공명은 손권에게 비위를 사신으로 파견해 위나라를 함께 치자고 제의했다. 이에 손권은 "짐은 오래전부터 군사를 일으켜 위를 치려 했으나 공명과 힘을 합칠 기회가 없었소. 그런데 이제 이렇게 공명의 글이 왔으니 더 미룰 까닭이 없는 듯하오. 오늘로 짐이 몸소 군사를 일으켜 거소문으로 나가겠소. 가서 위의 신성을 빼앗을 참이오. 또 육손과 제갈근에게는 강하와 면구의 군사를 들어 양양을 뺏게 할 것이며, 손소와 장승에게는 광릉으로 군사를 내 회양을 뺏게 하겠소. 그렇게 세 갈래 길로 한꺼번에 쓸고 나갈 우리 군사는 합쳐 30만, 긴 날을 머뭇거릴 것도 없이 당장 움직일 것이오"라며 흔쾌히 동의했다.

이로써 제갈량으로서는 6차 북벌이요, 제갈량·손권의 연합군과 위나라의 전쟁이 시작되었다. 제갈량은 험한 길에서 식량을 운반하는 목우유마라는 기구를 창안해서 식량을 나르기로 했다.

이때 제갈량의 촉군을 맞아 싸운 위나라의 지휘관은 사마의이고, 오나라의 군을 맞아 직접 지휘한 이는 위 황제 조예였다. 조예는 손권이 세 갈래로 쳐들어온다는 소식을 듣고 유소에게 군사를 이끌고 가서 강하를 구하게 하고, 전예에게는 양양을 구하게 하는 한편, 자신은 만총과 함께 합비를 구하기로 했다.

조예의 위군이 소호구에 도착하자 만총은 "오나라 것들은 우리가 멀리서 온 것을 깔보고 아직 방비가 제대로 되어 있지 않을 것입니다. 오늘 밤 그 빈틈을 타 저들의 수채를 급습하면 반드시 이길 수 있을 것입니다"라고 제안했다. 이에 조예는 장구에게 군사 5천을 주고, 만총에게 다시 군사 5천을 주어 오군의 진채를 습격하도록 했다.

그날 밤 이경 무렵, 장구와 만총이 각각 군사 5천을 이끌고 오나라 수채 근방에 이르렀다. 예측했던 대로 방비가 허술하고 군사들은 곤히 잠들어 있었다. 위군은 일제히 함성을 지르며 오군의 영채를 기습하고는 싸움배와 진채에 불을 질렀다. 자다가 갑자기 일을 당한 오나라 군사들은 우왕좌왕하느라 크게 어지러워졌다. 그들은 싸움 한번 제대로 하지도 못하고 도망쳤다. 위나라 군사들은 사방에 불을 질러 수많은 싸움배와 군량과 마초를 모조리 태워 버렸다. 오나라 총사령관인 제갈근도 겨우 몸을 빼 도망쳐서는 면구로 후퇴했다. 결국 이 기습전으로 위나라는 첫 싸움에서 크게 승리한 반면, 오나라 군사는 위를 칠 계획 자체를 포기하고는 본국으로 돌아갔다. 이로써 오·촉의 동맹군은 실질적으로 파기되어, 제갈량은 위군과 홀로 싸우게 되었다.

촉나라가 망할 무렵의 일이다. 위나라 장수인 종회는 비어 있는 검각(劍閣)을 취하고는 성도로 향했다. 반면 등애는 음평(陰平)의 샛길로 나가 한중 덕양정을 지난 뒤 성도로 진군하기로 했다. 종회는 등애가 가는 길이 산중으로 높고 험하기에 불가능하다고 생각하고 은근히 등애의 처사를 비웃었다.

그러나 의지가 강한 등애는 아들 등충에게 "너는 5천 군사를 거느리고 떠나되, 몸에 갑옷을 입히지 말고 도끼와 끌만 들려 데리고 가라. 가다가 길이 험하면 바위를 깨뜨리고 골짜기가 있으면 다리를 놓아 뒤따르는 군사들이 지나기에 어려움이 없게 해야 한다"고 명했다. 그리고 후속 부대로 3만여 명의 군을 진출시키면서 양식과 밧줄을 준비해서 등충의 전위대를 뒤따르게 했다. 『삼국지연의』에 따르면 등애의 군대는 20일 만에 7백 리를 행군했기에 군사가 2천 명으로 줄었다고 씌어 있다. 물론 이는 과장이 있으리라고 보지만 장거리를 빠른 속도로 진군하다 보니 낙오자들이 엄청나게 많았으리라고 짐작된다.

등애는 숱한 병사들을 잃고 마천령 앞에 이르렀다. 마천령은 몹시 높고 가팔랐다. 등애는 말을 버리고 기어올랐다. 마천령 위에 오르니 먼저 길을 뚫고 있던 병사들이 울고 있었다. 등충은 "이 고개 서쪽은 모두 높은 봉우리와 깎아지른 듯한 바위벽으로 되어 있습니다. 아무리 끌로 파고 정으로 쪼아도 헛되이 힘만 들 뿐 길을 뚫을 수가 없어 모두 울고 있는 것입니다"라며 병사들이 우는 이유를 설명했다.

이에 등애는 가지고 있던 군기며 양식을 모두 골짜기 아래로 던지게 했다. 그리고 등애와 병사들은 두터운 담요로 몸을 감고 골짜기 아래로 뛰어내렸다. 담요가 없는 병사들은 밧줄을 이용해서 벼랑을 내려갔다. 마천령을 넘은 등애와 군사들은 다시 병기를 찾아 쥐고 갑옷을 입었다. 실로 초인적인 행동이 아닐 수 없었다.

마천령을 넘은 위나라 군사들은 강유성(姜維城)을 향해 진군했

다. 마천령이 너무 높은 탓에 적군이 감히 그곳으로 진군하리라고
는 생각지 않았기에 강유성의 방비는 무척 허술했다. 강유성을 지
키던 장수 마막은 등애가 갑자기 공격해 오니 싸울 엄두가 나지 않
아 곧 항복해 버렸다. 삼국 시대를 통해 등애의 작전은 최고의 기
습 작전이라 할 수 있었다.

　강유성을 점령한 등애는 음평 샛길에 남겨둔 군사를 모두 불러
들여서는 부성으로 진군했다. 부성에서도 등애가 갑자기 나타나자
당황해서 항복해 버렸다. 다급해진 촉나라 황제 유선은 제갈공명
의 아들이자 자신의 사위인 제갈첨(諸葛瞻)을 내보냈으나 그마저
전사했다. 유선은 할 수 없이 등애군에게 항복하고 말았다.

　등애의 마천령을 넘은 기습 공격은 카르타고의 한니발 장군의
작전에 버금간다. 기원전 3세기 초, 시칠리아 섬에서 일어난 불화
로 로마와 카르타고 간에 '포에니아' 전쟁이 일어나게 된다. 이 전
쟁에서 패함으로써 카르타고는 제해권(制海權)을 상실한다. 제해권
을 상실한 카르타고는 지상으로 세력을 확장하게 되었다.

　마침내 기원전 217년 한니발 장군을 총사령관으로 하는 카르타
고군이 로마를 향해 진군했다. 이때 카르타고군은 보병 2만과 기
병 6천에 불과했으며, 또한 대부분 아프리카나 스페인의 용병이었
다. 당시 한니발 장군은 이 군대를 이끌고 그 누구도 감히 상상하
지 못했던 알프스 산을 넘었다. 이 원정은 험준한 알프스 산을 넘
어서 진군하는 것이었기에 전술 상식에도 어긋나는 아주 무모한
모험이었다. 카르타고군이 알프스를 넘어오리라고 전혀 상상하지
못했던 로마인들은 초반전을 제대로 준비하지 못한 까닭에 카르타
고군에게 패했고, 또한 한니발군이 재정비할 수 있는 시간을 주게

되었다. 한니발의 전술에 말려든 로마군은 트레비아 전투와 트라시메네로 전투에서도 참담하게 패하고 말았다.

이러한 한니발의 기습 작전은 등애가 마천령을 넘어서 준비가 안 된 촉군을 무찌르고 전력을 재정비해 성도를 치는 것과 너무나 흡사하다. 손자병법도 준비되지 않은 곳을 치라고 했다. 삼국 시대의 전투는 이를 충실히 이행했다.

8. 장계취계(將計就計)

적의 작전을 역이용하는 전투는 동양이나 서양이나 공히 사용되었다. 중국에서도 이 작전이 자주 사용되었는데, 결국 전쟁은 속이는 게임으로 상대방을 지능으로 이겨야 하기 때문이다. 특히 삼국시대는 정보가 어두운 시절이었기에 이러한 장계취계 작전이 자주 사용되었다. 여기에 몇 가지 예를 소개하기로 하자.

적벽대전의 승리로 유비가 형주 일부를 차지했을 때의 일이다. 새로 유비 진영에 합세한 마량(馬良)의 제언을 받아들여 유비는 영릉(零陵)을 치기로 했다. 장비와 조운이 선봉이 되어 영릉을 향해 진군한다는 소식이 영릉태수 유도(劉度)에게 전해졌다. 유도는 그의 장수 형도영(邢道榮)과 아들 유현에게 군사를 주어 유비군을 막게 했다. 유현과 형도영이 힘을 뽐내면서 제갈량군과 대진했다. 그러나 공명의 진법에 속아 형도영은 조운의 포로가 되고 말았다. 이때 형도영은 자기를 살려 주면 유현을 잡아오겠다고 애걸했다.

"군사께서 저를 놓아 주신다면 저는 돌아가 그럴듯한 말로 유현을 속여 마음놓고 있도록 해놓겠습니다. 다만 군사께서는 오늘 밤으로 군사를 이끌고 저희 진채를 급습해 주십시오. 그러면 저는 안에서 호응해 유현을 산 채로 잡아다 바치겠습니다. 또 그렇게 유현이 사로잡히게 되면 그 아비인 유도도 절로 항복해 올 것입니다."

형도영은 풀려나자마자 자기 진채로 돌아가 유현에게 자초지종을 얘기했다. 유현이 걱정하자 형도영은 "저쪽의 계책을 우리가 거꾸로 이용하면 됩니다. 오늘 밤 장졸들을 진채 밖에다 매복시키고, 진채는 거짓으로 기치만 잔뜩 벌려 세워 놓았다가 공명이 야습을 해오면 우리가 사로잡아 버립시다"라며 장계취계를 제안했다.

유현은 이 계획에 따라 진채 밖에 병졸을 숨기기로 했다. 그날 밤 이경 무렵, 한 떼의 군마가 유현의 진채로 몰려왔다. 그러나 그들은 형도영과 약속한 것과 달리, 진채를 급습하지 않고 진채 가까이 와 마른 풀에 불을 질러 유현의 진채로 던지기만 했다. 유현과 형도영이 군사들을 쫓자, 이들은 전부 도망쳤다. 급히 쫓았으나 한참 가다 보니 어디론가 사라지고 없었다. 유현과 형도영이 놀라서 급히 돌아오니 진채는 이미 장비에게 점령당한 뒤였다. 놀란 유현과 형도영이 돌아서서 유비의 진채를 기습하려고 몰려갔으나 중간에 산골짜기에 숨어 있던 조운군의 공격을 받아 형도영은 죽고 유현은 사로잡혔다.

그러나 공명은 유현을 풀어 주었다. 그러자 그의 아버지인 영릉태수 유도 역시 유비에게 항복했다. 이로써 영릉군은 유비의 땅이 되었다. 제갈량은 적의 계략을 간파하고 이를 역이용함으로써 영릉성을 함락시킨 장계취계의 전형적인 전략을 보여 준 것이다.

제갈공명이 첫 번째 출사표를 내고 기산으로 나아갔을 때의 일이다. 이때 위왕 조예는 젊은 장군 하후무를 총사령관으로 임명하고는 촉의 공명군을 막도록 했다. 하후무는 젊은 혈기만 믿고 한덕을 선봉으로 삼아 제갈량의 군에 대적했다. 그러나 한덕과 그의 아들 모두 조운에게 죽고, 위나라 군사들은 거듭 패했다.

당시 안정태수는 최량이라는 사람이었다. 최량은 공명의 꾀에 넘어가 안정을 잃고 포로가 되었다. 공명은 최량을 풀어 주면서 남안태수 양릉을 설득해서 항복하도록 권했다. 최량은 남안성으로

가서 양릉에게 사정을 얘기하고 어떻게 하면 좋을지 의논했다. 이에 양릉은 "우리는 폐하의 큰 은혜를 입은 사람들인데 어찌 차마촉에 항복할 수야 있겠소? 차라리 제갈량의 계책을 거꾸로 이용해봅시다"라고 말했다. 이렇게 해서 최량과 양릉은 공명의 계교를역이용하기로 총사령관인 하후무와 합의를 보았다. 최량은 다시공명의 진영으로 가서 "양릉이 항복하고 성문을 열기로 했습니다.그때 대군을 들여보내 하후무를 잡도록 하십시오. 원래는 양릉이스스로 하후무를 잡아 바치려 했으나, 자기 밑에 있는 군사가 많지않아 함부로 손을 쓰지 못하고 있다 합니다"라고 말했다.

제갈량은 이 말에 속는 척하면서 적의 계략대로 따랐다. 최량은약간의 군사를 거느리고 남안성으로 갔다. 밤이 되어 남안성에 이른 최량은 화살을 쏘아 성안의 양릉에게 글을 보냈다. "이번에 제갈량이 두 장수를 먼저 보냈소. 성안에 숨어 있다가 밖에서 저희편이 밀고 들어오면 안에서 호응하게 하려는 수작이오. 조금도 놀라지 말고 조용히 들여보내 주시오. 행여나 우리의 계책을 적이 눈치채게 될까 두렵소. 이 두 장수는 성안으로 들어가거든 그때 없애도 될 것이오"라는 내용의 편지였다.

하후무와 양릉은 공명이 자기들의 계책에 걸려들었다고 생각하고 모든 채비를 갖춘 후에 성문을 열었다. 성문을 열자마자 안심하고 있던 양릉과 최량의 목을 관흥과 장포가 치고서 바로 성문 안으로 뛰쳐 들어갔다. 이 같은 급작스런 공격에 위병은 성문을 열어둔 채 도망치느라 바빴다. 하후무는 군사를 정비할 겨를도 없이 남문으로 도망치다가 왕평에게 포로가 되는 신세가 되었다. 제갈공명은 장계취계의 작전으로 위나라의 총사령관인 하후무를 생포하는 전과를 올릴 수 있었다.

제갈공명이 위를 정벌하기 위해서 여섯 번째로 기산으로 나아갔을 때의 일이다. 하루는 위나라 장수 정문이 항복해 왔다. 이유인즉 "저는 위나라의 편장군(偏將軍) 정문입니다. 근래 진량이란 자와 함께 인마를 끌고 와 사마의 밑에서 쓰이고 있었는데, 뜻밖에도 사마의가 사사로운 정에 치우쳐 사람을 쓰지 않겠습니까? 진량을 높이 세워 전장군(前將軍)으로 삼고 이 정문은 마치 짚덤불 보듯 하니 분한 나머지 이렇게 달려와 항복 드리는 것입니다. 바라건대 승상께서 이 몸을 거두어 쌓인 분함을 풀어 주십시오"라는 것이었다.

이 일이 있은 후 위나라 장수 진량이 쳐들어왔다. 공명은 정문에게 진량을 치라고 명했다. 정문은 진량을 맞아 몇 합 싸우고는 진량의 목을 베어 가지고 돌아왔다. 이를 본 공명이 노발대발하며 정문이 죽인 것은 진량이 아니라고 다그쳤다. 할 수 없이 정문은 사실대로 실토하고 사마의의 계책에 따라 거짓 항복했음을 자복했다. 공명은 정문에게 목숨을 살려 줄 것을 약속하고 사마의에게 밀서를 쓰게 해서 말 잘하는 병사를 시켜 이를 전하게 했다.

사마의는 밀서를 읽고 이를 전달한 병사에게 정문과의 관계를 물었다. 그러자 그 병사는 "저는 중원 사람으로 이리저리 떠돌아다니던 끝에 촉에 주저앉게 되었으나 정문과는 한 고향에서 자랐습니다. 이번에 정문이 공을 세워 공명은 그를 선봉으로 세웠습니다. 그러자 정문이 저에게 당부하여 이 글을 가져오게 되었습니다. 정문이 말하기를 내일 밤 불을 지르는 걸 신호로 대도독께서 몸소 대군을 이끌고 촉진을 급습해 달라고 했습니다. 그러면 정문

도 안에서 호응해 촉병을 단번에 무찌를 수 있을 것입니다"라고
대답했다.

사마의는 이 말을 믿고 다음날 밤이 깊어지자 진량에게 군사 1만
을 주어 공명의 진지를 공격하라고 명했다. 사방이 칠흑같이 어두
웠기 때문에 기습하기에는 더할 나위 없이 좋은 조건이어서 사마
의 자신도 기습의 후속 부대를 맡았다. 그러나 이것은 함정이었다.
야습한 위군을 촉군이 뒤에서 공격하고 화살을 퍼붓는 바람에 위
군은 대패하고 진량은 전사하고 정문 또한 처형당했다. 사마의는
간신히 목숨을 구해 진채로 돌아가서는 공명과 싸우기를 거부하고
방어에만 전념했다. 사마의가 자기가 세운 계략에 오히려 말려들
어 패한 반면, 공명은 이를 역이용해 승리한 것이다.

9. 타도계(打刀計)

지는 척하다가 돌아서서 치는 작전으로 무인들의 검술법이기도 한 타도계는 삼국 시대에 모든 장수들이 썼던 전술이다.

조조가 후일 애장(愛將)이 된 허저를 얻을 때의 일이다. 조조는 황건적을 토벌하기 위해 그들의 본거지인 여남과 영주로 밀고 내려갔다. 황건적의 우두머리인 하의(何儀)와 황소(黃邵)를 죽이고 황건적을 무찌른 후 돌아오던 조조는 어느 산골에서 한 무리의 군대와 마주쳐 싸우게 되었다.

그런데 무리들의 대장격인 장사와 당시 조조의 최고 장수인 전위가 하루 종일 싸워도 승부가 나지 않았다. 조조는 다음날 싸움에서 전위보고 져서 달아나는 시늉을 하라고 했다. 다음날 전위는 적장과 한참 싸우다가 힘이 부치는 듯 진문 쪽으로 도망쳤다. 적장은 그 뒤를 쫓아오다가 조조가 파놓은 함정에 빠져 사로잡히게 되었다. 이때 잡힌 적장이 바로 허저로, 그는 후일 위나라에 큰 공을 세웠다. 전위가 지는 척하다가 함정에 빠뜨려 허저를 생포했던 것은 타도계의 전형적인 예라 하겠다.

유비와 제갈공명이 익주를 차지하기 위하여 싸울 때, 낙성에서 당시 익주의 명장 장임과 대치하게 되었다. 대오도 제대로 갖추지 못한 공명의 군대를 보자, 장임은 공명이 명성에 비해 별거 아니라 생각하고 익주의 군사를 일제히 몰고 나갔다. 공명의 장졸들은 제대로 맞서 보지도 못하고 도망치기 바빴다. 장임은 이들을 급히 쫓아서 금안교를 건넜다. 장임과 군사들이 금안교를 넘자 돌연 함성이 일며 오른쪽에서는 유비, 왼쪽에서는 엄안, 후미에서는 조운이 장임의 군대를 공격해 왔다. 장임은 속은 줄 알고 도망쳤으나 결국 장비에게 사로잡히고 말았다.

이 같은 타도계는 아주 많이 사용된 작전이기에 일일이 기술할 필요가 없을 정도이다.

10. 죽음을 가장한 전략

손자병법을 보면 지휘관을 먼저 없애라고 씌어 있다. 삼국 시대에는 장수나 지휘관의 역할이 절대적이었기 때문에 지휘관이 죽으면 전쟁에 치명타를 입었다. 이 때문에 때로는 지휘관이 죽은 척해서 적이 공격하게 만들고는 이를 역이용해 공격하는 수법이 종종 사용되었다.

서기 195년 손책이 말릉(抹陵)을 지키는 설례와 싸울 때의 일이다. 성이 견고한 데다 설례가 명장이라서 희생자가 많이 날 것을 우려한 손책이 성문 아래로 가서 설례에게 항복을 권유했다. 설례는 이를 보고 부하에게 손책을 향해 활을 쏘게 했다. 손책은 화살이 날아오는 것을 보았으나, 원체 가까운 거리라 피하지 못하고 화살에 맞고는 말에서 떨어지고 말았다. 여러 장수들이 급히 손책을 구해 영채로 돌아왔다. 다행히 화살이 허벅지에 맞았기 때문에 생명에 지장은 없었다.

이때 손책이 한 가지 꾀를 냈다. 자기가 화살에 맞아 죽었다는 거짓 소문을 퍼뜨리게 한 것이다. 설례가 정탐꾼을 보내 알아보니, 손책이 화살에 맞아 죽었고 군사들은 귀향할 준비를 하고 있다는 것이었다. 설례는 손책이 죽었으니 두려울 게 없다고 생각하고 그날 밤 기습에 나섰다. 성안에 있는 모든 군사들을 몰아 장영과 진횡 장군에게 주고 성을 나가서 총공격을 하게 한 것이다.

그런데 장영과 진횡의 군사들이 얼마 가지 않았을 때 사방에서 우레와 같은 소리를 내면서 죽었다던 손책이 총공격을 지휘하는 것이 아닌가. 사태가 잘못된 것을 안 장영과 진횡이 얼른 도망치려 했으나, 장영은 손책의 장수 진무의 칼에 맞아 죽고 진횡은 장흠의 활에 맞아 죽었다. 설례도 혼란한 와중에 죽어 손책은 말릉성을 손에 넣을 수 있었다. 죽음을 가장한 손책의 전략이 주효했던 것이다.

적벽대전 이후 형주를 둘러싸고 크고 작은 전쟁이 많이 일어났다. 그 중 하나가 남군을 둘러싼 위나라 장수 조인과 오나라 장수 주유 간의 싸움이다. 주유는 앞서 말했듯이 조인의 공성계에 걸려 들어 남군성 안에 들었다가 화살을 맞고 크게 부상을 당했다. 주유의 부상을 걱정한 오군은 주유의 몸이 회복될 때까지 일체의 교전을 금지했다. 이때 부도독인 정보는 교전을 피할 뿐만 아니라 오나라로 퇴군할 것까지 의논하고 있었다.

이러한 낌새를 알아차린 조인과 위나라 군사들은 오군 진영 앞에서 주유에 대한 욕설을 퍼부으면서 싸움을 돋우었다. 오나라 군사들은 주유의 건강을 우려해 일절 반응을 보이지 않았지만, 주유가 눈치를 채고 병상에서 일어났다. 장수들이 하나같이 극구 말리는데도 주유는 갑옷을 입고 군사를 거느리고는 조인의 군사와 싸우려고 진 밖으로 나왔다. 이를 본 위나라 군사들은 놀랐다.

주유는 욕을 하는 조인을 향해 공격 명령을 내렸다. 하지만 부장인 반장이 미처 적장과 어울리기도 전에 말 위에 있던 주유가 큰 비명과 함께 피를 토하며 말에서 굴러떨어졌다. 위병은 이를 보고 오군 진영으로 뛰쳐 들어갔다. 오나라 병사들은 죽을 힘을 다해 방위했다.

그러나 주유가 말에서 떨어진 것은 다름 아닌 그의 계교였다. 주유는 장수들에게 주유가 죽었다고 소문을 내고 전부 상복을 입고 곡을 하라고 했다. 조인의 첩자들과 오나라 병사 중 원래 위나라 병사들이었던 몇 명이 탈출해서 조인에게 이 같은 사실을 알려 주었다. 노기로 인해 주유의 상처가 터져서 죽었다는 보고였다. 이 이야기를 들은 위나라 장수들과 모사들은 믿을 수밖에 없었다. 모든 병사들이 보는 앞에서 주유가 피를 토하고 말에서 떨어졌기 때문이었다.

이에 조인은 소수의 병력만 성을 지키게 남겨 놓고는 우금을 선봉으로 삼고 스스로 중군이 되어 대대적인 야습을 하기로 결정했다. 밤이 깊어지자 위병은 주유의 진채로 쳐들어갔다. 그런데 진채에는 오나라 병사가 한 명도 없었다. 그때서야 조인은 적의 계책에 걸려든 것을 깨닫고 급히 퇴각령을 내렸다. 그러나 여기저기서 함성이 일어나며 방포 소리가 나더니 동쪽에는 한당과 장흠이 거느린 군사가, 서쪽에서는 주태와 반장이 이끄는 군사가, 남쪽에서는 서성과 정봉이 이끄는 군사들이 위군을 공격해 왔다. 결국 싸움에 대패한 조인은 남군성을 잃고는 아우 조홍과 함께 하후돈이 지키는 양양성으로 도망쳤다. 실로 주유가 자신의 죽음을 가장해서 이룬 큰 전과였다.

그런가 하면 이와 반대로 죽었음에도 산 것처럼 가장해서 전공을 거둔 사례도 있다. 공명이 여섯 번째 북벌에도 성공하지 못하고 나이 54세에 병사하게 되었을 때의 일이다.

이때 촉의 양의와 강유가 군을 이끌고 단계적으로 철군을 하게 되었다. 사마의도 공명이 중병을 앓고 있음을 알았기에 부지런히 촉군을 정탐했다. 그 결과 공명이 죽었다고 확신한 사마의는 퇴군하는 촉군을 급습하기로 결정하고 뒤쫓았다.

그런데 위군이 산 어귀를 돌 때였다. 북소리가 높이 나며 깃발이 날리는데 '한승상 무향후 제갈량'이라고 쓰여 있고, 장수들의 호위를 받아 수레가 하나 나오고 있었다. 그리고 그 위에는 공명이 단정히 앉아 있었다.

깜짝 놀란 사마의는 다시 제갈량의 계책에 걸려든 줄 알고 급히 군사들에게 퇴각 명령을 내리고는 혼비백산하여 도망쳤다. 그러나 사실 촉군은 강유가 이끄는 소부대였고, 공명은 나무로 깎은 인형에 옷을 입힌 것이었다. 이를 보고 놀라 도망친 사마의를 보고 "죽은 제갈량이 산 중달을 쫓았다"는 고사가 생겼다.

11. 휼계(譎計)

　휼계는 황당한 짓을 해서 적군을 홀리게 한 다음 무리한 공격을 유도하는 작전으로 중국인들이 곧잘 사용하는 전략이다.

　조조가 두 번째로 촉의 신야를 공격했을 때의 일이다. 조인과 조홍이 군사 10만을 거느리고 허저가 선봉장이 되어 신야성으로 진군했다. 허저의 3천 철갑군이 작미파(鵲尾坡)에 이르렀을 때, 유봉과 미방은 군사를 깃발에 따라 나누어 두었다가 서로 자리를 바꾸었다. 허저는 제갈량의 계책인가 의심이 나서 조인에게 이를 알렸다. 그러나 조인은 아군을 혼란에 빠뜨려 진군을 지연시키는 작전이라 생각하고는 계속해서 나아가라고 명했다.

　허저는 조인의 명령을 따라 작미파를 덮쳤다. 그러나 앞을 막고 있던 군사들이 한 명도 보이지 않았다. 해가 저물 무렵, 허저가 언덕을 넘으려는데 문득 가까운 산 위에서 북소리, 피리 소리가 요란하게 났다. 허저가 소리나는 곳을 올려다보니 큰 깃발이 꽂혀 있고 그 아래에서 유비와 공명이 유유히 술을 마시고 있었다. 이를 본 허저는 몹시 화가 치밀었다. 유비와 제갈량이 자신을 너무 얕잡아 본다는 생각에서 허저는 산 위로 신속히 진군했다. 그때 별안간 산 위에서 통나무가 구르고 바위들이 쏟아져 내려왔다. 허저군은 엄청난 희생만 치렀을 뿐, 산을 전혀 오를 수가 없었다. 게다가 산 뒤편에서 함성이 일자 허저는 놀라서 급히 퇴군했다.

　이번에는 조조와 유비가 한중 쟁탈전을 벌일 때 일어난 일이다. 조조군과 유비군이 한수를 끼고 양쪽에 진을 쳤다. 공명은 조운에게 명하길 군사 5백을 이끌고 토산 뒤에 숨되 모두 북과 피리를 갖고 있으라고 했다.

다음날 조조가 대군을 이끌고 유비 진영에 이르러 싸움을 돋우었다. 그러나 촉의 영채에서는 아무런 반응이 없었다. 조조가 아무리 공격을 하려 해도 영채에 틀어박혀 있는 유비군을 어쩔 수는 없었다. 조조는 한나절을 집적대다가 별 소득 없이 군사를 물렸다.

밤이 이슥해지자 조조의 영채에 불이 꺼졌다. 이때 유비군이 큰 포를 놓아 소리를 울렸다. 조운이 숨겨 두었던 군사들도 북을 울리고 피리를 불었다. 촉군 진채와 강물 위쪽에서 포향과 북소리가 울리자 조조군은 유비군이 기습한 줄 알고 모두 무장하고 뛰쳐나왔다. 그러나 들려오는 것은 소리뿐 적군은 한 명도 보이지 않았다. 그때서야 위군은 속은 줄 알고 들어가 갑옷을 벗고 다시 잠을 청했다. 그런데 잠이 들려고 하는 순간 다시 포향과 북소리, 피리 소리가 크게 났다. 위군은 다시 갑옷을 입고 적이 공격할까 두려워서 진채로 나와 대비했다. 그러나 이번에도 아무도 없었다.

이렇게 위군이 밤새도록 사흘간 시달리고 나자 조조는 제풀에 겁을 먹고 진채를 뽑아 30리나 물러났다. 그리고는 넓은 벌판에 진을 쳐 적의 야습에 대비했다. 조조가 물러나는 것을 보고 제갈량은 "조조가 병법은 제법 알아도 휼계를 모르는구나" 하고 웃으며 말했다.

공명이 네 번째로 북벌을 시도해 기산으로 진출했을 때의 일이다. 사마의는 전투에 거듭 패하자 몹시 궁색해졌다. 이때 술 마시다 식량을 제때 운반하지 못해 공명에게 심한 매질을 당한 구안이 앙심을 품고 위에 투항했다. 사마의는 구안에게 뇌물을 주고 성도로 가서 환관을 매수해 헛소문을 퍼뜨리게 했다. 뇌물에 매수된 환관들은 유선에게 공명이 천자의 자리를 뺏을 것이니 회군시켜 병권을 뺏으라고 진언했다. 유선은 이 말을 듣고 공명에게 귀환 명령을 내렸다.

공명은 간신들의 짓이라고 짐작했으나, 비록 나이가 어리고 어리석은 군주이지만 명을 어길 수 없어 철군을 하기로 했다. 그러나 사마의가 후퇴하는 촉군을 공격할까 우려되어 서서히 군사를 물렸다. 이때 공명은 "대군을 다섯 길로 나누어 물러나면서 알맞은 계책을 쓰면 된다. 오늘은 군사 1천을 남겨 아궁이 2천 개를 파게 하고, 내일은 3천 개, 그 다음날은 4천 개 하는 식으로 매일 물러날 때마다 아궁이 수를 늘리는 것이다"라며 휼계책을 썼다. 이에 속은 사마의는 촉의 복병이 있을 것을 우려해 촉군을 차마 공격하지 못했고, 그 결과 촉군은 무사히 한중으로 돌아올 수 있었다.

위나라 장수 종회가 촉을 정벌할 때의 일이다. 종회는 정작 촉을 칠 준비를 하면서도 동오를 친다는 소문을 내면서 싸움배를 함께 준비했다. 이에 사마소는 종회에게 촉을 치려면 육지로 행군해야 하는데 무엇 때문에 싸움배를 준비하느냐고 물었다. 그러자 종회는 "우리가 촉을 친다면 촉은 오나라에 구원을 청할 것이고 오는 이에 응할 것입니다. 그러나 우리가 오를 친다고 떠들썩하게 소문을 내면 오나라는 자체 방어에만 집중하고 촉을 지원할 엄두를 낼 수가 없습니다. 이때 우리는 촉을 치는 것입니다"라고 설명했다. 사마의는 이에 탄복하여 종회를 더욱 믿게 되었다. 결국 종회와 등애는 촉을 정벌하는 데 성공했다. 실로 큰 의미가 있는 휼계라 하겠다.

12. 심리전

중국인들은 오래전부터 심리전에 능했다. 손자병법이나 오자병법도 심리전을 강조하고 있다. 삼국 시대 당시에도 심리전이 많이 쓰였는데, 특히 황건적의 난 때 황건적들은 방술(方術)을 사용한 심리전을 자주 썼다.

유비·관우·장비가 주전을 도와 황건적을 소탕할 때의 일이다. 이들이 한 산골짜기에 이르렀을 때, 그다지 멀지 않은 조그만 봉우리에 한 술사가 검은 옷에 긴 머리칼을 날리며 칼을 짚고 서 있는 것이 보였다. 입으로는 무언가 주문을 외고 있는 것이 법술을 펼치고 있는 듯했다. 그는 다름 아닌 황건적의 우두머리인 장각의 동생 장보였다. 잠시 후 갑자기 바람이 거세지고 날이 컴컴해지면서 수많은 인마가 하늘로부터 유비군의 머리 위로 쏟아지는 듯했다. 이 괴이한 사태에 유비의 군사들은 혼비백산하여 도망쳤다. 이때를 틈타 황건적이 공격해 오니 유비군은 대패했다.

유비가 이것을 주전에게 보고하자, 주전은 "우리가 이미 요사한 술법이 있음을 믿게 됐으니 그 깨치는 비법 또한 믿지 않을 수가 없다. 지금부터 군사를 풀어 되도록 많은 돼지와 양과 개의 피를 거두어들이도록 하라"고 말했다. 즉 미신에 의한 심리전은 미신을 이용한 심리전으로 깨뜨려야 한다는 것이다. 이러한 주전의 방법은 주효해서 유비군은 결국 황건적을 무찌를 수 있었다.

정군산 전투에서 황충과 하후연이 대치했을 때의 일이다. 황충과 법정은 정군산 서편의 높은 산을 점령했다. 산꼭대기에 위치한 법정이 흰 깃발을 내리고 붉은 기를 올릴 때까지 황충은 산의 중간을 점령하고 하후연군의 공격에 대응하지 않기로 결정했다. 화가 난 하후연과 그의 군대가 황충의 군대를 계속 공격했으나 전혀 반응이 없었다. 온종일 욕을 퍼붓던 위나라 군사들은 지치기도 했지만 반응이 없는 적을 보고 마음이 해이해져서 대오가 흐트러지기 시작했다. 더러는 말에서 내려 갑옷을 벗고 편안히 쉬기도 했다. 위군은 심리적으로 싸울 의욕을 잃기 시작했던 것이다.

산 위에서 이 광경을 보고 있던 법정이 붉은 기를 흔들었다. 그러자 황충의 군사들이 북을 치고 함성을 지르면서 산 아래로 급히 쳐내려갔다. 하우연의 군대는 졸지에 당한 공격으로 속수무책으로 허물어지고 말았다. 게다가 이 정군산 전투에서 하우연은 황충의 칼에 목숨을 잃었다. 실로 조조가 가장 아끼던 명장이 심리전에 말려들어 생명까지 잃은 것이다.

관우가 번성을 칠 때의 일이다. 관우는 조인의 군대와 싸우면서 이미 방덕을 죽이고 우금을 사로잡아서 그 이름을 천하에 떨쳤다. 그러나 조인과 번성에서 대치하고 있는 틈을 노려 오나라의 명장인 여몽이 꾀를 내어 형주를 함락함으로써 형주를 잃게 되었다. 형주를 점령한 여몽에게 관우는 사신을 보내 그의 부당함을 꾸짖었다. 여몽은 관우가 보낸 사자를 잔치를 벌여 환대하고, 또한 역관에 가서 쉬게 했다. 한나절이면 돌아갈 수 있는 사자를 굳이 역관에 하룻밤 묵게 한 이유는 사자를 안심시키고 여몽군이 백성을 잘 보살피고 있다는 것을 알리기 위해서였다. 사자가 역관에 묵고 있는 동안 관우를 따라 전쟁에 나간 군사들의 가족들이 줄지어 몰려와서는 그들의 남편이나 아들의 안부를 물었다. 사자가 관우에게 돌아오자, 관우의 병사들이 사자에게 찾아와 형주에 있는 가족의 안부를 물었다. 여몽의 점령군이 그들의 가족을 잘 보살펴 준다는 얘기를 듣자, 관우의 병사들은 전의를 잃고 부대에서 탈영하기 시작했다. 실로 여몽의 탁월한 심리전이 아닐 수 없다.

225년 남만 왕 맹획이 군사 10만을 거느리고 촉의 남방에서 반란을 일으켰다는 소식과 함께 구원을 요청하는 서한이 성도에 도착했다. "장가군 태수 주포와 월전군 태수 고정 두 사람은 성을 옹개에게 바쳤고, 오직 영창군 태수 왕황 한 사람만이 버티고 있다 합니다. 옹개·주포·고정 세 사람은 맹획의 길잡이가 되어 영창군을 들이치고 있는데, 태수 왕황은 공조·여개와 함께 백성들을 모아 죽기로 싸우고 있으나 형세가 매우 위태롭다고 합니다"라는 내용이었다.

이에 제갈량은 50만 대군을 이끌고 조운과 위연을 대장으로, 마대·마속·왕평·장익 등을 부장으로 삼아 남만 정벌에 나섰다. 제갈량은 이번 작전에 대하여 부장 마속에게 물었다. 그러자 마속은 "남중의 오랑캐는 지세가 험하고 먼 것을 믿고 줄곧 망령된 짓을 일삼아 왔습니다. 자고로 용병의 도리는 적의 마음을 공격하는 것을 윗길로 삼고 성을 공격하는 것을 아랫길로 삼으며, 심리전을 윗길로 삼고 전쟁을 아랫길로 삼는다고 했습니다. 만약 승상께서 남만인의 마음을 복종시킬 수 있다면, 우리는 앞으로 이곳을 걱정할 필요가 없겠지요"라고 대답했다.

제갈량은 이번 남쪽 정벌이 장차 북으로 위를 치고, 동쪽으로 손권과 상대하기 위한 기반으로 매우 중요하다는 것을 잘 알고 있었다. 그래서 그곳 백성들의 마음을 사기 위해 맹획을 일곱 번이나 잡았다가 일곱 번 놓아 줌으로써 맹획이 진실로 제갈량에게 항복하게 만들었던 것이다. 제갈량은 항복한 맹획에게 통치권을 돌려주고 성도로 돌아왔다. 남만에 관리를 한 명도 주둔시키지 않고 남만인에게 모든 자율권을 주었던 것이다.

관리를 한 명도 남겨놓지 않은 제갈량에게 비위가 그 까닭을 물었다. 제갈량은 "나라 밖에 관원을 남기고 가려면 반드시 군사들도 남겨야 한다. 그런데 군사를 남기려면 먹을 것도 남겨야 하는 바, 그 먹을 게 없는 것이 첫 번째의 어려움이다. 그 다음 이번 싸움에 많은 이 땅 사람들이 다치고 그 아비나 형이 죽었다. 그런 이 땅에 관원을 남기고 군사를 딸려 주지 않으면 반드시 화가 생길 것이니 그게 두 번째의 어려움이다. 그 밖에 이 남쪽 오랑캐는 서로 죽이고 내쫓는 짓거리들을 해오는 동안 의심과 미움만 잔뜩 자라 왔다. 거기에 다른 나라의 관원을 남겨 두면 결국은 서로 못 믿게 돼 일이 날 것이니 그게 세 번째 어려움이다. 내가 지금 이곳에 사람을 남기고 가지 않는 것은 양식을 이곳으로 실어 오지 않아도 될 뿐만 아니라 서로 평안하며 일없이 지내기 위해서이다"라고 대답했다. 실제로 제갈량이 살아 있는 동안 남만은 촉에 한 번도 반란을 일으키지 않았다. 대단한 심리전이 아닐 수 없다.

이 같은 제갈량의 통치 철학은 중국인들이 오랫동안 써온 이민족 통치 방법이다. 중국인들은 많은 다른 민족과 이웃해 살았기에 이들과 전쟁을 자주 치를 수밖에 없었다. 그러나 중국인들은 전쟁이 끝난 후 서양인들처럼 총독부를 두지 않았다. 또한 전쟁에서 패한 이민족을 노예나 종으로 만들지도 않았다.

이러한 중국인들의 제국주의나 식민주의는 서양과는 무척 다른 양태를 보여 주고 있다. 제갈량이 말했듯이, 중국식 식민주의나 제국주의는 직접 통치하는 형태를 취하지 않고 약간의 조공과 함께 자기 나라에 복종하는 것으로 만족한다. 이러한 이유로 중국과 전쟁을 한 나라들은 아직도 중국과 비교적 좋은 관계를 유지하고 있다. 반면에 미국은 아프가니스탄과 이라크 전쟁에서 쉽게 이겼지만 현재 통치하는 데 무척 어려움을 겪고 있다. 중국의 역사를 교훈 삼아 미군도 하루빨리 지역 주민들에게 통치권을 넘겨주고 철군해야 할 것이다.

제갈량은 북벌을 할 때 장기전임을 감안해 군사들을 교대로 근무하게 하는 체제를 만들었다. 즉 100일이 지나면 8만의 군사들 중 4만 명은 고향으로 돌아가 집안일을 돌보게 했던 것이다. 제갈량이 5차로 기산에 나아가 위군과 대치하고 있을 때의 일이다. 한중에 있던 군사들이 천구까지 나와 교대하려고 기다리고 있었다.

그때 위나라 군사가 쳐들어온다는 급보가 도착했다. 양의가 몰려오는 위군의 세력이 거세니까 잠시 군사들의 교대를 미루자고 제안했다. 그러자 공명은 군사를 부림에 신의로 해야 한다면서 군사들과의 약속을 어길 수 없다며 예정대로 병사들의 교대를 명했다.

이 말을 전해 들은 병사들은 저마다 남아 위병을 무찌를 기회를 달라고 외쳤다. 공명은 마지못해 이를 허락하면서 "고맙다. 이왕에 너희들이 싸우기를 원하니 한 가지 일을 맡기겠다. 성밖에 나가 영채를 얽고 있다가 적이 이르거든 쉴 틈을 주지 말고 들이쳐라. 그것이야말로 편히 앉아 지친 적을 기다리는 계책이다"라고 말했다. 물론 스스로 원한 일이라 군사들의 사기는 아주 높았다. 실로 대단한 심리전이다.

제갈공명이 6차 북벌에 나섰을 때 사마의와 싸워 연전연승했다. 사마의는 공명과의 두뇌 싸움을 피하고 방어에만 전념하기로 결심했다. 공명이 장수들을 내보내 연일 싸움을 걸었으나 사마의는 황제의 명령을 핑계삼아 장수들의 출진을 금했다. 이에 공명은 사람을 시켜 상자 하나를 사마의에게 보냈다. 사마의가 상자를 열어 보니 상자 속에는 부인네의 관과 옷이 들어 있고 글 한 통이 있었다.

글에는 다음과 같은 내용이 적혀 있었다. "중달은 이왕에 대장이 되어 중원의 군사를 이끌고 와 놓고도 어찌하여 힘을 다해 싸워 결판을 내려고 하지 않는가? 굴을 파고 땅 구덩이에 틀어박혀 칼과 화살을 피하려고만 드니 실로 아낙네와 다를 게 무엇인가? 이제 아낙네들이 쓰는 관과 옷을 보내니 나와 싸우지 않으려거든 두 번 절하고 기꺼이 받으라. 그러나 아직 부끄러워하는 마음이 다하지 않고 오히려 남자의 가슴을 지녔다면 이 글에 대한 답으로 날을 받아 나와 싸움이 마땅하리라."

이 글을 읽은 사마의는 속으로 몹시 화가 났다. 얼마나 자기를 무시하면 이 같은 서신을 보냈는가 싶어 분노가 치밀었던 것이다. 그러나 겉으로는 웃으면서 상자를 가져온 사자를 잘 대접하며 제갈량의 건강에 대해 이것저것 물었다. 그 결과 공명의 생명이 얼마 남지 않았다는 것을 간파하게 되었다. 제갈량이나 사마의나 모두 심리전에는 가히 달인이라고 할 수 있겠다. 이 일이 있은 후 얼마 되지 않아 제갈량은 오장원에서 병사했다.

13. 자기의 약점을 역이용하는 작전

중국인들이 잘 쓰는 전술에 "가치부전(假痴不癲 : 어리석은 척하되 미친 척하지 마라)"이라는 말이 있다. 즉, 차라리 멍청이로 가장하고 행동을 하지 않는 것이 총명한 척하며 경거망동하는 것보다 낫다는 것이다. 은밀히 계획하고 역량을 키우면서 기회를 기다려 폭발시켜야 한다는 것이다.

삼국 시대에도 스스로 어리석음을 가장하여 적을 물리친 경우가 종종 있었다. 장비가 대표적인 예라 하겠다. 장비는 성질이 포악해서 장병들을 자주 때렸다. 특히 술만 마시면 난폭해져서 부하들을 가혹하게 대하기 일쑤였다. 게다가 술에 곯아떨어지면 세상 모르고 잠들었다. 결국 그것이 화근이 되어 후일 술에 만취해 곤히 잠들었다가 범강과 장달에게 살해당하기도 한다.

장비는 힘이 천하장사였지만 이러한 주벽 때문에 유비나 관우가 늘 걱정했다. 그러나 장비는 천하에 알려진 자신의 약점을 이용해 전투에서 승리를 거두기도 했다.

유비가 조조의 가신인 차주를 죽이고 두 번째로 서주의 주인이 되었을 때의 일이다. 당시 조조는 원소와의 대전투를 준비하면서 서주의 유비를 견제하기 위하여 왕충과 유대를 파견했다. 이들은 싸울 의사도 별로 없고 해서 서주성에서 멀리 떨어진 곳에 진을 치고 조조의 승상기를 중군에 높이 꽂아 둔 채 조조의 후원군만 기다리고 있었다.

이때 관우가 먼저 진군하여 왕충을 생포해서 돌아왔다. 이에 장비도 유대를 생포하겠노라고 장담하고 군사를 이끌고 유대의 진채로 갔다. 하지만 유대는 왕충이 관우의 포로가 된 것을 보고는 겁을 집어먹고 장비와 싸울 생각을 전혀 하지 않고 방어만 했다. 며칠 동안 욕설을 퍼부어도 유대는 꼼짝도 하지 않았다. 장비는 유대의 의중을 파악하고 꾀로 그를 잡기로 마음먹었다.

장비는 군사들에게 오늘 밤 2경에 적을 야습한다고 명령을 내렸다. 그러나 자신은 정작 대낮부터 술을 퍼마시기 시작했다. 술을 동이동이 비우는 장비의 모습을 본 측근 장졸들은 걱정이 되지 않을 수 없었다. 게다가 장비는 주사까지 부리기 시작했다. 술에 잔뜩 취해서는 사소한 일로 장졸 한 명을 죽도록 매질하고 다음날 죽이겠다고 가둬 버렸다. 밤중이 되자 한 병사가 와서 가두어 둔 병사를 몰래 풀어 주었다. 탈출한 병사는 바로 유대 진영으로 피신하여 2경 무렵 장비가 술에 취했어도 기습한다고 전했다. 매를 죽도록 맞은 병사의 몰골을 보고 그의 말을 믿게 된 유대는 장비의 기습을 이용해 오히려 그를 죽이기로 마음먹었다. 유대는 영채를 비우고 밖에 군사를 매복시켜 기습해 오는 장비군을 후면에서 이중으로 공격해서 장비를 잡을 계획이었다. 하지만 이것은 바로 장비가 바라던 바였다. 계획했던 대로 장비는 유대의 계책을 역이용해 그를 붙잡았다. 자기의 술버릇을 이용해 유대를 포로로 잡았던 것이다.

조조군과 유비군이 한중을 차지하기 위한 쟁패전에 돌입했을 때의 일이다. 위나라의 맹장 장합이 장비가 지키고 있는 파서(巴西)로 진군해 왔다. 그러나 1차전에서 장비에게 크게 패하자, 장합은 밤새도록 도망쳐 그의 영채인 암거산으로 들어가 버렸다. 암거산

밑으로 진군한 장비는 장합에게 싸움을 걸었지만 전혀 반응이 없었다. 온갖 욕설을 퍼부었으나 반응이 없기는 매한가지였다. 산 위로 올라가려니 돌과 목재들이 굴러 내려와 산 위로 올라갈 수도 없었다. 장합은 크게 피리를 불고 북을 울리면서 산 위에서 술만 마시고 있을 뿐이었다. 그 뒤로도 장비가 갖가지 수단을 써서 싸움을 걸었으나 장합은 꼼짝도 하지 않았다.

그럭저럭 양군이 대치한 지 50일쯤 지났을 때였다. 장비가 장합의 진채 가까이 진을 치고 술을 마시기 시작했다. 장비는 매일 몸을 가누지 못할 정도로 술을 마시고 장합에게 욕설을 퍼부었다. 장비에게 식량을 보급하러 간 사자가 이러한 광경을 목격하고 유비에게 보고했다. 유비는 놀라 걱정했다. 장비가 종종 술을 마시고 일을 그릇칠 때가 있었기 때문이었다. 그러나 제갈량은 오히려 성도에서 빚은 좋은 술 50독을 장비에게 보내라고 명했다. 그리고 위연을 따라 보내며 장비를 돕도록 했다.

위연이 술독을 호송해 장비 진영에 도착하자, 장비는 크게 잔치를 벌이고는 받은 술을 장합이 보는 데서 마셔 대기 시작했다. 장합의 세작이 곧 이 일을 장합에게 알렸다. 장합이 산 위에서 내려다보니 장비는 술판을 벌여 놓고 병졸들의 씨름판을 구경하고 있었다. 장합은 조심스런 인물이었으나 장비의 행동을 보자 자기를 너무나 무시한다는 생각이 들어 크게 노하게 되었다. 이로 인해 장합은 냉철함을 잊고는 그날로 기습 명령을 내리고 몽두·탕석 두 진채에 있는 군사도 합세하도록 했다.

그날 밤 장합은 큰 소리를 내지르며 장비의 영채를 덮쳤다. 장비는 아직 자고 있었다. 장합은 장비를 찔렀다. 그러나 그것은 허수

아비였다. 장비는 불을 환하게 밝히고 고성을 지르며 장합에게 덤벼들었다. 장합은 장비와 싸우면서 몽두·탕석 두 군대가 도착하기를 기다렸다. 그러나 그들은 촉의 장수 위연과 뇌동에 의해 산산이 부서지고 있었다. 견디다 못한 장합은 죽기로 길을 열어 와구관으로 간신히 도망쳤다. 장합은 영채 세 개를 전부 잃고 군사 또한 대부분 잃었다.

이처럼 장비는 자신의 약점을 최대로 이용해서 승전고를 올렸다. 어리석은 짓도 잘만 하면 작전이 될 수 있다.

14. 훌륭한 지휘관은 자기에게도 엄격하다

　　동서를 막론하고 사람들은 지도자의 사생활이 건전하고 근면하기를 바란다. 이러한 요구는 서양보다 동양에서 더 강하다. 미국의 프랭클린 루스벨트 대통령이나 존 F. 케네디 대통령의 사생활은 무척 문란했지만 아직도 국민의 사랑을 받고 있다. 반면 동양에서는 사생활이 난잡했던 지도자들이 훗날까지 국민의 사랑을 받는 경우는 드물다.

　　삼국 시대의 대표적 인물이라면 단연 조조와 제갈공명이다. 『삼국지연의』에서는 조조를 상당히 음흉하고 사악한 인물로 묘사하고 있다. 특히 서주에서 행한 대량 학살 이후 사람을 함부로 죽이는 인물로 그리고 있다.

　　그러나 정사 『삼국지』의 저자 진수는 "조조는 책략을 이용하고 계략을 세워 무력으로써 천하를 정복하였다. 신불해와 상앙의 치국 방법을 받아들이고, 한신(韓信)과 백기(白起)의 기발한 책략을 사용하였다. 서로 다른 재능이 있는 자에게 관직을 주고, 각 사람이 갖고 있는 기능을 이용하여 자기의 감정을 자제하고 냉정한 계획에 따랐다. 옛날의 악행은 염두에 두지 않았다. 마침내 국가의 큰일을 완전히 장악하고 대사업을 완성시킬 수 있었던 것은 오로지 그의 명석한 책략이 다른 사람에 비해 가장 우수했기 때문이다. 따라서 그는 비범한 인물이며, 시대를 초월한 영웅이라고 말할 수 있다"고 평했다. 이 같은 진수의 조조에 대한 총평은 결코 과장이 아니다.

조조의 업적에 대해서는 이미 여러 번 기술한 터라 되풀이하지는 않겠다. 조조의 생활 태도를 보면 소설에서 보듯 방탕하기보다는 무척 근면하였다. 사치스런 물건도 소유하지 않았고 가구도 비싼 것은 사용하지 않았다고 한다. 그의 근면성을 단적으로 보여 주는 것은 죽을 때 그가 남긴 유언이다. "천하는 아직 안정되지 않았다. 따라서 고대의 관례를 따를 수 없다. 장례를 마치거든 모두 상복을 벗어라. 병졸을 거느리고 주둔한 자는 그 주둔지에서 이탈해서는 안 된다. 관리는 보통 때와 다름없이 각자의 직무를 수행하라. 납관은 평복인 채로 하고, 금옥전보를 관에 넣어서는 안 된다"고 했던 것이다. 또한 데리고 살던 소실들을 모아 놓고 바느질을 부지런히 배워서 먹고 살라고 했다. 이같이 조조는 천하를 종횡하고 다녔지만 자기 자신에 대해서는 무척 엄한 사람이었다.

조조가 장수를 2차로 정벌할 때의 일이다. 때는 초여름이라 보리가 한창 익고 있었다. 그런데 어쩐 일인지 들에 보리를 베는 농부가 한 명도 없었다. 약탈에 하도 시달린 탓에 백성들이 군사들이 온다는 소식을 듣고 전부 숨어 버렸던 것이다. 조조는 이를 눈치채고 군사들과 관리들에게 보리밭을 상하게 하는 사람은 엄벌에 처하겠다고 명하고 농민들로 하여금 보리를 베게 했다. 그리고 군사들에게 보리밭을 지날 때면 말에서 내려 보리 이삭을 주우면서 행군하도록 했다.

조조가 말을 탄 채 보리밭을 지나는데 갑자기 비둘기가 말을 스치고 날아갔다. 놀란 말이 날뛰는 바람에 보리밭이 그만 짓뭉개지고 말았다. 이에 조조는 "내가 스스로 법을 정해 놓고 이제 스스로 어겼으니 죄를 받지 않고 어떻게 무리를 다스릴 수 있겠는가?" 하고 칼을 뽑아 스스로의 목을 치려 했다. 주위에 있는 사람들이 깜짝 놀라 조조를 말렸다.

이때 모사 곽가가 나서서 "예로부터 춘추의 법을 따라 법이라도 지존에는 미치지 못합니다. 승상께서는 지금 대군을 이끄시는 존귀한 몸으로 어찌 스스로를 죽이려 하십니까?"라고 말했다. 조용히 생각하던 조조는 그래도 이를 그냥 넘길 수 없다며 투구를 벗더니 머리칼을 잘라 땅에 던지며 소리쳤다. "비록 목을 남겼으나 이 머리칼로 내 목을 대신하리라!" 조조는 이처럼 그냥 넘길 수 있는 일도 스스로를 자제하면서 전쟁에 임한 병사를 다스렸다. 지존이어서 목숨을 부지할 수는 있었으나 머리카락이라도 대신해 스스로에게 채찍질을 한 셈이다.

제갈공명의 강직함은 너무나도 잘 알려진 사실이다. 그가 죽었을 때 그에게 남아 있던 것이라곤 조그마한 뽕나무밭 하나였다. 수십 년 동안 재상을 지낸 사람으로는 실로 검소한 생활이었다. 공명은 또한 자신에게 매우 엄했다. 그것을 단적으로 보여 주는 것이 읍참마속(泣斬馬謖)이라는 유명한 고사다.

공명이 1차로 위를 치기 위한 북벌을 단행할 때, 그는 여러 곳에서 승리했다. 이때 위나라 총사령관인 사마의가 장합을 가정으로 진주시켰다. 가정을 잃게 되면 대군의 식량 보급로가 끊기게 되고 한중도 위험했다. 그만큼 촉으로서는 아주 중요한 지역이었다. 공명은 이렇게 중요한 지역에 평소 아끼던 젊은 장수 마속을 사령관으로, 그리고 왕평을 부장으로 삼고는 지키도록 명령했다.

공명은 가정의 중요성을 재삼 강조하면서 마속에게 모든 길목을 잡아서 진을 치라고 명했다. 그러나 마속은 공명이 말하고 부장 왕평이 말렸음에도 불구하고 병법에 식견이 있다면서 산 위에다 진을 쳤다. 장합의 군대가 밀려와서 산을 포위하니 촉군은 식수가 떨어져 굶주림에 시달리게 되었다. 산 아래로 진군했으나 철통같이 에워싼 장합의 군대에게 밀려 촉군은 대패하고 말았다. 이를 안 공명은 여러 전투에서 승리했음에도 불구하고 퇴각하지 않을 수 없었다.

한중으로 물러난 후 마속은 스스로 몸을 묶고 공명에게 죄를 청했다. 공명은 "너는 어려서부터 많은 병서를 읽어 전법을 익히 알고 있었다. 거기다가 내가 그토록 너에게 경계하여 가정이 이번 싸움의 바탕이 되는 곳임을 일렀건만 너는 네 가솔을 걸고 그 무거운 책임을 떠맡았다. 네가 진작 왕평의 말만 들었어도 어찌 이 같은 화를 입게 되었겠느냐? 이제 군사는 싸움에 지고 장수는 꺾였으니 땅을 잃고 성을 빼앗기게 된 것은 모두가 네 허물에서 비롯되었다. 이때에 군율을 밝히지 않는다면 내가 무슨 수로 여러 사람을 복종하게 할 수 있겠는가? 네가 죽더라도 네 스스로 군법을 어겨 그리 된 것인 만큼 나를 원망하지는 마라. 네가 죽은 뒤에도 네 식구들에게는 봉록을 전처럼 내려 살림을 꾸려 가게 할 터이니 그런 걱정하지 않아도 된다"고 마속에게 말했다.

공명은 이같이 말하고 숱한 신하들이 간청하는데도 눈물을 흘리며 마속을 처형했다. 본래 마속은 공명의 사랑을 받았고, 또한 마량의 아우이기도 했다. 남만을 정복할 때 마음으로 정복해야 된다고 말한 것도 마속이고, 헛소문을 퍼뜨려 사마의를 보직에서 쫓겨나도록 만든 것도 마속의 계책 덕분이었다. 그 때문에 평소 공명은 마속을 아껴 그와 자주 의논하였다.

가정 전투를 통해 우리는 몇 가지 결론을 내릴 수가 있다. 첫째, 마속은 참모로서는 훌륭했지만 지휘관으로서는 적합하지 못한 인물이었다. 현대 전쟁에서도 훌륭한 지휘관의 재목과 참모의 재목은 따로 있다. 정치인들은 이를 선별해 인재를 기용해야만 한다. 인간의 재능에는 한계가 있기 때문에 모든 것을 잘할 수는 없다. 지도자라면 이를 가려 볼 줄 알아야 한다. 그런데 제갈공명은 정에 치우치는 바람에 평소의 냉철함을 잊었다.

둘째, 『삼국지연의』는 제갈공명을 마치 초인적인 신선처럼 그렸다. 공명이 훌륭한 인물임에는 틀림없으나 너무 과장해서 표현한 것이다. 선주인 유비는 죽으면서, 마속은 말이 앞서니 중용하지 말라고 유언했다. 하지만 공명은 유비의 유언을 어겼다. 이를 보면 꾀를 쓰고 나라를 다스리는 데는 공명이 앞섰겠지만, 사람을 보는 눈은 유비가 앞섰다고 말할 수 있다. 유비는 계책이 없는 사람이지만 자기에게 필요한 인재를 알아보는 능력은 있었던 것이다. 한나라를 건국한 유방도 마찬가지였다. 유방은 공부도 많이 하지 않았고 아는 것도 별로 없는 인물이었다. 그러나 필요한 인재를 알아보고, 또 이들을 믿고 일을 맡겼다. 아마도 그 같은 능력 덕분에 나라를 건국할 수 있었을 것이다.

셋째, 공명은 사랑하는 마속을 죽이면서까지 촉나라를 지키려고 했다. 중국 고사에 '지상매괴(指桑罵槐 : 뽕나무를 가리키며 홰나무를 욕한다)'라는 말이 있다. 이는 자기와 관련되거나 욕하지 않을 수 없는 사람을 공개적으로 욕할 수 없어 다른 것을 빌려서 마음속의 분노를 드러내는 것을 비유한 말이다. 공명은 마속을 죽임으로써 여러 사람들에게 그의 뜻을 간접적이나마 강력히 표현한 것이다.

공명은 신상필벌을 엄정히 행하는 법가에 속한다. 그런데 마속은 공명의 명령을 듣지 않음으로써 가정 전투에서 패배를 자초했다. 법은 지켜야 하고, 명령은 복종해야 질서가 유지된다. 공명은 국가의 질서를 지키고 유지·보호하기 위하여 마속을 죽였던 것이다. 마속이 처형됨에 아무도 불평하는 사람이 없었다고 한다. 엄정한 법 집행이 엄정한 지휘관에 의해 행해질 때는 불평이 있을 수가 없다. 공명은 마속을 희생시킴으로써 촉을 지킬 수 있었다.

넷째, 제갈공명은 자신에게도 무척 엄했다. 공명은 마속을 죽인 후 자신의 계급을 세 단계나 낮추었다. 승상에서 우장군으로 강등한 것이다. 이는 전쟁의 패인이 자신에게 있다는 뜻이다. 마속을 잘못 써서 아끼는 마속도 젊은 나이에 죽이고 전쟁에 패했으므로 자기의 허물이라는 것이 공명의 뜻이었다. 당시 마속의 나이는 겨우 39세였다.

공명은 "그 허물은 모두 신의 밝지 못함에 있었습니다. 사람을 잘 알아보지 못했음과 일을 꾸려감에 어두운 곳이 많음이 바로 그것입니다. 모든 일을 온전히 갖추어 한 가지의 허물도 없기를 바라는 춘추의 엄격함에 비춰 볼 때 이 큰 죄를 어찌 면할 수 있겠습니까. 바라건대 신의 벼슬 3등을 깎아 내리시어 신의 모자람과 그릇됨을 꾸짖어 주옵소서. 신은 부끄러움을 이기지 못하고 다만 엎드려 폐하의 명을 기다릴 뿐입니다"라며 후주인 유선에게 요청했다.

제갈공명은 오늘을 사는 우리에게도 큰 귀감이 된다. 요즘 정치인들은 아무도 책임지려 하지 않고 남을 비난하는 데만 핏대를 세운다. 대기업을 운영하는 재벌들도 투자가들에게 책임질 생각은 안 하고 회사를 자기 욕심대로 운영한다. 사회의 저명 인사들 역시 무책임한 발언을 서슴지 않는 것이 요즘 세상이다. 이들이 제갈공명을 거울삼아 스스로 책임지는 행위를 해야만 사회가 바로 설 것이다.

15. 욕금고종(欲擒故縱)의 계책

    큰 것을 얻기 위해 작은 것을 풀어 준다는 병법은 중국인들이 자주 쓰는 방책이다. 노자도 장차 빼앗으려면 반드시 먼저 주라는 의미로 '욕금고종'이라는 말을 썼다. 군사 전략에서는 후일의 이익을 위해 지금 놓아 주기도 하고 보내 주기도 한다는 뜻이다. 또한 손자가 가르쳤듯이, 어떤 의미에서는 한 발 물러남으로써 전진하고, 억압하려면 먼저 풀어 준다는 전술이기도 하다. 궁지에 몰린 적은 최후의 반항을 하게 되어 있다. 적의 힘이 약할 때는 큰 문제가 아니지만, 비교적 힘이 강할 때는 상황이 다르다. 그 때문에 한쪽을 열어 주어 후일을 기약하는 전술이 흔히 쓰였다.

    삼국 시대에도 적을 공격할 때 적군이 강하면 한쪽 성문을 비워 놓아 도망갈 길을 열어 놓음으로써 적의 저항을 약화시키는 전술을 자주 사용했다. 간단한 예를 몇 가지 보기로 하자.

    주전 밑에서 유비가 황건적을 토벌할 때의 이야기이다. 유비군의 강한 공격을 받자 황건적이 항복한다고 알려 왔다. 그러나 주전은 황건적의 항복을 받아들이지 않았다. 유비가 그 까닭을 물으니 주전은 도적들의 나쁜 마음을 길러 주기 때문이라고 답했다.

    이에 유비는 차선책으로 다음과 같은 제안을 했다.

    "사방에서 철통같이 에워싸고 있으면서 적의 항복을 용납하지 않으시면 적은 자연 죽기로 싸울 것입니다. 만 명만 한마음이 되어 싸워도 당하기 어려운데 성안에서 가만히 있다가는 죽게 될 수밖에 없는 목숨들이 마음을 합쳐 대항해 오면 어떻게 당하시겠습니까? 굳이 항복을 용납하실 수 없다면 성의 동남을 비우고 서북만을 공격하는 것이 좋겠습니다. 그렇게 되면 적은 반드시 성을 버리고 달아날 뿐만 아니라 구태여 싸우려 들지도 않을 것이니 오히려 사로잡기 쉬울 것입니다.”

주전은 유비의 제안을 받아들여 결국 황건적을 쳐부수는 데 성공했다. 우리 속담에도 “쥐가 도망가다 갈 길이 없으면 되돌아서서 문다”고 했다. 이 방법은 적의 극한 투쟁을 막으면서 종국에는 적을 섬멸하기 위한 계책이다. 즉 욕금고종의 계책이라 하겠다.

제갈공명은 남만을 정벌할 때 맹획과 싸우면서 그가 도망갈 길을 여러 번 열어 주었다. 이러한 전략으로 맹획을 일곱 번이나 놔주면서 결국 마음에서 우러나는 항복을 받았던 것이다. 노자가 말했던 것처럼, 이는 “장차 빼앗으려면 반드시 먼저 주어라”는 계책의 진면목을 보여 주는 예라 하겠다.

16. 진법전

    삼국 시대에 자주 사용하던 병법 중 하나가 진법(陣法)을 이용한 전투이다. 당시 병법에 익숙한 장수들은 진법을 잘 활용했다. 특히 제갈공명은 수적으로 열세인 군대를 효과적으로 부리기 위해 진법을 자주 사용했다. 그리고 강유에게도 진법을 익히라고 자주 충고했다.

    진법은 많은 군대가 한꺼번에 움직여야 하므로 훈련을 많이 해야 한다. 서양에서도 일찍이 진법이 발달했는데, 로마군이 효과적으로 사용해 많은 전투에서 승리를 거두었던 '거북이' 전략도 일종의 진법이다. 카르타고의 명장 한니발은 이 진법을 효과적으로 사용해 압도적인 로마군을 괴멸시켰다.

    기원전 216년 8월 로마군과 카르타고군 사이에 일어난 칸나이 전투 때의 일이다. 로마군 사령관인 바로는 보병 6만 5천과 기병 7천을 이끌고 아우피두스 강 부근에서 카르타고군과 대치했다. 이때 카르타고군은 불과 2만 5천 명 정도밖에 되지 않았다. 로마군 사령관 바로는 수적 우세에 의존해 한니발의 군을 포위하려 했다. 그러나 이것이 실패로 돌아가자 진영을 밀집 대형으로 강화하고 중앙 공격에 역점을 두되, 측면 보호를 위해 양 날개에 기병을 배치했다.

    로마군의 진법을 주의 깊게 관찰한 한니발은 군의 일부를 중앙에 밀집시키는 것처럼 보이게 했다. 그러자 로마군이 중앙에 밀집해 공격을 개시했다. 이때 한니발은 로마군을 중앙진으로 유인하면서, 카르타고의 우세한 기병력으로 적의 왼쪽 날개에 있는 약한 기병진을 공격했다. 이렇게 한쪽 날개의 로마군 기병대를 분쇄한 다음, 이들 기병을 몰아서 로마군 뒤쪽으로 돌아가 퇴로를 봉쇄했다. 동시에 한니발의 중앙군은 서서히 퇴각하면서 좌측 기병이 로마군의 우측 기병을 강타했다. 그리고 다시 후미를 돌아서 로마군의 좌측 기병을 강타했다. 이렇게 로마군의 기병은 협공을 당하자 금세 무력화되었다. 로마의 기병이 무력화되자 한니발의 중보병까지 가세해 대대적으로 공세를 펼쳤다. 그러자 밀집 대형으로 있던 로마군은 행동하기가 불편해 서로 짓밟히는 형상이 되고 말았다.

이 전투에서 한니발은 7만 2천 명의 로마군 중 4만 8천여 명을 살상하는 전과를 거두었다. 이처럼 칸나이 전투는 한니발이 진법을 효과적으로 사용해 거둔 인류사의 유명한 전쟁이다.

위의 예에서 볼 수 있듯이, 동서양 모두 진법을 사용해 전투를 치렀다. 삼국 시대에도 진법을 자주 사용했는데, 몇 가지만 소개하기로 하자.

유비가 서서를 맞이하여 군사(軍師)로 삼고 신야를 지킬 때, 조조의 아우인 조인이 번성에 군사 3만을 거느리고 주둔해 있었다. 형주 공략을 염두에 두고 조조가 수하 중에서 지모가 가장 출중한 조인을 번성에 주둔시킨 것이었다. 조인은 부장들을 보내 유비군을 공격했으나 번번이 실패했다. 서서의 계책에 말려들어 모두 목숨을 잃었던 것이다. 결국 조인은 군대를 물리지 않을 수 없게 되었다. 조인은 전날의 패전을 만회하기 위하여 싸움의 방식을 바꾸기로 했다. 즉 진법을 사용해서 유비군을 격파하기로 한 것이다. 조인은 진을 친 후 북소리를 내며 유비에게 자기가 친 진을 깨보라고 했다.

조인이 친 진을 살핀 후, 서서는 "저것은 팔문금쇄진(八門金鎖陣)이라는 것입니다. 8문이란 휴(休)·생(生)·상(傷)·두(杜)·경(景)·사(死)·경(驚)·개(開) 여덟 문을 말합니다. 생문·경문·개문으로 들어가면 좋고, 상문·경문·휴문으로 들어가면 다치며, 두문이나 서문으로 들어가면 죽습니다"라고 말했다. 조운이 서서의 말대로 하니 조인이 세운 진법은 곧 무너졌다.

영릉 전투에서의 일이다. 유현과 형도영이 제갈공명과 대치했을 때 형도영이 도끼를 휘두르며 공명에게 덤벼들었다. 이를 본 공명이 진문 안으로 몸을 숨기자 문이 닫혔다. 형도영은 자기도 모르는 사이에 진 속 깊이 빠져들었다. 그런데 문득 전세가 변하면서 공명의 군이 두 갈래로 나뉘었다. 형도영은 두 갈래 군사 중 황색기가 공명의 것으로 생각하고 계속 뒤쫓았다. 그런데 산 모퉁이를 지났을 때 갑자기 황색기가 멈추더니 장비가 나타났다. 형도영은 장비와 싸우다가 도망치던 중 복병을 맞아 조운에게 잡히고 말았다. 공명의 진법에 빠져 포로가 된 것이다.

제갈공명이 네 번째로 기산에 나아가 사마의와 대치했을 때의 일이다. 사마의가 먼저 진법으로 싸우자고 제의했다. 이에 공명은 사마의에게 먼저 진을 쳐보라고 했다. 사마의가 누런 깃발을 흔들자 위병들이 진세를 펼쳤다. 사마의가 공명에게 이 진법이 무엇이냐고 묻자, 공명은 곧바로 '혼원일기진(混原佾基陣)'이라고 답했다.

이번에는 사마의가 공명에게 진세를 한번 펼쳐 보라고 했다. 그러자, 공명은 깃털 부채를 한번 흔들어 보였다. 진채가 이루어진 뒤 공명이 헤아려 보라고 하자, 사마의는 얼른 '팔괘진(八卦陳)'이라고 답했다. 그러자 공명이 사마의에게 진을 깨뜨려 보라고 했다. 이에 중달은 대능·장호·악침을 불러서는 "지금 공명이 친 진에는 휴·생·상·두·경·사·경·개의 여덟 개의 문이 있다. 너희 셋은 동쪽의 생문으로 들어가 서남의 휴문으로 나온 뒤 다시 북쪽의 개문으로 밀고 들어가면 저 진은 넉넉히 깨뜨릴 수 있다. 조심하고 세밀히 살펴 내가 시킨 대로 하도록 하라"고 말했다.

세 사람은 사마의가 시킨 대로 촉의 진채로 뛰어들었다. 사마의가 말해 준 대로 이들은 촉문을 두들겼으나 별안간 각 문이 닫히면서 나갈 길이 없어져 이들 세 장수는 촉군의 포로가 되고 말았다. 사마의는 공명의 진법을 깨려 했으나, 공명은 이를 역이용해 세 장수를 붙잡은 것이다.

이에 성이 난 사마의가 공격 명령을 내리고 촉의 진영으로 쳐들어갔다. 이때 위군 진영의 후미에서 불이 나고 포화가 터지는 소리가 들려왔다. 촉의 장수 관흥이 위군 진영의 후미를 공격한 것이다. 사마의는 후미를 막으려고 부대를 둘로 나누었으나, 이번에는 정면에서 강유가 공격해 왔다. 사마의는 결국 크게 패하고 위수 남쪽으로 후퇴하고 말았다.

이와 같이 삼국 시대에는 진법을 이용해 전투를 하곤 했다. 오늘날에도 무기는 달라도 진법은 전투의 중요한 요소가 되고 있다.

맺음말

우리 속담에 "하나를 보면 열을 안다"는 것이 있다. 한 부분을 보고 전체를 헤아릴 수 있다는 말이다. 이는 국제정치 이론에도 해당한다고 하겠다. 서양인의 이론과 사례가 삼국 시대의 국제정치를 설명하는 데도 많은 도움이 된다는 것이다. 이것은 동양인과 서양인이 사는 지역은 서로 다르지만 결국 인간이기에 공통점이 많다는 말이다.

국제정치를 보면 국가 간의 권력투쟁이 보편화되어 있다. 물론 국가 간에 협력하기도 하지만 경쟁하는 것이 일반적이다. 특히 국제 관계는 무정부 상태에서 경쟁이 진행된다는 특징이 있다.

이처럼 무정부 상태에서 경쟁이 전개되지만 인간의 윤리관에 의해 국가들의 행위가 구속을 받기도 한다. 삼국 시대의 국제정치 역시 무한한 투쟁이 벌어졌지만, 동시에 중국인들의 윤리관에 제한을 받았다. 서양인들의 윤리관 때문에 국제법이 발전했다면 중국인들에게는 유가의 윤리관이 통치자들의 행동 규범을 규제하는 규약들을 발전시켰다. 그렇기 때문에 한나라 헌제는 비록 아무 힘이 없었어도 오랫동안 황제로 군림할 수 있었던 것이다.

권력투쟁이란 점에서 삼국 시대의 국제정치는 서양의 국제정치와 비슷하지만 투쟁하는 방법은 상당히 중국식으로 전개되었다.

서양에서는 투쟁하다가 실패하면 노예가 되는 등 신분 변화가 극심했던 반면, 중국인들은 패자를 배려할 줄 알았다. 중국인들은 중국식 윤리관에 따라 패자를 대우했던 것이다.

삼국 시대의 국제체제도 여러 가지로 변모했는데, 카플란 교수가 제시한 모델과 비슷한 점이 많다. 즉 양극 체제, 이완된 양극 체제, 세력균형 체제, 다극 체제 등 서양 국제정치사에서 볼 수 있었던 현상이 비슷하게 전개되었다.

삼국 시대의 국제질서에서 주요 행위자는 역시 국가다. 중국의 봉건 국가나 서양의 봉건 국가에서 국가 정책을 결정하는 데 제일 중요한 사람은 군주였다. 물론 군주는 참모들과 논의를 거쳐 정책 결정을 하게 마련이다. 그렇다고 해도 봉건 국가에서 군주 개인의 영향력은 거의 절대적이다. 이는 동양이나 서양이나 마찬가지다. 다른 점이 있다면 서양인들은 기독교 윤리에 의거해서 행동하는 반면, 중국인들은 유가의 윤리관에 따라 행동하는 경향이 있다는 것이다. 물론 조조와 같은 인물은 법가의 가르침에 따라 행동하기도 했다.

일반적으로 국가의 능력을 평가하는 요소로는 영토, 인구, 지하자원, 인구의 교육 수준, 군사력 등이 있다. 그러나 중국에서는 탁월한 통치자가 국력을 크게 좌우했다. 물론 서양에서도 지도자의 능력이 어떠하느냐에 따라 국력이 신장할 수도, 쇠퇴할 수도 있다. 그러나 대개의 경우 지도자의 능력 외에 다른 요소가 국력을 좌우한다. 미국 대통령이 부시든 클린턴이든 국력의 차이는 별로 없다. 하지만 삼국 시대의 중국에서 개인이 차지하는 역할은 너무도 컸다. 조조 · 제갈량 · 손권 등과 같이 탁월한 지도력을 갖춘 지도자들은 국가의 능력을 크게 높였다.

　서양은 개인주의가 일찍부터 발달한 사회다. 개인의 권리·특권·의무 등이 이미 오래전에 법 또는 관행으로서 인정되었다. 서양인의 철학도 개인주의를 발전시키는 데 큰 역할을 했다. 반면 동양에서는 유기체론적 철학이 유가를 통해서 자리잡았다. 유가이든, 도가이든, 법가이든 중국의 윤리관은 집단·가문·국가 등 단체에 중점을 두었으며, 서양에서처럼 개인의 역할을 둘러싼 철학은 크게 발전하지 못했다.

　그러나 역설적이게도 중국인들은 개인의 탁월한 능력에 의지하는 경향이 강하다. 제갈량·사마의·조조·손견 등 지도자 개인에 의존하여 국정을 운영하고, 또한 백성들도 이들을 따르는 경향이 강했다. 중국 역사를 보면 특출한 지도자가 아주 많았다. 최근에도 장제스·마오쩌둥·덩샤오핑 같은 개인이 중국 역사를 바꾸는 데 큰 역할을 했다. 일본처럼 집단주의 의식이 강한 나라도 오다 노부나가·도요토미 히데요시·도쿠가와 이에야스·사이고 다카모리·요시다 시게노부 등 특유한 개인들에 의해 역사 과정이 바뀌었다. 이는 실로 동양과 서양 간의 큰 괴리라고 할 수 있다. 우리 나라도 헌법에 의거해 민주주의 제도를 채택했으나, 국정은 이승만·박정희·김영삼·김대중·김종필 등 몇몇 개인에 의해 운영되어 왔다. 이는 조선 시대에도 그러했고, 오늘날도 마찬가지다.

　삼국 시대에도 국제정치 사상으로 서양인들이 말하는 이상주의와 현실주의 양태를 내포한 사상이 존재했다. 그러나 서양인들이 말하는 이상주의·현실주의와 중국인들의 사고 속의 이상주의와 현실주의는 그 내용에서 차이가 있다.

서양인들의 이상주의는 법 질서에 의존한 반면, 중국인의 이상주의는 개인의 도덕관에 의존하고 있다. 또한 서양인들의 현실주의는 주로 군사력에 의존하지만, 중국인의 현실주의는 군사력과 함께 법질서에 의존하고 있다. 즉 서양인과 중국인은 지향하는 바는 비슷하지만 추구하는 내용에 차이가 있다는 말이다.

특히 동양에서는 사상을 중요시한다. 동양인들도 물론 실리를 추구하지만 서양인에 비해 명분을 굉장히 중요하게 여긴다. 서양인들은 국가 이익과 관련된 사건을 처리할 때 국가에 이익이면 되지, 달리 명분이 필요하지 않다. 반면에 중국인들은 명분을 굉장히 중요하게 여긴다. 오자도 전쟁의 가장 중요한 요인으로 명분을 꼽고 있을 정도다. 삼국 시대에 수많은 전쟁이 일어났지만 이때도 단순히 국가의 이익이라는 말보다는 객관적인 명분을 반드시 내걸었다.

중국인들뿐만 아니라 동양인들은 대체로 명분을 중요시하는 경향이 있다. 따라서 오늘날에도 명분 싸움에서 지면 선거에서 이기기 힘들다. 재주도 없고 힘도 없는 유비가 나라를 세울 수 있었던 것도 바로 이 명분을 잘 활용했기 때문이다. 국가 간의 협상에서도 동의를 얻으려면 상대방에게 명분을 주어야 한다. 실로 명분의 정치는 동양인의 특징을 절묘하게 나타내고 있다고 하겠다.

이처럼 동양인들은 동맹을 맺을 때나 외교 관계에서나 또는 국내 정치 과정에서도 반드시 명분을 내건다. 천자를 위하여, 한의 국권을 위하여, 백성들의 삶을 위하여, 사돈의 안면을 봐서, 동문수학했기 때문에, 같은 고향 사람이어서 등등 숱한 명분을 내걸고 정치를 한다.

삼국 시대의 국제정치는 적자생존의 원리에 따라 운영되었기에 외교 정책은 항상 국가의 안보를 염두에 두고 수립되었다. 국가 안보가 중요했기에 당시에는 지정학이 매우 중요했다. 더욱이 삼국 시대의 외교 정책은 늘 위기의 정책 과정이었기에 지정학이 더욱 중요했다. 손권이 그다지 힘들이지 않고 패업을 성취할 수 있었던 것도 오의 지리적 이점 때문이었다.

위기의 외교 정책은 항상 소수 지도자들에 의해 결정되었기 때문에 인재 등용이 매우 중요했다. 특히 동양인들은 개인에 의존하는 경향이 커서 소수의 인재들에 의해 외교 정책이 결정되기 일쑤였다. 인재에 의존하는 경향이 강하기에 지도자들은 일단 일을 맡기면 간섭하지 않는 경향이 있다. 이것 또한 동양 정치의 독특한 점이라 할 수 있다.

물론 미국과 같은 나라에서도 아이젠하워 대통령 같은 경우, 외교 정책을 덜레스 국무장관에게 맡기고 자신은 일절 간섭하지 않았다. 포드 대통령 역시 외교는 키신저 국무장관에게 전적으로 맡겼다. 그러나 이러한 사례는 미국 역사상 아주 예외적인 경우이지 보편적인 현상은 아니다. 이와 달리 중국인들은 다른 사람에게 맡기는 것이 보편적이었다. 따라서 중국인들은 의리와 충성심을 무엇보다 중요하게 생각한다. 충성스러운 사람에게 일을 맡겨야 하기 때문이다.

이같이 중국에서는 개인을 중요시하기 때문에 지도자의 철학이나 윤리관, 정치관, 세계를 인식하는 능력 등 개인의 인식론이 무척 중요했다. 조조의 세계관에 의거해 위나라는 전쟁을 치렀고, 제갈공명의 현실 인식 때문에 촉은 계속해서 북벌을 시도했다. 반면 손권의 수성적인 성격 때문에 오나라는 북방 진출을 서두르지 않았다.

삼국 시대에도 현대와 같이 동맹 외교, 적대 외교, 간섭 외교, 인질 외교, 결혼 외교, 개인 외교, 안면 외교 등 다양한 외교 정책을 구사했다. 보통 외교관을 상대국에 파견할 때는 통상적으로 상대국의 지도자와 안면이 있는 사람을 보낸다. 특히 동양인들은 인간 관계를 중시하기 때문에 상대국에 안면이 있는 사람을 파견하는 경향이 강하다. 이러한 전통은 오늘날도 마찬가지다. 우리 나라도 주미 대사를 파견할 때는 미국과의 인지 관계를 고려해서 파견한다. 반면 서양인들은 안면이 있는 사람보다는 전문성에 의거해서 대사를 파견한다. 삼국 시대나 지금이나 안면 외교는 동양인의 특징이라고 할 수 있겠다.

삼국 시대에 전쟁이 일어난 원인은 여러 가지였다. 상대적인 박탈감 때문에 전쟁이 일어나기도 했고, 권력의 이동이나 패권 때문에 전쟁이 일어나기도 했다. 그런가 하면 현실에 대한 잘못된 인식이나 명분, 개인의 욕심으로 인해 전쟁이 일어나기도 했다. 한마디로 현대 전쟁 이론가들이 말하는 모든 요인이 전쟁의 원인으로 작용했다. 이 많은 전쟁 요인들 중 개인적인 욕심이 삼국 시대 전쟁을 일으킨 가장 큰 원인이었다. 아마도 이것은 동양이나 서양이나 마찬가지일 것이다.

또한 삼국 시대에 사용했던 군사 전략이나 전투 방법도 서양과 비슷한 점이 많았다. 자연을 이용한다거나, 역정보를 흘려 상대방을 속인다든지 하는 방법은 서양인들도 흔히 사용한 전술이다. 조조가 즐긴 양초(糧草)를 불사르는 방법이나 댐을 사용하는 방법 역시 인류가 공통으로 사용한 전투 방법이다.

그러나 중국인들은 서양인들에 비해 심리전에 능했다. 그 가운데 적의 마음을 혼란하게 만드는 휼계는 특히 중국인들이 탁월했다. 손자가 가르치고 조조가 자주 써먹은 허허실실의 전투 방법 역시 인간의 심리에 의존하고 있다. 이민족을 다룰 때도 서양인들보다 심리적인 복종에 의존했던 것은 중국인들의 특유성에 기인한다. 공명이 맹획을 일곱 번 사로잡았다가 일곱 번 놓아 준 것은 중국인 특유의 방법이다.

옛날 서양에서는 패전 국가의 백성이나 지휘관·군사들은 모두 승전 국가의 노예가 되었다. 서양인들이 패전 국가에 보상을 요구하지 않고 아량을 베푼 것은 20세기에 와서 처음이다. 1차 세계대전 후 전승국들이 독일에 물린 엄청난 배상금 때문에 나치와 히틀러가 득세하게 되었다는 판단 아래 2차 세계대전 후 패전국인 독일과 일본에 아무 보상도 요구하지 않았을 뿐만 아니라 경제 원조를 해주었던 것이다. 이것도 옛 소련을 중심으로 한 공산주의가 팽창할까 두려워서 급히 세운 정책이었다. 미국은 일본을 패망시켰지만, 맥아더 장군은 일본 천황 쇼와(昭和)를 폐위시키지 않고 유지시켰다. 서양인들의 이러한 행위는 20세기와 맥아더의 독특한 개성의 산물이라 하겠다.

반면에 중국인들은 이미 오래전부터 승전국이 패전국을 용서하고 패전국의 백성을 어루만져 주었다. 심지어 항복한 측 황제 유선을 작은 지역의 왕과 비슷한 자리를 주어 일생 동안 편히 살게 했다. 제갈공명은 촉을 무던히도 괴롭혔던 남만의 맹획을 정복한 후에도 계속해서 남만의 왕으로 삼았다. 중국인은 심리전에서 적어도 서양인들보다 엄청나게 앞서 있었다고 하겠다.

이문열이 편역한 『삼국지연의』의 서사(序辭)를 옮겨 본다..

　　굽이쳐 동으로 흐르는 긴 강물
　　부딪쳐 부서지는 그 물결에 씻겨 갔나
　　옛 영웅들의 자취 찾을 길 없네.
　　돌이켜보면 옳고 그름 이기고 짐
　　모두 헛되어라.
　　푸른 산은 예와 다름없건만
　　붉은 해 뜨고 지기 몇 번이던가.

　　강가의 머리 센 고기잡이와 나무꾼 늙은이
　　가을 달 봄바람이야
　　새삼스러울 줄 있으리
　　한 병 술로 기쁘게 서로 만나
　　예와 이제 크고 작은 일
　　웃으며 나누는 얘기에 모두 붙여 보네.

　아름다운 시다. 인생을 돌아보면 시에서 말하듯 "돌이켜보면 옳고 그름 이기고 짐 모두 헛되어라" 하는 마음을 갖게 된다. 그러나 『삼국지』에서 읽은 인간의 역사는 결코 단순한 얘깃거리나 또는 헛된 것이 아니다. 필자와 오랜 친구인 서울대학교 정치학과 최명 교수가 쓴 책 『소설이 아닌 삼국지』가 생각난다. 『삼국지연의』는 단순한 소설이 아니다. 또한 진수가 쓴 「위서」·「오서」·「촉서」는 단순한 역사 기록 이상이다.

　『삼국지』를 읽으면 우리는 동양의 정치 행태를 이해할 수 있다. 나아가 우리 자신을 쉽게 발견하게 된다. 그런 점에서 『삼국지연의』나 정사 『삼국지』는 오늘을 사는 우리에게도 큰 교훈을 주고 있다.

『삼국지』의 저자 진수는 「위서」 말미에 당시 고구려와 왜(일본)에 대하여 상세히 기술했다. 고구려인들의 외부인, 즉 오늘날 중국인들과의 투쟁 관계를 서술하면서 고구려인들의 특징 또한 쓰고 있다. 여기서 몇 가지만 소개하자.

고구려는 "높은 산과 깊은 계곡이 많고, 평원과 호수는 없다. 좋은 밭이 없으므로 비록 힘써 농사를 짓기는 하지만 배불리 먹기는 부족하다. 그들의 풍속은 음식을 절약하면서 궁전이나 주거지를 성대하게 짓기를 좋아해 살고 있는 집의 왼쪽과 오른쪽에 큰 집을 지어 귀신을 제사 지내고……"라면서 "그곳 사람들의 성정은 사납고 급하며 약탈과 침략을 좋아하다"고 말한다.

진수는 또한 고구려인들을 평하기를 "호족들은 농사를 짓지 않고, 앉아서 먹는 자가 만여 명이나 되고, ……백성들은 노래와 춤을 좋아하며 마을에서는 밤낮으로 남녀가 모여 서로 노래하며 즐긴다", 또 "그곳 사람들은 청결한 것을 좋아하며 술 빚는 기술이 뛰어나다. ……걷는 속도가 매우 빠르며 10월에 하늘에 제사 지내는데, 이때 국내에서는 성대한 연회를 연다"고 했다.

이와 함께 "그들은 공적인 일로 모일 때에는 의복이 모두 금이나 수로 만든 옷을 입고, 금이나 은으로 된 장신구를 사용한다"면서 "그 풍습은 음란하다"고 썼다. 또한 "그곳 사람들은 장례를 성대하게 치르는데, 금·은·재화는 장례를 위해 모두 사용한다"며 "그 나라 사람들은 기력이 있고, 전투에 익숙하며 ……좋은 활을 생산하였는데, 이른바 맥궁이라고 하는 것이 그것이다"라고 쓰고 있다.

그런가 하면 일본인들에 대해서는 다음과 같이 쓰고 있다. 왜인들은 "해산물을 먹고 생활하고, 배를 타고 남북쪽으로 다니면서 곡물을 사들인다. ……왜국의 남자는 아이 어른이건 간에 모두 얼굴이나 몸에 먹물을 넣어서 문신을 만든다. ……지금 왜인의 수인들은 물 속에 들어가 물고기·전복·조개를 잘 잡는데 문신을 새기는 것 또한 큰 물고기나 물새가 싫어하게 하기 위한 것이었으며, 후에 와서 차츰 장식으로 쓰게 되었다"면서 "그들의 풍속은 음란하지 않다"고 고구려와는 대조적인 논평을 해놓았다.

또한 일본은 옛날부터 "진주와 푸른 옥을 생산한다. …원숭이와 검은 꿩이 있다"면서, 이 지방 풍속을 보면 "무슨 일이 일어나 여행을 하거나 특별한 일을 할 때에는 반드시 뼈를 태워 길흉을 점친다", "사람들은 몹시 술을 좋아한다", "또한 사람들은 장수하여 백세 혹은 80~90세를 산다. 그 나라 풍속상 나라의 대인들은 대개 4~5명의 여자를 데리고 살고 하호들이라도 간혹 2~3명의 여자를 데리고 산다. 부인들은 음란한 짓을 하지 않고 질투를 하지 않는다. 도둑질을 하지 않아 소송을 할 경우가 적다. 법을 범하는 자가 있으면, 죄가 가벼운 자는 그 처자를 몰수하고, 죄가 무거운 자는 그 사람의 집안 전체를 멸해 버린다"고 쓰고 있다.

진수는 일본 사회에 대하여 "종족 관계나 그 존비에 있어서는 각각 서열이 있고, 윗사람에게는 무조건 복종한다. 물건을 사고 팔 때 신분이 높은 왜인을 시켜 감독하게 한다"고 했다. "아래 백성들이 대인을 길에서 만나면 물러나 풀 속으로 들어간다." 또한 왕가의 특징으로 "왕위에 즉위한 이래 그녀의 얼굴을 본 자는 몇 사람 없다"면서 왕가의 신비화를 적고 있다.

물론 진수라는 역사가는 중국인으로 고구려와 왜의 사정을 그리는 데 편견이 있을 수 있다. 그러나 오늘의 우리와 일본 사람들을 비추어 볼 때, 진수가 말했던 우리들의 특징이 시대에 따라 그 행태가 변했다고 하더라도 본질은 아직도 우리 깊숙이 존재함을 알 수 있다. 1천 8백 년 전에 우리의 모습이 크게 변하지 않았다면 삼국 시대 중국인들의 특징 역시 아직도 그들의 삶 속에 뿌리깊게 존재한다고 하겠다. 만일 이것이 사실이라면 정사 『삼국지』나 소설 『삼국지연의』나 중국을 우리에게 가르쳐 주는 훌륭한 교과서라 할 수 있다.

특히 『삼국지』가 우리에게 주는 큰 교훈은 인재 등용이 무엇보다 중요하다는 사실이다. 조조가 당시 중요한 지역을 전부 통치했으나 통일에 실패함으로써 삼국은 오랫동안 정립된 상태로 있었다. 촉은 비록 작은 나라이지만 제갈량이라는 걸출한 인물의 훌륭한 내치와 탁월한 외교 정책 때문에 국가의 안보를 지킬 수 있었다. 그러나 제갈량이 없어진 촉은 결국 위나라에게 망하고 말았다. 오나라 또한 손권이라는 국가의 수성에 탁월한 인재가 죽자 진나라에게 멸망당했다. 실로 김영삼 전 대통령이 말했듯이, 정치는 "인사가 만사"이다.

그럼에도 정치는 패거리 싸움이기에 지도자는 자기 패거리에서만 인재를 뽑다가 훌륭한 인재를 등용하는 데 종종 실패한다. 이것이 정치의 괴리이기도 하다. 그러나 『삼국지』는 우리에게 분명히 말해 주고 있다. 국가를 훌륭하게 운영하려면 인재 등용에 주저함이 없어야 한다는 것을. 훌륭한 인재만이 나라를 지킬 수 있기 때문이다.

『삼국지연의』는 "천하 대세란 나누어지면 합해지고 합해지면 또다시 나누어진다"로 시작한다. 어찌 보면 이는 인류의 국제정치사를 단적으로 표현해 준다고 하겠다. 우리 민족도 나누어진 지 어느 새 50년이 넘었다. 나누어지면 합해지니 우리의 통일도 곧 오리라고 믿는다.